TRAJETÓRIA POLÍTICA DO BRASIL

FRANCISCO IGLÉSIAS

TRAJETÓRIA POLÍTICA DO BRASIL 1500—1964

4ª reimpressão

COMPANHIA DAS LETRAS

Originalmente publicada pela Editora MAPFRE,
de Madri, em 1992, com o título
Historia política de Brasil

Capa:
Hélio de Almeida

Preparação:
Stella Weiss

Índice remissivo:
Valter Ponte

Revisão:
Sandra R. Garcia
Eliana Antonioli

Dados Internacionais de Catalogação na Publicação (CIP)
(Câmara Brasileira do Livro, SP, Brasil)

Iglésias, Francisco
Trajetória política do Brasil : 1500-1964 / Francisco Iglésias. — São Paulo : Companhia das Letras, 1993.

Bibliografia.
ISBN 85-7164-306-7

1. Brasil - Política e governo I. Título.

93-0619 CDD-320.981

Índice para catálogo sistemático:
1. Brasil : História política 320.981

2001

EDITORA SCHWARCZ LTDA.
Rua Bandeira Paulista, 702, cj. 32
04532-002 – São Paulo – SP
Telefone: (11) 3846-0801
Fax: (11) 3846-0814
www.companhiadasletras.com.br

SUMÁRIO

INTRODUÇÃO

Pelo seu caráter genérico, o tema proposto requer algumas considerações. Não se trata de uma *história geral do Brasil*, mas de uma *história política do Brasil*. É pois uma história especial, não a história do país, que deve compreender também a evolução econômica, social em todos os seus aspectos. Certo, a história política não pode deixar sem referência os grupos étnicos, classes sociais, religião, arte e ciência — em suas múltiplas manifestações —, mentalidades, formas de vida, ou, para dizer tudo em uma palavra, as suas manifestações culturais, usando a palavra *cultura* no sentido que lhe dá a ciência social, notadamente a antropologia, como toda resposta do homem para atendimento de suas necessidades. Não pode deixar sem referência esses elementos, mas não os aprofunda: invoca-os para caracterizar o sentido geral. Como totalidade que é, no ensinamento de Marc Bloch, "a ciência não decompõe o real senão a fim de observá-lo melhor, graças a um jogo de fogos cruzados cujos raios constantemente se combinam e se interpenetram".[1]

A ciência social é realidade global e só se explica tendo-se em conta o todo. Os teóricos já questionaram o problema da história universal, vendo-a como construção literária, como na lição de Benedetto Croce: "abarcar em uma exposição única a história de todos os tempos e de todos os povos [...] não é problema de história, mas de composição literária".[2] Com o aprofundamento da ciência histórica, notadamente a contar do século XIX, com as chamadas disciplinas auxiliares — paleografia, epigrafia, diplomática... — e a constituição científica do estudo do social — economia, sociologia, política, antropologia... —, o historiador se vê equipado para sólido trabalho com base em documentos, tecnicamente orientados e usados, ou com as teorias das ciências sociais, com seu instrumental para organizar, interpretar ou compreender o processo evolutivo.

Paradoxalmente, antes, com menos preparo ou equipamento, ousava-se a história universal; hoje, com o conhecimento mais pleno, prefere-se fazer o seu estudo por partes, com *cortes temporais* (Antiguidade, Idade Média, Moderna ou Contemporânea — adotando-se o esquema convencional; ou história de um século, uma década, um ano, uma data vista como decisiva); *cortes espaciais* (o continente, o país, uma área, seja uma província ou uma cidade); ou *aspectos do real* (político, econômico, religioso, artístico, social). Estabelecem-se assim as chamadas histórias especiais.

No caso presente, tem-se não a história geral, mas a história do Brasil — ou seja, um corte no espaço; nesse corte, faz-se outro, privilegiando-se o político. Tem-se então uma dupla história especial — no espaço e no assunto. Como se trata de quase todo o processo político brasileiro, dos primeiros dias a 1964, tem-se uma história especial — a do Brasil —, vista, do ângulo de uma unidade político-social-administrativa, em sua totalidade no tempo. Vem a ser, então, uma história especial tratada ao longo de toda a vida nacional — 464 anos, quase cinco séculos.

A história do Brasil coincide com a da América, como coincide, também, com a Moderna e Contemporânea, pois surge, como dezenas de outras, com o expansionismo europeu realizado nos séculos XV e XVI, sobretudo pelos iberos — portugueses e espanhóis. A América coincide com o moderno e o contemporâneo, com o esplendor do sistema capitalista, pois o Novo Mundo não prolonga o sistema feudal (ou medieval), mas adota outras formas econômicas e sociais, em ruptura com aquele, confundindo-se em geral com o sistema capitalista.

Peço que se relevem estas considerações, breves e aparentemente dogmáticas, mas elas nos parecem indispensáveis.

No livro, tem-se em conta realidade de quase quinhentos anos: já é uma *longa duração*, expressiva para os novos, não tanto para os antigos povos, sociedades ou nações, como os asiáticos, de uma história não de séculos, mas de milênios. Buscou-se um texto a ser lido por qualquer pessoa culta, a ser citado também como um trabalho especializado com síntese de nível acadêmico. Não é de alta erudição, com pretensões de originalidade, como não é de divulgação em nível médio ou primário. Talvez fosse o caso de dizer, como o fazem os franceses — de *haute vulgarisation*.

PROJETO DO LIVRO

Todo texto historiográfico parte de uma periodização. Ela deve servir de baliza para desenvolvimento do tema, não mais. Se a história não é data, como supunha visão ingênua, decerto sua categoria essencial é a de processo, que tem de levar em conta certas datas, indispensáveis como referencial de todo trabalho. Adota-se aqui a periodização convencional, dividindo a matéria em três fases: I) Colônia, 1500-1822; II) Monarquia, 1822-1889; III) República, 1889-1964.

Como se vê, é divisão esquemática e, como qualquer outra, passível de reparos. Contudo, tem funcionalidade e pode ser adotada. Cada um dos três períodos (de 322 anos o primeiro, de 67 o segundo e de 75 o terceiro) admite subdivisões, em busca de entendimento mais denso e profundo, com vistas a melhor rendimento didático, como se verá ao longo do texto. Deu-se mais atenção ao período nacional — ou seja, o do Brasil livre, sem subordinação ao domínio português, afirmando-se com autonomia.

Para a primeira fase, tentou-se apenas o quadro geral, em suas grandes linhas. O mais interessante aí é fixar como o Brasil foi colonizado pelo português, enquanto o restante da América Latina foi objeto sobretudo de colonização espanhola. Tentou-se mostrar, de modo breve, os traços que distinguem o domínio espanhol do domínio português na América. São notáveis e devem ser tidos em conta, como origem das grandes diferenças entre o Brasil e as demais nações do continente. De fato, se há muito de comum na trajetória latino-americana, há assinaláveis diferenças, cuja explicação tem de ser buscada nas formas de governo adotadas pelo espanhol e pelo português, além das naturais peculiaridades dos dois, principais responsáveis pela colonização do mundo americano em sua parte de origem latina.

No estudo do segundo período — a Monarquia —, realça-se a existência desse regime, em sua singularidade, enquanto o universo colonizado pelo espanhol se fragmenta para formar repúblicas. Além da forma política, há notáveis traços de natureza econômica e social e no sentido amplo a serem destacados, como se verá no exame não só do segundo como do terceiro período — a República. O Brasil tem muito de singular no continente, não só por sua vastidão territorial, como por sua diversa formação étnica e suas peculiaridades econômicas. No decorrer do texto ficará claro o comum no passado, no presente e nas perspectivas das várias nações, como também as assinaláveis diferenças, a serem consignadas e estabelecidas com o possível rigor.

Se a periodização em três momentos é a mais comum, na verdade ela é esquemática demais. Em estudo ambicioso, cada um dos três períodos pode ser subdividido, para melhor acompanhar o processo. É o que se fará, notadamente quanto ao segundo e terceiro, objetos principais do volume, quando se examina, a contar de 1822, a nação livre. A Colônia, como foi o seu preparo, apesar de ser a fase mais dilatada, merecerá estudo sumário.

No desejo de fixar uma trajetória nacional, pensou-se em chegar aos dias de hoje, em prática comum de história da atualidade. Mesmo reconhecendo como válida essa forma, pois o presente também é história e tem muita sedução, preferiu-se usar como data final o ano de 1964. País ainda em busca de sua identidade, vive em crises permanentes, sobretudo a contar de 1930: se todo período é de crise — revela falta de sensibilidade histórica negar esse fato —, em alguns momentos tal caráter se acentua, como se dá no Brasil das últimas décadas. O processo conheceu em 1964 uma inflexão de tal vulto que fica difícil para quem a viveu tratá-la sem algum excesso subjetivo, pessoal. Daí o período fixado para o presente estudo — de 1500 a 1964.

Parte I

BRASIL PORTUGUÊS
1500-1822

A história política do Brasil — como a de qualquer outra nação — só pode ser compreendida em função da história geral: como parte de um todo, tem de ser vista nesse conjunto, que é, em suas linhas gerais, o do Ocidente. Os estudiosos insistem em serem os processos nacionais ininteligíveis se apenas considerados em seus limites de espaço e tempo. O pleno sentido só se esclarece no relacionamento das partes, com as quais se forma um sistema, configurador das várias fisionomias.

A história do Brasil em sua fase colonial coincide com a da História Moderna. A dependência de Portugal leva à verificação dos traços marcantes daquela idade: esta, como se sabe, decorreu, em grande parte, de transformações advindas do expansionismo marítimo, na dilatação dos horizontes do visto como o campo da história, antes centrado na Europa, Norte da África e Oriente Próximo, tendo o mar Mediterrâneo como centro. A contar do século XV, com as grandes viagens, ganha impulso o antes timidamente tentado por alguns navegantes do Norte europeu — as expedições dos vikings, por exemplo, teriam chegado, ainda na Idade Média, até o que seria depois a América; ou dos italianos, no devassamento das águas do Oeste ou das terras a Leste, em expedições não suficientemente conhecidas. Só no século XV os iberos, notadamente os portugueses, avançam pela costa da África, chegam às ilhas mais próximas, prenunciando o conhecimento e o domínio do oceano Atlântico.

As tentativas são cada vez mais ousadas, sobretudo nas últimas décadas, quando se chega ao extremo da África, enfim dobrado na viagem do português Bartolomeu Dias, em 1488: o feito reacende a crença da possível chegada por mar às Índias, mola principal do expansionismo. Pouco depois, em 1498, outro português, Vasco da

Gama, chegará às Índias, pelo caminho marítimo. Antes, por terra, lá chegaram portugueses, em missões oficiais, sem resultado prático. Se até então os portugueses predominavam no empreendimento, por uma certa fatalidade de seu destino de nação precocemente consolidada, ainda na Idade Média, em 1140 — Portugal seria a mais antiga nação, em uma Europa atomizada em pequenos núcleos pelo sistema feudal, então predominante —, o recurso é atirar-se aos mares, pois é o ponto extremo do continente, cercado por povos que lhe impedem caminhar para o interior e lhe impõem os mares.

Já na última década do Quatrocentos se chega a uma relativa unidade espanhola, com a definitiva expulsão dos árabes, quando os reinos de Aragão e Castela se unem pelo casamento de Fernando e Isabel. A nação espanhola pode agora entregar-se ao expansionismo: se Cristóvão Colombo já lhe propunha ajuda para a consecução de seu sonho de chegar ao Oriente pelo Ocidente — proposta recusada pela Coroa portuguesa —, o genovês tem sua oportunidade de auxílio para a expedição. E parte, na demanda das Índias, que supõe encontrar. Entretanto, não chegara à terra fabulosa, pois entre ela e a Europa se interpunham outras, não simples ilhas, mas um continente, um Novo Mundo.

Começa a disputa entre as duas coroas — Espanha e Portugal: desde o começo do século XV os papas, através de bulas, interferiam no processo, por serem nações católicas os protagonistas. Há vários exemplos. No presente caso não podiam ficar de fora: era papa o cardeal aragonês Rodrigo Bórgia, com o nome de Alexandre VI. Político, adotou o partido espanhol, na bula *Inter Coetera*, de 1493. Meses depois, outra bula, com o mesmo nome, ante o desgosto provocado pela primeira em Portugal, é mais explícita na divisão entre as duas partes: estabelece um meridiano de cem léguas, além das ilhas dos Açores e Cabo Verde, além do qual todas as terras pertenceriam "aos reis de Castela, Leão e Aragão". A chamada "bula da partição" — seguida ainda de duas outras — é injusta, tendenciosa, obra de um papa altamente político e sem o culto da verdade, como se vê até nas datas falsas dos quatro documentos. Demais, em seus termos era inviável, pelo desconhecimento total da geografia: determinava como referência as ilhas dos Açores e Cabo Verde, quando estas ficam em longitudes diferentes, inviabilizando a demarcação.

A partilha não satisfaz e as duas partes se entendem, chegando, em 1494, ao Tratado de Tordesilhas, com outro meridiano —

370 léguas a oeste das ilhas de Cabo Verde. Não será pacífica ainda assim, e muitos ajustes são feitos para definir o que é português ou espanhol, no Ocidente e no Oriente, em disputas e acordos ao longo dos séculos XVI, XVII e XVIII, quando então se chega a relativo acordo.

Os séculos XV e XVI são os dos Descobrimentos. E por muito tempo se falou em descobrimento da América ou do Brasil, por exemplo. Há centenas de obras com esses títulos, na bibliografia geral, na espanhola, na portuguesa, na brasileira. Recentemente vem-se insistindo na inconveniência de falar em descobrimento, denunciando certos autores o acento imperialista no uso da palavra, como se essas partes já não existissem antes. A palavra trai o tão denunciado etnocentrismo europeu. O mundo americano existia, em algumas áreas até com culturas avançadas, como as dos astecas, maias e incas. O que se dá a contar do Quinhentos é o início do contato entre o Velho e o Novo Mundo, com a exploração das riquezas e a subjugação de velhas culturas, pelo dominador espanhol e pelo português — notadamente o espanhol, pois o português encontra culturas em grau bem mais modesto de desenvolvimento: no Brasil não há nenhuma que sequer de longe se aproxime das citadas, existentes no México, América Central ou Peru. Para muitos autores, não se deve falar em descobrimento, mas em colonização das novas terras. Para eles, o sentido fundamental do expansionismo é econômico — visto como capítulo da história do comércio —, diminuindo o alcance do fator religioso ou social no empreendimento. Se há certa procedência na afirmação condenatória do termo *descobrimento*, ele já se consagrou com o tempo e pode continuar a ser usado, sobretudo se feita a ressalva óbvia de que não se criava nada de novo, apenas se estabelecia um relacionamento até aí inexistente.

A política do dominador — espanhol ou português ou outros, vindos depois, disputando essas áreas, como os ingleses, franceses, holandeses — é conhecida pelo nome de mercantilismo, na adoção de medidas políticas e sobretudo econômicas. O mercantilismo é pensamento dominante na Idade Moderna, do século XV ao XVIII, quando novas idéias lhe assestam golpes que acabarão por debilitá-lo, não por suprimi-lo, com a relativa vitória do liberalismo. A expressão máxima do mercantilismo é a idéia do Pacto Colonial, ou seja, as colônias existem para fornecer matéria-prima às metrópoles. Cabe a estas seu aproveitamento, para transformação. Configura-se a idéia de domínio político das metrópoles sobre as colônias, quando as duas expressões — Metrópole e Colônia — atingem a plenitude e a verdadeira fisionomia.

A Idade Moderna tem colocado aos estudiosos um problema teórico e conceitual: se a América vem prolongar o ciclo do feudalismo, fundado na atomização do poder nas economias reduzidas à produção do necessário, sem abertura para o crescimento, ou se vem para dar força ao novo sistema político-econômico do capitalismo. Este, ao contrário, tem base na ocupação do solo para ser explorado, só possível em grande escala, sob a direção de um Estado forte. Este supõe as nações, não os poderes atomizados. Mais: a produção não é apenas para as necessidades imediatas, mas para outras, a serem criadas. A antiga era uma economia para o pronto consumo, a nova tem em vista a produção em escalas crescentes, criadoras de necessidades, investindo na tecnologia para maiores rendimentos. Aquela era uma economia restrita, fechada, para consumo, esta é uma economia ampla, aberta, para o comércio até a grandes distâncias, superada a idéia de feudo pela de um campo dilatado. Nesse sentido, a exploração do Novo Mundo é antes capitalista que feudal. É nova fase na história, com o fortalecimento de outro sistema — o capitalismo —, chamado de comercial em sua primeira fase — os teóricos da economia costumam questionar essa forma —, como será depois industrial e financeiro, já a contar de meados do século XVIII, com esplendor no XIX e no atual.

A América será não apenas uma aventura comercial, com a expansão econômica — nova fonte de produtos, agrícolas ou minerais —, como um amplo mercado para atuação do europeu, vindo para buscar bens e colocar aqui os seus artigos. A economia cresce em todos os sentidos. Contou nos primeiros instantes o encontro sensacional, pelos espanhóis, de culturas de grande técnica no trabalho da prata e do ouro, em áreas abundantes desses produtos: o espanhol confiscou os tesouros desses povos e depois passou a explorá-los, com o uso até de técnicas mais eficientes, inundando o mercado europeu de metais, que vão transfigurar a economia, a começar, já na segunda metade do Quinhentos, com a revolução dos preços, cuja natureza é finamente percebida pela análise pioneira de Jean Bodin, em 1568. Os metais vão dar mais base ao capitalismo, que supera aos poucos a economia natural de troca pela monetária, um dos esteios da nova ordem. O português não tem a mesma sorte, não encontra culturas na Idade dos Metais. Como Portugal vivia a ilusão de explorar as riquezas das Índias — especiarias, sedas, pedras preciosas, que não precisava produzir, era só arrecadar ou confiscar pela força —, deixa a sua colônia americana em certo abandono. Aqui, a origem da fortuna será antes a agricultura que a mineração, como se verá.

1
GOVERNO PORTUGUÊS NO BRASIL

Se ao longo desta primeira parte, mais que nas seguintes, deve ser feito o confronto entre o colonizador espanhol e o português, é melhor não abusar na linha comparativa, pois as diferenças são assinaláveis. Melhor fixar o característico do Brasil, deixando o que é do restante da América aos autores de estudos sobre ela. Fixe-se, portanto, apenas a colonização portuguesa.

No início do Quinhentos, Portugal apresentava pequena população. Recenseamento feito em 1527 dava-lhe 1 326 000 habitantes. Cálculos mais sóbrios falam em cerca de 1,1 milhão em 1500. Essa população reduzida devia dirigir um Império imenso, com algumas partes na costa africana, ilhas no Atlântico e no Índico, possessões na Ásia, mesmo no Oriente mais remoto. Expedições chegaram ao Japão, estiveram no Sudeste, estabeleceram-se em pontos da China — em Macau —, em ilhas do Pacífico e do Índico, chegaram talvez à Austrália. Diante de tantas responsabilidades e tão parcos recursos humanos, foi imposição a dúvida: devia-se fazer a simples exploração de áreas com riqueza já constituída, como na Índia, através de feitorias, para negócios, ou tentar a colonização, com um corpo administrativo amplo e tarefas definidas. A feitoria era a forma indicada em áreas de muita população e com os recursos já bem explorados, fornecedoras de fortuna fácil. O trabalho era apenas de gerência, às vezes necessitado de apoio militar para garantir a conquista, com uma administração bem planejada para a continuidade dos benefícios. Não vinha ao caso estabelecer-se para criar a riqueza, explorar o potencial da área.

O contato direto com a Índia e suas preciosidades aumenta as perspectivas do comércio. Agora, havia facilidades antes desconhecidas e responsáveis por incursões temerárias, como as viagens de

Marco Polo e o conseqüente poderio de cidades italianas, nos primeiros séculos do segundo milênio da era cristã e o intenso movimento comercial com outros pontos da Europa, através das hansas, que levam ao desenvolvimento de núcleos urbanos em diferentes pontos do Centro e do Norte, chegando à Rússia.

Não era fácil para a pequena nação sustentar o projeto por muito tempo. E logo se revelou o gigantismo das tarefas: faltava gente, as viagens eram difíceis, com as destruições das frotas pelos temporais, pela má qualidade da construção dos barcos e pelo excesso de tripulantes, fomes e moléstias, entre outros fatores — origem das célebres *Histórias trágico-marítimas*, narrativas anônimas coligidas por Bernardo Gomes de Brito. Era penosa a distribuição dos produtos orientais pelos centros consumidores: faltava aos portugueses a experiência comercial dos italianos ou dos hanseáticos, que continuam a fazer a distribuição dos gêneros, com lucros maiores, pois vêm buscá-los em Portugal, que fizera a parte mais difícil. O mesmo se deu, em grande parte, com os espanhóis. Os iberos realizavam a tarefa com algo de heróico, pelo devassamento dos mares e pelos choques com africanos e asiáticos, depois americanos, que lhes opõem resistência, enquanto os lucros vão continuar a pertencer a outros, mais habilitados para a atividade econômica.

Da observação desse estado de coisas resultou muito livro especulando sobre as realizações ibéricas, não correspondidas com vantagens. Chegou-se à escrita de obras como a do economista italiano Antonio Serra, de 1613 — *Breve tratado sobre as causas que podem fazer a abundância de ouro e prata nas regiões em que não há minas* —, uma espécie de programa de ação para os não-ibéricos: franceses, ingleses, holandeses, outros. A aparente riqueza obtida no Oriente ou na América desarticulava as economias de Portugal e Espanha, dependentes da importação de quase tudo. A literatura do mercantilismo tem muita obra com a pergunta feita por Antonio Serra e a busca de possíveis caminhos, encontrados no desenvolvimento da indústria, à maneira de Colbert na França, ou do comércio, à maneira inglesa ou flamenga, em curiosas experiências do século XVII, chegando a guerras entre eles.

E a península Ibérica continuou pobre, apesar de seus feitos, como escreveu o historiador inglês Tawney; ele chegou a apontar em seus povos uma incompetência quase inspirada para os assuntos econômicos. Desde o Seiscentos se fala terem os ingleses contabilizado os feitos ibéricos, enriquecendo-se com suas audácias, pela incorreção da política seguida, sem entendimento dos novos tempos, para os quais contribuíram com certo arrojo, apenas. Teria faltado aos povos da península a capacidade de organizar a empresa, no que já se denunciou como aversão às virtudes econômicas. Uma sociedade enriquecida no comércio, se assume valores aristocráticos, está condenada ao malogro, como se deu na península.

Evocam-se com cautela essas análises, pois, se elas aparentemente têm razão em mostrar o estado real de crescimento de nações como a França, a Inglaterra e outras, enquanto Espanha e Portugal vegetam em plano secundário, apontam para a situação razões de caráter nacional, sempre discutíveis e perigosas, pelo viés psicologizante. Se na península havia Estados nacionais, não se formara aí uma burguesia movida por características de organização e agressividade no econômico. Desse modo, ficou em plano secundário, emperrada por um comportamento de cultivo de traços aristocráticos, enquanto o modo de ser burguês é o motor dos Estados modernos, em consonância com a chamada mentalidade do capitalismo, origem de importantes estudos, que vêm desde o século XVI, culminando nas análises de Marx e outros, já do século atual, devidas sobretudo a Sombart e Max Weber.

PRIMEIROS TEMPOS

A Coroa portuguesa não revelou interesse imediato pela chegada ao Novo Mundo, em 1500, com a expedição dirigida por Pedro Álvares Cabral; ela se destinava à Índia, mas, pelas alterações de rota, atribuídas à falta de ventos ou a tempestades, veio ter às terras americanas, no lugar chamado Porto Seguro, hoje Cabrália, na Bahia. Se o desvio foi proposital ou mero acidente é questão já muito discutida, em torno da intencionalidade ou do acaso. Intencionalidade, para garantir a posse de terras tidas por Portugal como suas, de direito, por saber de sua existência, por quanto fizera e pelo Tratado de Tordesilhas. Parece não haver dúvida que Cabral, acompanhado por navegantes experimentados — não era o seu caso, um fidalgo —, não cometeu nenhum engano, mas cumpriu determinação superior, para lançar as bases da posse. Pouco se deteve em Santa Cruz, Vera Cruz e finalmente Brasil, continuando viagem para o Oriente, comunicados os fatos ao rei, da saída do Tejo até então.

Na verdade a notícia não comoveu o governo, deixando-o, senão indiferente, sem providências de expressão. Algumas expedições de pequeno porte vieram, mais para guarda-costas, reconhecimento do litoral ou apanhar o pau-brasil, único produto de certo valor achado então, despertando iniciativas oficiais e particulares. A primeira expedição é já de 1501; outra, em 1503. Nas duas estava presente o famoso navegante italiano Américo Vespúcio; em suas inúmeras cartas não falou favoravelmente da nova terra, a seu ver sem perspectivas. De importante, só a observação de não se tratar de uma ilha, como parecera a Cabral, mas um verdadeiro continente. Já nessa primeira expedição, de 1501, viajou-se pela costa, do norte até o sul, batizando certos pontos com os nomes de santos do dia. Seguem-se outras, algumas muito simples, lembradas só pelo nome de seus protagonistas. Distinguiram-se as de João Dias de Solis, em 1515 — revelou o rio da Prata — ou a de Fernando de Magalhães, em 1519, ambas por conta da Espanha (embora os dois fossem portugueses, serviram à outra Coroa, tornando-se o segundo famoso por ter começado a primeira empresa de circunavegação).

Viagens de certo vulto são as dirigidas por Cristóvão Jaques, em 1516 e em 1526. Segue-se a de Martim Afonso de Sousa, de 1530 a 1532, para o Brasil a mais importante de todas, pelo que fez, pela amplitude e pelas propostas de bom aproveitamento da terra. Faz reconhecimento de enorme faixa do litoral, de Pernambuco até o rio da Prata, deixa padrões de posse. Funda a primeira vila, a de São Vicente, no litoral, com breve penetração pelo interior, até as alturas da atual cidade de São Paulo. O comandante ordena outras entradas, até mais audaciosas, como as que partem da baía de Guanabara. O país não ficara de todo esquecido, portanto, embora Portugal estivesse empenhado na aventura do Oriente. Algumas expedições, além das referidas, vinham aportar ao Brasil, na volta da Índia. Acordou a atenção governamental a presença seguida de navegantes estrangeiros — espanhóis, ingleses, franceses (estes, sobretudo, a presença mais constante desde o princípio), outras ainda. Ante a ameaça de perda do território, impunha-se à Coroa dedicar alguma atenção especial à sua possessão no Ocidente. Como não havia riqueza a ser confiscada, como no Oriente e como aconteceria no México ou no Peru, era preciso criá-la.

Tal foi a tarefa inicial do governo, seguindo propostas de Cristóvão Jaques e Martim Afonso de Sousa. A idéia era a de criar uma administração descentralizada, com vários pontos no extenso litoral. Se não havia adversários a vencer — os índios eram desorganizados e não opunham forte resistência —, havia a amplidão das terras a administrar. Os nativos — indevidamente chamados índios —

se dividiam em dezenas de tribos, em guerras umas com as outras. Segundo estimativas, orçariam entre 2 e 4 milhões: a diferença dos números comprova a sua precariedade.

Nenhuma tribo apresentava um grau cultural apreciável: viviam de maneira simples, de coleta dos frutos das matas e de pequenas plantações, na prática de uma lavoura tosca. O nível técnico desses grupos era baixo, eles estavam ainda na Idade da Pedra. Sua organização social era singela. Certas tribos praticavam a antropofagia. Lembre-se que não se pode falar dos índios genericamente, pois havia enorme diversidade entre os grupos, e eram centenas. O português não teve a ventura de encontrar tribos de nível avançado, das quais aproveitasse não só as riquezas — os depósitos de metais preciosos — como as formas organizadas de trabalho. Para o esforço de administrar as dilatadas terras encontradas, preferiu contar com a colaboração dos particulares, pessoas de recursos, a investir o capital público ou da Coroa.

Concebeu-se o plano de convocar os ricos — nobres ou militares notáveis — para a direção, sem ônus para o Tesouro. O rei comunicou a idéia a Martim Afonso de Sousa, em 1532; ele talvez a sugerira, lembrando o exemplo de outras experiências em ilhas do Atlântico — Açores, Madeira, Cabo Verde, Porto Santo, São Tomé, Príncipe. Era também pensamento de Cristóvão Jaques e do humanista Diogo de Gouveia, apresentado bem antes. Aqui mesmo o sistema fora experimentado, com a doação da ilha de São João (antes, da Quaresma), em 1504, a Fernando de Noronha, o primeiro arrematante do contrato do pau-brasil — depois ilha Fernando de Noronha, a cinqüenta léguas do litoral do Nordeste. A tentativa foi frustrada, pois não teve resultados práticos nem serviu como incentivo para exploração das novas terras do Império.

Era o sistema das capitanias hereditárias, em prática só em janeiro de 1534, por dom João III: o país dividido em lotes de cinqüenta léguas de costa e pelo interior, até a demarcação da linha das Tordesilhas, a ser feita ainda, evidentemente. Em decorrência, elas teriam diferentes dimensões, pois as mais ao sul seriam bem menores, pelo fato de a linha demarcatória ser mais próxima do litoral. Cada lote seria doado a um capitão-mor, responsável por todos os negócios, dispondo de poderes muito grandes, embora a Coroa se reservasse parte do arrecadado, assegurando assim a presença do poder real. As unidades tinham o nome de *capitanias* e eram propriedade do contemplado com elas, que dispunha do poder de passá-las aos descendentes. Eram hereditárias e não tinham relações umas com as outras. Demais, o donatário podia conceder partes de sua terra a outros — as sesmarias, reavendo em troca parte do produzido. Assim como o capitão-mor era um delegado da Coroa, que não podia arcar com os investimentos, o sesmeiro era um delegado do donatário. A legislação portuguesa seria aplicada com tolerância, admitindo a vinda de certos condenados pela Justiça, livres de qualquer pena. Movia o administrador a idéia de incentivar o povoamento do imenso território. Direitos e deveres do Estado e dos donatários eram estabelecidos nas Cartas de Doação e nos Forais, reguladores da ordem jurídica do sistema no princípio, contando, ainda, com as Ordenações do Reino, o Código Manuelino.

À primeira vista, parecia regresso ao feudalismo, mas na prática não foi assim, como se verá. A primeira forma administrativa é eminentemente descentralizada e deu poucos resultados. Começou com a criação de catorze capitanias, com doze donatários (alguns tiveram mais de uma). Distribuíram-se terras do Maranhão até Santa Catarina, ficando o extremo norte e o extremo sul sem consideração. De fato, poucos donatários mostraram interesse pelas tarefas; alguns nem vieram. Outros, pouco investiram ou nada realizaram. Só duas capitanias tiveram certo florescimento: a de Pernambuco ou Nova Lusitânia, de Duarte Coelho, foi a de melhores resultados. São Vicente, de Martim Afonso de Sousa, também teve algum, embora menor. Os colonos portugueses eram em número bem pequeno.

Vinham pessoas de origem mediana. Se houve quem falasse em fidalgos, gente da melhor nobreza — à vista de alguns donatários, certamente —, houve também os considerados como a ralé da sociedade, os degredados. As duas teses pecam pela base: não haveria em Portugal tantos fidalgos nem os degredados eram necessariamente pessoas de conduta abominável. A Justiça, aplicando as Ordenações do Reino, era demasiado severa, punindo com rigor certos atos depois nem considerados faltas, muito menos crime. O direito tradicional confundia crime e pecado, em época de extrema religiosidade, como se vê não só na península, mas em toda a Europa, até a imposição do racionalismo jurídico, já na segunda metade do século XVIII, sobretudo com a obra do italiano Cesare Beccaria, *Dos delitos e das penas*. Os degredados podiam ser pessoas normais, excluídas por uma Justiça destituída de sentido. Se a maioria dos portugueses vindos não eram fidalgos nem degredados, eram os peões, ou pessoas sem perspectivas em seu próprio país, por não serem proprietários de terras — os desenraizados — e pela mínima possibilidade de trabalho para os grupos intermediários entre a nobreza e a gente do povo.

Os chegados ao Brasil não têm então dificuldades para se adaptarem quase de imediato. Explica o fato a abertura do português para todas as práticas ou costumes, dada a intensa convivência deles com outros povos — na Europa, na África e já na América. Lisboa, por exemplo, tinha gente de todas as nacionalidades, uma enorme população negra, africana. O relacionamento interétnico era fácil para o colono, já conhecido em seu país. Assimilação de alimentos e práticas dos índios ou negros não constituem problemas. A escravidão é logo adotada, pois a mão-de-obra é rara. Se há questões com o índio, por características culturais a indispô-lo ao trabalho que desejam impor-lhe, apela-se para o negro.

É um erro, já evidenciado pelos antropólogos, a acusação que o português fazia aos índios de indolência, incapacidade para o trabalho. O que se dava é que eles eram inimigos da rotina, do esforço seguido em tarefas que exigiam a sedentariedade, pois preferiam a ação, o movimento continuado, andarilhos que eram. Na mentalidade indígena ficava-lhes bem a guerra, cabendo às mulheres o labor agrícola. O branco desejava deles, no entanto, outra contribuição, incompatível com o seu modo de ser. Daí a rebeldia, a recusa do tratamento como escravo. Desde os primeiros dias se verificam os choques entre o português e o índio — na verdade um choque de culturas diferentes e inassimiláveis. Daí a escravidão do negro, bem conhecida pelos portugueses, que os compravam na África não só para servir em terras de seu Império como no próprio país: Lisboa, por exemplo, já no século XV contava com grande população negra, para os serviços domésticos. A solução é adotada também no Brasil: era mais fácil lidar com o negro que com o índio, de rebeldia mais acentuada. Os colonizadores logo o entenderam, admitindo uma escravização e chegando à proibição da outra, pelos maus resultados das tentativas. O número dos índios começa logo a cair, por causa das moléstias adquiridas no convívio com o branco: seus organismos não estavam habituados às doenças do europeu ou do negro e a elas sucumbem, às vezes em surtos epidêmicos devastadores.

O número de africanos entrados é pequeno, nos primeiros tempos. Em 1548, quando se adota o sistema centralizador, ainda é mínimo, para começar a crescer então. Também era pequeno o número de colonos portugueses. Outros brancos eram ainda mais raros, embora se encontrassem alguns no Nordeste, em geral franceses. A grande massa indígena era pouco integrada na sociedade organizada.

Se Pernambuco e São Vicente tiveram certo progresso, o mesmo não se deu nas demais capitanias. A do Espírito Santo, por exemplo, não avançou, apesar do empenho do donatário Vasco Fernandes Coutinho, que investiu quanto possuía e acabou na miséria. Destino inglório teve o donatário da Bahia de Todos os Santos, Francisco Pereira Coutinho, contra o qual se insurgiram os patrícios aí encontrados. Ante as dificuldades, deixa suas terras e vai para perto até decidir a volta: ao chegar, naufragou diante da ilha de Itaparica, foi aprisionado e morto pelos índios, que o devoraram seguindo prática comum. Outro, Pero de Campos Tourinho, da capitania de Porto Seguro, trouxe seus bens e colonos, iniciando amplo trabalho. Por excessos verbais, foi levado ao Tribunal da Inquisição, ante a suspeita de ateísmo. Livre, não voltou às suas terras. A capitania do Maranhão coube ao famoso historiador João de Barros, que se associou a outros. Ele não veio, mas enviou expedição. Esta, vítima de naufrágio à vista do ponto procurado; apenas alguns conseguiram escapar e iniciaram o povoamento.

Certos donatários nem vieram, como o do Ceará, Antônio Cardoso de Barros; Pero Lopes de Sousa, irmão de Martim Afonso de Sousa, que veio com ele em 1530 e deixou importante *Diário de navegação*, primeiro texto de alta valia escrito sobre o Brasil nessa fase anterior à administração, não voltou mais, embora tivesse obtido três capitanias — Itamaracá, ao norte, Santo Amaro e Santana, aquela junto de São Vicente e esta mais ao sul, hoje Santa Catarina. Também Jorge de Figueiredo Corrêa, dono de Ilhéus, não veio. Martim Afonso de Sousa, donatário de São Vicente, aqui estivera certo tempo em longos trabalhos, mas também não voltou nem para visitar a capitania recebida. Não voltou, mas, através de prepostos, teve amplas iniciativas em suas posses.

Não foram positivos os resultados, nem podiam ser, embora com elas se conseguisse preservar o patrimônio português. As condições eram adversas a um resultado melhor, a empresa não era sedutora. Ante as dificuldades, os próprios donatários pediram socorro ao rei. Precisava-se tentar outra forma. E dom João III cria o governo geral, em 1548, para superar as insuficiências do sistema. Se as capitanias eram a descentralização, o governo geral era, como o nome indica, a centralização. Sob o signo dessa ambigüidade decorrerá a trajetória política brasileira: assim foi na Colônia, como será no Império e na República, como se evidenciará ao longo deste estudo. Não se avance ainda o sinal, no entanto. A primeira experiência política, descentralizada, durou de 1534 a 1548, ou apenas quinze anos.

O GOVERNO GERAL

Atendendo ao pedido dos próprios donatários, ante as dificuldades das capitanias e seu pequeno rendimento, o rei dom João III em 1548 resolve substituir a descentralização do sistema pela centralização, com o governo geral. Nomeia Tomé de Sousa o primeiro governador do Brasil (o título de governador geral é de 1577). A autoridade recebe um Regimento, bastante minucioso, com o programa a ser seguido, direitos e deveres, específico das funções — uma das peças mais elaboradas do governo de Lisboa, a orientar a ação. Quase todas as autoridades receberiam o seu — não só os governadores, como os auxiliares no exercício de administração que se pretende rigorosa em todos os setores. Para sede funda-se a cidade de Salvador, na Bahia, capitania comprada da família de Francisco Pereira Coutinho, cujo drama foi referido. Vê-se, pelo exemplo, como as capitanias eram hereditárias: os descendentes vendem à própria Coroa o que fora doado pelo rei.

A Bahia é pois a primeira capitania real, como Salvador é a primeira cidade brasileira e a primeira capital da Colônia. O ponto é bem escolhido, não só pela excelência do lugar como por ser o centro geométrico do longo litoral, do Maranhão a Santa Catarina. Salvador foi construída na parte alta, para evitar os ataques de corsários ou índios. Construiu-se um colégio de jesuítas, construíramse várias igrejas, no início da demarcação da fisionomia da cidade — uma das mais fascinantes, senão a mais, do Brasil português. Ela cresceu rapidamente, pelos morros e pelas praias. Tomé de Sousa chega no fim de março de 1549 e logo recebe o auxílio dos colonos aí residentes, entre os quais Diogo Álvares Corrêa, o famoso Caramuru, estabelecido há muitos anos, vindo em alguma das expedições.

A nova autoridade já prestara bons serviços no Oriente, era de origem humilde, acatado pela seriedade e determinação. Veio com grande acompanhamento — três navios e três caravelas, acompanhado por seiscentos homens de armas e quatrocentos degredados. A administração se instalava: para ajuda ao governador, vinham o ouvidor-mor, para exercício da justiça; um procurador, para arrecadar os impostos; e um capitão-mor, para defender a costa, percorrendo-a e fiscalizando-a. Importante também é a vinda de religiosos — seis jesuítas, dirigidos pelo padre Manuel da Nóbrega. Traçarão os rumos da evangelização na catequese. Querem cristianizar o índio, o que não é tarefa simples. Eles imitam as formas exteriores de cultos, mas na verdade não assimilam a religião cristã, por demais elaborada para as suas mentalidades. Nóbrega era de cultura superior e fino entendimento da realidade, como se vê pelo trabalho e por textos escritos: o mais importante é o *Diálogo sobre a conversão do gentio*, de 1559, no qual há lúcida visão do problema, analisando-o quase como cientista social.

Os padres supunham que a catequização seria possível pelo fato de os índios não terem religião. Ora, o padre Nóbrega logo percebeu que eles tinham um universo de religiosidade, tinham suas crenças e não as abandonavam de imediato. Repetiam as palavras que lhes eram ensinadas, mas não lhes penetravam o sentido; imitavam o ritual dos cultos, por puro mimetismo, sem entender o significado. Vai verificar-se com o índio, tal como com o negro, o chamado sincretismo religioso, em que palavras e gestos originais seus se misturam com palavras e gestos cristãos, como será mais evidente entre os negros, que identificam nos santos ou no Deus dos católicos os objetos de seu culto ou de sua reverência, fenômeno já bem estudado por antropólogos.

No relacionamento com os nativos, o governo usa as divisões entre eles. As tribos viviam em disputas, favorecendo a ação oficial: Tomé de Sousa, por exemplo, combate os tupinambás com auxílio dos tupiniquins.

Outro fator a despertar atenções era a prática de costumes condenados: havia um clima de libertinagem na Colônia, pois os homens em geral vêm sós, sem a família, o que leva a uniões malvistas e muito facilitadas pelas índias e negras, facilmente dominadas pelo branco. Para minorar esses efeitos o governo pede a Lisboa a vinda de mulheres, as órfãs recolhidas pela rainha, para se casarem com os colonos. Está aí a origem de muitos troncos de famílias atuantes no século XVI e depois. As tarefas eram amplas e difíceis, pois o país, além dos problemas com os índios, apresentava a necessidade de moralizar os costumes, bastante perturbados pelos colonos de vida livre e solta, longe do poder político ou religioso.

Tomé de Sousa teve eficiência administrativa: cuidou da defesa do território, sempre ameaçado por estrangeiros, pelo desejo de conquista ou simples contrabando de madeira tintorial; visitou o país, chegando à baía de Guanabara e a São Vicente, aí criando mais povoações; em São Vicente entra em contato com o famoso Hans Staden, contratado como artilheiro e preso pelos tamoios, cuja aventura é narrada em fascinante livro que até hoje exerce atração. A edição alemã é de 1557. Confirma-se o seu eco com a lembrança de só no século XVI serem feitas seis edições, no original e em traduções. O governo cogitou de entradas pelo interior, em busca sobretudo de minas: as autoridades não se conformavam com os achados preciosos no Peru ou no México e sua ausência no Brasil. As expedições para o sertão partem em geral de Porto Seguro e chegam às faixas do que será, no século XVIII, a capitania de Minas Gerais. Se o poder protegeu os índios, usou às vezes de violências inauditas, comprometedoras de sua atuação: aplicará as leis, sobretudo as penas, sem mais critério, simples caprichos episódicos. O primeiro bispado é de 1552, independente do de Funchal, ocupando-o dom Pero Fernandes Sardinha. Em 1553 Tomé de Sousa regressa a Portugal, após os quatro anos devidos de exercício.

Segue-se o governo de Duarte da Costa, de 1553 a 1558. Se pôs empenho em suas tarefas, não terá o mesmo êxito. Embaraçou-lhe a ação o desentendimento com o bispo, principalmente por atos atrabiliários do filho Álvaro da Costa, que exigiam censuras do chefe religioso. O episódio mais importante foi a ocupação, na baía de Guanabara, de franceses calvinistas, sob o comando de Villegagnon, na famosa experiência da França Antártica. Repercutiam no Novo Mundo as disputas entre católicos e protestantes na França. Como se lembrou, a presença mais freqüente no litoral, no Nordeste sobretudo, foi a de franceses, marinheiros e contrabandistas. Sem forças suficientes para expulsar o invasor, foi prolongando-se a indesejada presença, com o auxílio de aguerridos grupos indígenas, indispostos com o português.

Sobre a França Antártica ficaram dois interessantes documentos, escritos e editados na época e até hoje lidos: *Les singularités de la France Antartique*, de André Thévet, publicado em 1558, após breve permanência de três meses — de novembro de 1555 a janeiro de 1556. Cuida mais da descrição dos costumes indígenas, da flora e da fauna. E *Histoire d'un voyage fait en la Terre du Brésil*, de Jean de Léry, editado em 1578 (embora escrito em 1563), após a permanência de março de 1557 a janeiro de 1558. Calvinista, além de descrever a paisagem e os índios, fala também das lutas. Um etnólogo moderno — Claude Lévi-Strauss — considerou Léry o "breviário do etnólogo".

Chegam mais jesuítas, entre eles José de Anchieta, a mais famosa figura evangelizadora do Quinhentos. Em 1554 funda-se, perto de São Vicente, no planalto, o colégio de São Paulo, berço da cidade de lento crescimento, centro das mais notáveis entradas para o sertão — os bandeirantes paulistas; ela só conhece impulso decisivo no século XIX, mais depois de 1870, quando, com o café e o imigrante, caminha para ser a maior metrópole sul-americana, como se dá neste fim do século XX, quando é também um dos mais impressionantes núcleos urbanos do mundo. Ante os desencontros entre o governo e o bispo Sardinha, o rei convoca-o: mal começa a viagem e é vítima de naufrágio, perto do litoral, sendo aprisionado pelos caetés, que o devoram no ritual antropofágico. Não foi feliz o bispo Sardinha em sua missão.

Depois de dom Duarte da Costa, vem outro governante de muitos feitos. Mem de Sá, de atuação dilatada, de 1558 a 1572. Continuam as obras de defesa do litoral, esforços pelo povoamento, lutas com os índios. O principal desafio, enfrentado com êxito, é a expulsão dos franceses da baía de Guanabara. Funda-se ali, para melhor enfrentar o invasor, a cidade do Rio de Janeiro. Mem de Sá vem ao Sul, ataca os intrusos. Visita a capitania de São Vicente, toma importantes medidas povoadoras, das quais resultará a fixação de São Paulo. Como os franceses expulsos por Mem de Sá se refugiam nas matas e logo voltam para as ilhas, com a saída do governador, este faz outra investida, sob a direção de seu sobrinho Estácio de Sá. Contando com reforços de outras capitanias — São Vicente e Espírito Santo —, chega ao Rio de Janeiro em 1565. É mais um momento da cidade, cuja fundação é dada como desse ano, por Estácio de Sá. A cidade seria a sede de outra capitania real. Ainda no primeiro século seriam capitanias reais a Paraíba, Sergipe e Rio Grande do Norte. Os franceses são enfrentados por dois anos, sempre com o auxílio dos tamoios. Mem de Sá volta em 1567, com reforços, ajudando o sobrinho Estácio na expulsão. Estácio morre na luta. Os franceses são afinal expulsos, depois de permanência de doze anos. O governador continua até 1568, empenhado na construção da cidade. Volta a Salvador, onde falece, em 1572. Há muito pedia sucessor, não lhe foi dado. O rei nomeou Luís de Vasconcelos, em 1570; a expedição foi assaltada em alto-mar, por um pirata normando, aniquilados na luta ele e os muitos companheiros de sete embarcações.

Com o fim de seu governo, a Coroa resolve dividir a administração em duas: de Ilhéus até o Norte, cuida Luís de Brito e Almeida, que a exerce até 1578, sediado em Salvador; de Porto Seguro para o Sul, Antônio Salema, sediado no Rio de Janeiro. Os principais envolvimentos dos dois são na luta com índios e franceses, ao Norte, para garantir a posse da Paraíba, ameaçada por franceses; ao Sul, mais em Cabo Frio, igualmente freqüentada por franceses e com auxílio indígena. As vitórias são precárias, índios e traficantes voltando tão logo se afastam as forças. É fase indecisa, terminada em 1578, quando novamente se unem as duas partes, com o governo outra vez na Bahia, exercido por Lourenço da Veiga, de 1578 a 1581, enfrentando os mesmos problemas.

O mais importante, no entanto, são acontecimentos em Portugal, por motivos de sucessão no trono: em luta desatinada na África, morre o jovem rei dom Sebastião, na batalha de Alcácer-Quibir, no Marrocos, sem descendência. Seu tio, o velho cardeal dom Henrique, ocupa o trono, para logo morrer, em 1580. Termina assim a dinastia de Avis, à frente do governo do fim do século XIV até o fim do XVI, cerca de duzentos anos. Na disputa pelo trono, vence o rei Filipe II, da Espanha. Portugal perde a independência. Vai começar nova fase na sua história, o chamado período filipino.

2

O PERÍODO FILIPINO

Portugal foi dirigido, de 1140 a 1580, por duas dinastias: a de Borgonha ou Afonsina, de 1140 a 1385, quando começa a de Avis; de 1385 a 1580, pela de Avis, ou Joanina. Depois do período filipino, quando fica sob o domínio dos reis espanhóis, de 1580 a 1640, será a vez da dinastia de Bragança. As sucessões, quando não há pretendente incontestável, são sempre difíceis. Assim foi em 1383 e em 1580. Como dom Sebastião não deixa filho, caso também de seu tio o cardeal dom Henrique, surgem vários postulantes, alegando direitos. Um deles é o rei da Espanha, Filipe II, que se sobrepõe por algum direito e mais ainda pela força. O cardeal dom Henrique, no trono, tendeu por dona Catarina, duquesa de Bragança, sua sobrinha, mas admitiu, sem decisão, Filipe II. Assim também amplo setor da nobreza e do clero. O povo, no entanto, queria um rei português. Fortes interesses ligavam muito da burguesia portuguesa à Espanha. Daí as adesões àquela Coroa, por vantagens comerciais e pela corrupção. Nobreza, alto clero e burguesia por vezes se confundiam nas duas nações. As chamadas classes altas aceitaram o poder vizinho, o povo jamais. Ao longo dos sessenta anos sentiu-se humilhado, sem ceder em seu patriotismo, pronto para acompanhar qualquer rebeldia. Entre os mais aquinhoados houve traições sem conta e o território foi sendo ocupado, em domínio que não chegou a ser conquista. Com a vitória, Filipe II torna mais ousada sua política, não mais apenas voltada para a Europa, mas para o Atlântico.

Houve lutas, sobretudo de dom Antônio, o prior do Crato, que se proclama rei de Portugal. Filipe II dispunha de exércitos e marinha; o prior do Crato não queria ceder, armando-se nos Açores, com a ajuda de uma esquadra francesa. Contava com as graças da rainha da França, dona Catarina de Médici, bem como da rainha Elisabeth, da Inglaterra. O Brasil foi lembrado como solução; Filipe II ofereceu-o à duquesa de Bragança, em troca do apoio à sua causa, com recusa enérgica. Também se pensou em oferecer o Brasil a dom Antônio, o prior do Crato, que igualmente o recusou. A França chegou a armar um frota para a conquista do Brasil e dos Açores, Madeira e Cabo Verde.

Enquanto se tramavam acordos, as Cortes de Tomar, em 1581, declararam Filipe II rei e ele entrou em Lisboa dia 25 de julho. Comprometeu-se à guarda dos foros, privilégios e liberdades existentes. Permaneceu em Portugal quase dois anos, até fevereiro de 1583. Regressa a Castela, deixando à frente do governo o cardeal Alberto de Áustria, seu sobrinho, dando-lhe três conselheiros, todos portugueses. É fase importante na história dos dois países: os espanhóis a designam pelo nome de União Peninsular. O filho de Carlos V tem um Império imenso e é um dos monarcas mais poderosos da época. Ocupou o trono espanhol de 1556 a 1598. Durante dezoito anos, de 1580 a 1598, também o trono português, com o nome de Filipe I. Ao longo do Quinhentos a população portuguesa decrescera, em decorrência das viagens e seus acidentes — naufrágios e lutas, além de doenças, expulsão dos judeus, tremores de terras e emigração, passando de 1 326 000 habitantes, assinalados no censo de 1527, para 1 080 000, como se registra no de 1580 (tendo em conta, sempre, a precariedade desses levantamentos).

Se os sessenta anos do período espanhol representam certa mudança, esta resulta em grande parte das disputas então verificadas. O fato de ser espanhol decerto contribuiu muito, pelo jogo internacional. Se Portugal teve perturbações que seguramente não conheceria sem a subordinação ao poderoso vizinho, o fato é devido ao excesso de movimentos de Filipe II. Monarca poderoso, herdara parte do imenso Império de seu pai Carlos V, com as naturais decorrências do gigantismo. Carlos V, como herança do avô Habsburgo, obtivera muito da Europa Central, dos Estados alemães, partes da França, os Países Baixos, mais o herdado de sua mãe dona Joana, a Louca — Castela e Aragão, os reinos de Nápoles e da Sicília, a Sardenha e as vastas extensões das colônias americanas da Espanha. O poderoso imperador abdicou em 1556. Ao filho Filipe II legou a Espanha, com os Países Baixos, o Franco Condado, possessões italianas e as colônias espanholas, legando ao irmão Fernando I o que possuía na Europa Central.

Filipe II tinha muitas tarefas, portanto, às quais acresce o fervor religioso, na defesa intransigente da Contra-Reforma. Daí os protestantes o designarem como o Demônio do Meio-Dia. Além de quanto tinha, por herança, obtém em 1580 Portugal e suas possessões. Seu catolicismo exaltado impediu a entrada do protestantismo na península, apelando para a Inquisição. Leva-o a guerras a mesma busca de unidade religiosa em faixas da Europa já batidas em partes pelos ventos protestantes. Combate os turcos, vence-os em Lepanto, em 1571, entrando em choques também com a Inglaterra, por motivos religiosos. Perde-se aí, com o malogro da Invencível Armada, em 1588, que cuidadamente preparou: de 130 navios, só regressam quinze. Suas intervenções em matéria de fé aumentam seus encargos e criam-lhe inimigos, levando-o a lutas intermináveis. Era preciso intervir muito na política européia, em vários pontos, com óbvias repercussões em vastas porções de outros continentes pela colonização por ele exercida.

Portugal submetido, passa a ser visto como espanhol e entra no rol dos inimigos daquele Império. Era uma situação nova, pois o país sempre procurou ficar distante das disputas tão comuns na Europa. Agora, contra o seu desejo e tradição, vê-se envolvido com freqüência. Mais adiante esse aspecto fundamental ficará evidenciado. Para evitar um domínio traumático dos Filipes em terras portuguesas, o iniciador da série, bem como seus sucessores, agem com cautela. Sobretudo o primeiro. Já se lembrou que ele vem a Lisboa em julho de 1581 e aí permanece até fevereiro de 1583, quase dois anos, comprometendo-se a respeitar as tradições governamentais portuguesas.

Contou sobretudo o fato de acordarem as partes que o administrador em Portugal ou seu Império continuaria a ser português. Firma-se no documento "Patente das mercês, graças, privilégios, de que el-rei dom Filipe Nosso Senhor faz mercê a estes seus reinos" que em "todos os cargos superiores e inferiores assim da Justiça como da Fazenda e do governo dos lugares se provejam portugueses e não estrangeiros". Mais: "Que os tratos da Índia, Guiné e de outras partes pertencentes a este Reino, assim descobertas como por descobrir, não as tirem deles, nem haja mudança de que ao presente se usa. E que os oficiais que andarem nos ditos tratos, e navios deles, sejam portugueses".

Portugal, até aí isolado, passa a vítima dos inimigos do Império espanhol. Ora, entre eles se contam a Inglaterra, a França e a Holanda, com os quais até então Portugal vivera em relativa paz, apesar dos ataques às suas possessões, no Oriente e no Brasil: aqui, eram freqüentes as viagens dos marinheiros de Honfleur, Dieppe, Saint-Malo e mais portos franceses, para contrabando de pau-brasil e outras coisas. Chegou-se mesmo a ocupações demoradas, como na Paraíba, e, sobretudo, à experiência da França Antártica, por doze anos, já referida. Os holandeses até então preferiam buscar as mercadorias brasileiras, africanas ou orientais, no porto de Lisboa. Tudo muda depois de 1580, quando vêm aos portos, no continente europeu ou no americano, no asiático ou no africano, em ânimo de guerra. Vinha de longe a visita inglesa a portos brasileiros: a primeira deve ter sido em 1530, pelo negociante de Plymouth William Hawkins. Até 1532 ele fez três vezes a travessia do Atlântico. Explicável o fato, pois os ingleses sempre freqüentaram os portos portugueses, nos quais obtinham informações sobre as terras de além-mar. O próprio Hawkins viria mais vezes, com passagens pela África, como se vê por sua volta à pátria em 1540, carregado de pau-brasil e dentes de elefantes. De outros navegadores ingleses dedicados ao comércio tem-se notícia em escritos da época, ao longo de todo o século XVI.

Ora, o poderio naval espanhol estava enfraquecido, pelas muitas lutas e pelo desastre da Invencível Armada, que atingiu também as frotas portuguesas, obrigadas a participar daquela aventura. O enfraquecimento português vinha de longe, pelas viagens e lutas em oceanos e continentes, e, mais proximamente, pelos choques com os infiéis, como aqueles desastrosamente conduzidos por dom Sebastião em Alcácer-Quibir, concluídos com sua morte, geradora da crise dinástica que leva a nação à perda da independência e origina a literatura mística ou cabalística do Sebastianismo.

Podia-se fazer referência a dezenas de ataques às áreas do Império: em 1596, os holandeses tentam a tomada de São Jorge da Mina; em 1604, atacam a fortaleza de Moçambique; desde 1604 pensam obter Macau; em 1609 tomam Ceilão e estabelecem a primeira feitoria no Japão; em 1616 pretendem fixar-se em Cochim, na Índia; em 1617 expulsam os portugueses do Japão; em 1622 reinvestem na conquista de Macau; em 1625 tentam de novo São Jorge da Mina. Os ingleses, aliados aos persas, tomam a fortaleza de Ormuz. Sem falar nos ataques aos portos brasileiros, certamente pela subjugação de Portugal à Espanha e por verem sem a devida proteção a costa americana.

Os ataques recrudescem por causa da disputa e posse do trono por Filipe II. No reinado de Elisabeth aumentam as vindas irregulares ao Brasil, chegando-se a armar navios, como o *Minion*, que permaneceu no porto de Santos por quatro meses, seguindo depois para a Bahia. Santos e São Sebastião eram bons pontos de parada, de repouso e para abastecimento, de navios que iam ao rio da Prata ou pretendiam mesmo o estreito de Magalhães. Vários navios ingleses também se detiveram no Nordeste, como o *Royal Merchant*, vindo de Londres a Olinda, em 1583, aí permanecendo alguns meses, a princípio em convívio quase pacífico. Já eram menos fáceis as relações, pois o navio acabou tomado pelo almirante espanhol Valdez, confiscando sua carga. Se ingleses antes usavam até barcos portugueses para seus negócios, agora não podem mais fazê-lo, pois a Espanha é inimiga da Inglaterra. Daí as ações de pirataria, com saques de portos americanos.

Há inúmeros casos, não vem ao caso tentar referir todos. Citemse apenas alguns. O inglês Edward Fenton, em 1583, entra no porto de Santos com dois barcos de guerra, com o anúncio curioso de que "el-rei católico era morto e dom Antônio tinha o Reino de Portugal, oferecendo de parte da rainha da Inglaterra grandes coisas". Ainda em 1583 entram na Guanabara navios franceses, apresentando-se como enviados de dom Antônio, o prior do Crato. Salvador foi objeto de cobiça inglesa em 1587, com pequeno apoio holandês: pretendia-se o saque, mas a demonstração de resistência dos locais levou os interessados à desistência. Também inglês era Thomas Cavendish; ataca de repente, nas festas de Natal, o porto de Santos, em 1591, com alguns navios; reforçados por outros da mesma origem, os corsários pensam instalar-se, saqueiam, destroem engenhos, partindo para o sul. Atacaram de novo, foram ao Espírito Santo, sem maiores resultados. Eram pequenas escaramuças, os homens pouco numerosos não dispunham de navios e armas suficientes. Não era ainda o fim: o mais grave se daria no século seguinte.

Ainda no XVI, a pirataria inglesa dá o que fazer. Em 1595, Recife foi atacado por James Lancaster, saído da Inglaterra com três navios e 275 homens. Aliou-se a Lancaster, no arquipélago de Cabo Verde, o capitão Venner. Os dois realizaram o ataque do Recife, obtendo valiosa presa, ante o abandono do posto pelos pernambucanos. Tomaram quanto podiam, até mesmo a carga de um navio chegado da Índia. Para ajudar no transporte do muito obtido, Lancaster contou com a ajuda de três navios holandeses ali ancorados. Contou ainda com a ajuda de barcos franceses que chegam. Apesar de combates dos donos da terra, Lancaster conseguiu partir com enorme carga. Volta à Inglaterra com quinze navios e muita riqueza. Como se vê, o Brasil é um capítulo importante na história da pirataria, tão comum na época.

A presença mais constante até então, sobretudo no Nordeste, é a francesa. Jacques Riffaut percorreu a costa e, na altura do Maranhão, dois de seus barcos naufragam e ele partiu com um só. Os sobreviventes vão estabelecer um núcleo, que vai inspirar depois a experiência da França Equinocial. Nesse intervalo, franceses continuam a atacar a costa em Ilhéus, Sergipe. Os holandeses tentam o Rio de Janeiro em 1599; sem êxito, vão para o Recôncavo baiano, com ação facilitada pela baía de Todos os Santos, durante quase dois meses. Retornam em 1604. Os franceses insistem, do Rio Grande do Norte ao Maranhão. Freqüentam também o Grão-Pará, na foz do rio Amazonas, antes e depois da ocupação da área por brasileiros e portugueses, com holandeses e ingleses, tentando a Amazônia, área de incorporação mais tardia, em 1616.

Se esses episódios são de pequena importância, dois devem ser destacados: a ocupação do Maranhão pela França e, sobretudo, as guerras com os holandeses, ou guerras do açúcar, que lançam raiz no Nordeste por alguns anos, com fundas repercussões na vida brasileira.

A FRANÇA EQUINOCIAL

Das muitas presenças francesas ficaram marcas, principalmente no Nordeste, pelos que permaneceram algum tempo, às vezes acasalando-se com os nativos, com as índias, ou com brasileiras ou portuguesas. Há muito brasileiro com traços fisionômicos franceses, no amplo processo de miscigenação verificado. Mais importante, contudo, é a presença na baía de Guanabara, de 1555 a 1567, com a França Antártica, primeira ocupação significativa de área, exigindo esforços governamentais para ser expulsa. A cidade do Rio de Janeiro, como se viu, tem o seu começo ligado a essa aventura. O mesmo se verifica com a outra ocupação consistente, por certo tempo, no século seguinte. Já se falou em Jacques Riffaut e suas marchas do Rio Grande do Norte ao Maranhão, com o naufrágio de cuja expedição ficam alguns sobreviventes, que se fixam na ilha, dando origem à chamada França Equinocial.

A insistência de estrangeiros na costa, para ocupá-la ou simples contrabando, levava o governo a fazer fortalezas, colocar forças em determinados pontos e a manter pequenas frotas — um, dois ou mais navios — em permanente movimento, para garantir a posse, evitar sua conquista por outros, afugentá-los. Mesmo os habitantes — os moradores — deviam dispor de armas para o caso de necessidades. O estado de alerta ante a possível guerra, contra o invasor ou contra o índio, é uma constante nesses tempos.

O episódio da Guanabara vai repetir-se no Maranhão. Em 1594, Charles des Vaux e Jacques Riffaut, armadores de Dieppe, fixamse na ilha do Maranhão, com ajuda de índios (franceses e portugueses, como se lembrou, exploram as rivalidades entre as tribos, apelando para uma ou outra, para melhor domínio). Contavam com um plano, apoiado na Corte de Henrique IV. Outra expedição virá, em 1612, para reforço, dirigida por Daniel de la Touche, senhor de La Ravardière. Empresa particular, como a anterior, teve as simpatias do governo, a cuja frente estava a rainha Maria de Médici, mãe de Luís XIII, regente em sua minoridade. Apoio político, incentivo e ajuda financeira. Demais, a aventura seduzia parte da nobreza, pelo desejo de evasão, em busca de terras idílicas, a permanente busca da utopia, a visão do paraíso — constante na história, muito avivada com as viagens reveladoras de novas terras e perspectivas de colonização. Os chamados motivos edênicos foram mesmo algumas das razões de certas viagens e do impulso colonizador — que tiveram, é óbvio, outros motivos mais consistentes. Ao tema dedicou importante livro Sérgio Buarque de Holanda, *Visão do Paraíso — Os motivos edênicos no descobrimento e colonização do Brasil*, de 1958, com várias edições e traduções, considerado, com justeza, uma das obras-primas da historiografia nacional.

Os franceses do Maranhão também levaram índios à França, para provar a idealização que deles faziam, como já acontecera no século anterior na festa de Rouen. Os franceses fundam na ilha o núcleo urbano de São Luís, homenagem a seu rei (Luís XIII). Como a localidade progredisse, o governo português começa a combatê-la, sob a chefia de Jerônimo de Albuquerque e ajuda de Martim Soares Moreno. Pensou-se em acordo, na paz entre a França e a Espanha. Este foi quebrado, houve grande batalha e os franceses vencidos, retirando-se para a sua pátria. Faltou-lhes maior apoio do seu governo.

No primeiro momento, na euforia da vitória, muda-se o nome de São Luís para São Filipe, homenagem ao rei espanhol, logo voltando o nome primitivo, mantido até hoje em uma das cidades mais interessantes do país. Em 1614-15, a ilha se impõe. O bom porto garante o comércio. E a administração pensa em melhor aproveitá-la, não só por seus recursos, mas como base para avançar em direção ao Amazonas. Parte expedição no Natal de 1615. E em 1616 funda-se forte com o nome de Presépio, cuida-se da cidade Santa Maria de Belém e da colonização da Amazônia. Na foz do grande rio aparecem franceses, ingleses e holandeses, em disputa. Era preciso incorporar a Amazônia, imensa área despovoada. Ponto inicial de seu conhecimento é a viagem de Pedro Teixeira: parte, em 1637, com mil índios e setenta soldados, sobe o Amazonas até a nascente; de volta, detém-se no rio Napo, onde funda Franciscana, hoje Tabatinga; por terra, alguns chegam a Quito, em extraordinária expedição. Pedro Teixeira vai da foz até o interior, ao contrário de Francisco Orellana, companheiro de Pizarro, que vai do Peru até a foz, descendo o rio, em 1539, cem anos antes.

Para corretamente administrar a imensa área, o governo cria o Estado do Maranhão, do Ceará ao Pará, outro momento de divisão, descentralização, como se falará mais adiante.

A tentativa francesa vai ser a base do domínio do extremo Norte, importante não só por centros urbanos como São Luís ou Belém, mas, sobretudo, pelo impulso à devida exploração do local, como se verificara no século anterior com o Rio de Janeiro. Coroava-se assim a obra de defesa de Portugal de suas posses e mesmo da expansão: de Itamaracá ao Pará, ou da expulsão dos franceses da Paraíba — no mesmo ano de 1584 funda-se, na costa, a cidade de Filipéia de Nossa Senhora das Neves, óbvia homenagem ao rei; o nome será mudado depois várias vezes e não sobreviveu ao estabelecimento português-brasileiro na foz do rio-mar. De 1584 a 1616 passaram-se 32 anos, período breve para empresa de tamanho vulto. Curiosamente, Belém era o ponto fixado no Tratado de Tordesilhas, quando as terras ainda não eram conhecidas, se nem sequer reveladas. Dilatava-se o território, com a incorporação do Norte, faltando-lhe apenas chegar ao interior, o que será feito lentamente, começando ainda sob os Filipes, com a viagem de Pedro Teixeira, já referida. O extremo Sul vai ter incorporação ainda mais tardia, já fora do período da presente análise.

Se da França Antártica ficou depoimento notável em duas obras da época, valiosas para conhecimento da terra e da gente, sobretudo como antropologia e história dos costumes — André Thévet e Jean de Léry —, como se assinalou, também desta ficaram dois livros importantes para a bibliografia: o de Claude d'Abbeville — *Histoire de la mission des pères capucins en l'isle de Maragnan et terres circonvoisines où est traicté des singularités administratives & des moeurs merveilleuses des indiens habitants de ce pays*, publicado em Paris em 1614 e depois muito editado e traduzido, bem como o de Yves d'Évreux — *Voyage dans le nord du Brésil fait durant les années 1613 et 1614*, cuja primeira edição foi feita em Paris em 1615, também muito editado e traduzido, com importantes contribuições para conhecimento do país, em sua mescla de notas religiosas e teológicas, econômicas e políticas, com predomínio das primeiras, pois os dois autores eram padres católicos.

HOLANDESES NO NORDESTE

A presença mais digna de nota na vida brasileira foi a flamenga, entre 1624 e 1654. Os Países Baixos, no início do século XVII, conheciam uma burguesia sólida e imbuída dos novos valores econômicos do capitalismo crescentemente afirmativo. Sem boa base territorial e de independência recente — vinham de libertar-se, em 1579, da tutela de Filipe II, em toda linha asfixiante —, dedicavam-se ao comércio, dispondo de frotas eficientes. Daí a disputa com a Inglaterra do domínio dos mares: não sem razão cabe ao país importante papel na história do direito internacional, na defesa do *Mare Liberum*, de 1609, como se vê na obra do patrício Hugo Grotius, *De jure bellis ac pacis*, de 1625. Holanda e Inglaterra são as expressões máximas do mercantilismo comercial, inimigo dos monopólios vigentes.

As relações entre a Holanda e Portugal eram razoáveis: os navios holandeses iam a Lisboa levar os produtos do Norte europeu, como trigo e bens industriais, voltando com as especiarias do Oriente e da África, madeiras, açúcar e curiosidades do Brasil, além do sal de Setúbal. Os holandeses não vinham ao Brasil, como seus vizinhos, na prática do contrabando. Já se lembrou que o inglês encontrou no porto da Bahia, em 1587, um barco holandês, servindo-se dele. Então começa o intenso movimento de navios dos Países Baixos no Atlântico, proibidos que estavam de freqüentar os portos portugueses. Eles não podem prescindir do açúcar brasileiro, em cuja produção colaboram, no financiamento dos engenhos do Nordeste, bem como no refino do açúcar em Portugal ou na própria Holanda, incumbindo-se em grande parte de sua distribuição.

Com o domínio de Portugal pela Espanha a atuação é agravada. A economia dos Países Baixos era fundada em companhias comerciais, como a Companhia das Índias Orientais, de 1602. Como era fundamental não só para eles como também para Portugal e o Brasil, a Espanha faz uma trégua de doze anos, entre 1609 e 1621. Aí se revela mais nítida a vantagem de conquistar o Brasil, como é proposto por comerciantes, banqueiros e políticos. Exatamente em 1621, fim da trégua, capitais flamengos criam a Companhia das Índias Ocidentais. Era uma empresa particular, só possível em Estado de economia avançada, de capitalismo desenvolvido e burguesia atuante. Contava com o apoio do governo da República, de modo a poder ser caracterizada como de economia mista. Uma empresa que fazia tratados com príncipes e outros chefes, podia nomear autoridades e dispor das naus e gentes de armas do Estado. O objetivo maior da companhia é o relacionamento com o Brasil, se possível a conquista do Nordeste. O propósito é explicitado no folheto *Motivos por que a Companhia das Índias Ocidentais deve tentar tirar ao rei da Espanha a Terra do Brasil, e isto quanto antes*, de Jan Andries Moerbeeck, de 1624, editado em Amsterdam. A tentativa não tarda, e em 1624 é feito o ataque à Bahia, ocupada por breve período, pois o invasor é logo expulso pela esquadra espanhola.

A força libertadora, na parte portuguesa, era de 26 navios e 4 mil homens; na espanhola, de 38 navios e mais 7 mil homens. Restaurada a Bahia, a esquadra regressa. A portuguesa, na volta, foi arrasada: de seus 26 navios, apenas um chegou ao Tejo. Os demais naufragaram, foram queimados ou vítimas dos corsários do Atlântico. Como se vê, por este e muitos outros fatos já narrados, a aventura oceânica continua insaciável devoradora de vidas. Vários volumes como as *Histórias trágico-marítimas*, da época das primeiras grandes viagens, poderiam ser escritos sobre a ligação Portugal—Brasil, quando qualquer viagem era temeridade, pelo precário das embarcações, despreparo das gentes, ousadia e desumanidade de piratas.

Se houve derrotas militares holandesas na Bahia, em 1625, bem como outras na África e nas Antilhas, os ganhos de vulto se sucediam, como o do saque da Bahia em 1627, pelo almirante Piet Heyn, o apresamento por ele de frota espanhola no ano seguinte, além dos muitos ataques bem-sucedidos a navios portugueses de volta da Índia ou do Brasil. Os sócios da companhia iam acumulando capitais, tornando-se cada vez mais ricos. Decerto, o relacionamento entre Holanda e Brasil obedece a um plano, enquadra-se na racionalidade capitalista, não é simples ato de pirataria. É de fato uma guerra do açúcar. Com procedência eles chamavam o Brasil de Zuikerland. Expulsos da Bahia, os donos da empresa não desistem e planejam outro ataque, agora a Pernambuco, em 1630. Dispõem de recursos financeiros e humanos para o êxito.

Este será bem-sucedido por certo tempo, com grandes repercussões na história do Brasil da primeira metade do Seiscentos. De fato, eles ocupam Pernambuco, fazem conquistas ao sul, em Alagoas e Sergipe, bem como ao norte, na Paraíba, Rio Grande do Norte e mais áreas. A conquista foi de cinco anos, de 1630 a 1635. Contando com frotas bem equipadas e recursos militares de sólido treinamento, permanecem por algum tempo. Derrotam os tradicionais senhores de engenho, portugueses ou brasileiros, fixam-se menos em Olinda que no Recife, área até então menos apreciada, na qual edificam um núcleo urbano que será dos mais importantes do país. Recife era área alagada, sem separação muito nítida das terras e das águas, característica bem conhecida dos holandeses; eles tinham parte de seu território tomado ao mar do Norte.

Demais, a Companhia das Índias Ocidentais designou para administrar seus negócios homens experientes e de visão, o principal dos quais foi o conde João Maurício de Nassau-Siegen, alemão, aristocrata da mais alta representatividade: jovem, inteligente, empreendedor, governa com disposição, lucidez e tolerância. Veio pela alta renda mensal recebida. Nobre e burguês, refinado, culto e protetor das artes, atraiu pintores e arquitetos, bem como cientistas. Uns fizeram construções, sobretudo no Recife, que se desenvolve em detrimento da antiga Olinda, sede dos portugueses poderosos; outros fixaram em seus quadros a paisagem, enquanto cientistas notáveis escreveram livros sobre a natureza — a botânica, a zoologia, a natureza em geral. Houve ainda historiadores flamengos: registraram os acontecimentos e são ainda hoje lidos com proveito.

Nassau chegou em 1637 e partiu em 1644, deixando a marca do administrador. Seu período é o mais brilhante da presença estrangeira. Nassau renovou a administração, substituiu as autoridades de tipo português por outras, na linha flamenga. Foi relativamente tolerante com os católicos, permitindo-lhes o livre exercício do culto. Como também com os judeus (depois dele não houve a mesma tolerância, nem com os católicos e nem com os judeus — fato estranhável, pois a Companhia das Índias contava muito com eles, como acionistas ou em postos eminentes). Pensou no povo, dando-lhe diversões, melhorando as condições do porto e do núcleo urbano — Recife conheceu extraordinário impulso, em breve seria mais importante que Olinda —, fazendo museus de arte, parques botânicos e zoológicos, observatórios astronômicos.

Pela primeira vez o Brasil conhecia tamanha afronta. Daí o despertar dos brios portugueses e nativos: colonizadores e brasileiros, brancos, índios e negros uniram-se na defesa da terra. Como símbolo dessa solidariedade na resistência, ficaram o negro Henrique Dias, o branco André Vidal de Negreiros e o índio Camarão. Empenharam-se antes em guerrilhas e emboscadas, pois o invasor era mais equipado militarmente. A grande insurreição começa em junho de 1645, tendo como principal figura o fazendeiro João Fernandes Vieira. O clima era mais favorável, com a partida de Nassau e novas direções sem a mesma eficiência e lucidez.

Se os holandeses tinham êxitos nos centros urbanos, os portugueses e brasileiros sabiam defender-se nos núcleos rurais. Das lutas, participaram gentes de todos os tipos, etnias e cores, em esboço de consciência nacional. O flamengo contou com a colaboração de muitos nativos: valeu-lhe sobretudo a adesão de Calabar, com conselhos e indicação de caminhos. Ficou como símbolo de traição. Houve algumas alianças de interesses, econômicos ou pessoais, pelo casamento entre uns e outros. Os holandeses pensavam mais em comerciar, os portugueses em plantar. Com as destruições de engenhos pela guerra, pelos incêndios, inundações e secas, não faltando mesmo epidemias com alta mortandade entre negros, caía a produção do açúcar, levando o invasor a dar auxílios para reerguimento de plantações. Holandeses e judeus chocam-se também com portugueses e nativos por motivos religiosos — aqueles em geral protestantes, estes católicos. Os atritos se amiudavam.

Finalmente, com a Restauração, com um rei português no trono, em 1640, a situação flamenga é mais difícil. Uma das razões da luta era a animosidade entre holandeses e espanhóis. Findo o período filipino, fica mais fácil estabelecer o acordo com Portugal. Se flamengos continuam a lutar, tentam novas áreas no Brasil e na África. O regresso de Nassau em 1644 contribuiu para inviabilizar a continuação da conquista. Nos choques os holandeses quase sempre perdem, apesar de seu equipamento militar. Por outro lado, Pernambuco recebe reforços da Bahia. É uma luta constante, com pequenos choques e precários resultados para as duas partes. O desgaste é sucessivo. Mesmo como empresa econômica e financeira os lucros decrescem, os déficits aumentam. São agora a norma, quando antes os lucros eram imensos: lembre-se, por exemplo, que, de 1623 a 1636, a companhia conseguiu armar oitocentos navios, apresar quinhentos, capturando preciosas cargas e embarcações vindas do Brasil ou do Oriente.

Poderoso grupo forma-se nos Países Baixos na defesa da paz. Não obstante, a companhia recebe ainda auxílios oficiais, em gente e dinheiro. Em 1648 há a batalha de Guararapes, com a derrota holandesa, agravada pela perda de Angola. No ano seguinte, Guararapes é cenário de outra batalha, com o mesmo resultado. Os invasores e os insurgentes continuam em seus propósitos, embora sem ânimo decidido, sobretudo da parte agressora. Conta para o desfecho a situação européia, quando a Holanda entra em guerra com a Inglaterra em 1652, por causa do primeiro *Navigation Act*, do ano anterior. Ela não podia tolerar a política de Cromwell, protetora da marinha de seu país, garantindo-lhe privilégios e cerceando a ação dos outros — da Holanda sobretudo, a única a fazer-lhe frente nos oceanos e que vê, naquelas medidas, com razão, séria ameaça a seu poderio.

Enquanto a situação do seu domínio na colônia americana se agrava, chega uma esquadra portuguesa para ajuda na expulsão definitiva. Recife é cercada em 1653 por mar, quando por terra já estava. Daí a rendição, em 26 de janeiro de 1654, com a volta do Nordeste à Coroa recentemente restaurada. Poucos anos depois, em 1661, o invasor, em tratado de paz, reconhece a situação de fato. Perdera a causa, na qual se embalara, às vezes com excelentes resultados, de 1624 até 1654. Como é comum em tratados portugueses — econômicos ou políticos —, a Holanda cobrava alto, exigindo restituição de armas, liberdade religiosa, favores ao seu comércio e a elevada indenização de 4 milhões de cruzados. A ser paga em dezesseis anos, em prestações anuais de 250 mil cruzados, devendo o Brasil participar com 120 mil por ano.

DEVASSAMENTO DO TERRITÓRIO

Os navegantes portugueses que chegam ao Brasil em 1500 pensam, no primeiro momento, haver chegado a uma ilha. As pequenas expedições para conhecer a terra não se afastam do litoral e logo percebem a amplidão do novo domínio. As mais ousadas, nas quais participa Américo Vespúcio, percorrem a costa de norte a sul e anunciam estar não em uma ilha, mas em verdadeiro continente. Não se ousa, contudo, a não ser de modo tímido, penetrar pelo interior. Tal teria acontecido às trinta pessoas, que percorreram quarenta léguas, em 1503 e 1504, partindo de Cabo Frio, segundo consta de carta de Vespúcio. Caso de Martim Afonso de Sousa, por exemplo, ao criar a vila de São Vicente e chegar ao planalto, embora a poucos quilômetros da costa, estabelecendo núcleos urbanos. Também ordenava caminhadas pelo interior, partindo da baía de Guanabara, em 1531. De outras há vagas notícias.

No governo de Tomé de Sousa, em 1553, algumas incursões são feitas, em busca de metais e pedras. O rei ordenava ao governador geral a busca de minas. Leva a esses movimentos a procura de prata, ouro e pedras preciosas, com os pequenos achados de ouro em terras do Sul, por iniciativa de vicentinos. Também das capitanias de Porto Seguro, Ilhéus e Bahia partem expedições para o interior em busca das imaginadas minas de prata.

Em quase todas as expedições de reconhecimento da costa houve também a entrada para ver quanto havia, embora com prudência, sem maiores audácias. Ao longo do primeiro século pouco se avança. Como dizia frei Vicente do Salvador — primeiro brasileiro autor de uma *História do Brasil*, em 1627 —, "da largura que a terra do Brasil tem para o sertão não trato, porque até agora não houve quem a andasse por negligência dos portugueses, que, sendo grandes conquistadores de terras, não se aproveitam delas, mas contentam-se de as andar arranhando ao longo do mar como caranguejos".[3] A terra era desconhecida e uma geografia fantasiosa tornava-a terrível.

Seu devassamento é devido sobretudo ao chamado bandeirismo; predominantemente paulista, não o é de modo exclusivo. Coube-lhe revelar o sertão, até aí ignorado. Quem primeiro proclamou a importância do interior foi Capistrano de Abreu, no livro *Capítulos de história colonial*, de 1907: "A invasão flamenga constitui mero episódio de ocupação da costa. Deixa na sombra a todos os respeitos o povoamento do sertão [...]".[4] Se houve entradas partindo das capitanias mais do Centro e do Sul, houve também de Pernambuco, embora em menor número e menos alcance. O século XVII é o das grandes penetrações, desde os primeiros anos.

Pode-se ver aí outra decorrência da unificação do governo de Portugal com a Espanha, ou do período filipino. É possível agora avançar com certo destemor pelo sertão, sem receio de chegar às posses espanholas. Embora a linha de Tordesilhas fosse desconhecida, ela existia e procurava-se evitá-la. Como todo o continente americano do Sul está sob a mesma Coroa, o perigo desaparece. De fato, formam-se então as grandes bandeiras, com homens armados, dispostos a enfrentar as tribos indígenas, em busca de pedras e metais preciosos ou de índios para servirem como escravos. Elas partem para o Sul, ainda não integrado ao governo, para o Centro-Oeste, para o extremo Norte e para os sertões do Nordeste. Realizam trabalho notável de audácia, lançando mão da máxima violência para obter o pretendido. Expedições devassadoras do desconhecido, não são propriamente povoadoras, com o apresamento de índios que afastam de suas terras, como se vê no Sul.

O mérito foi revelar o interior, convencendo a administração da amplitude das terras a serem exploradas. A obra cresce ao longo do Seiscentos e do Setecentos. Bem antes do terceiro século da conquista muito fora obtido, o domínio português mais que dobrado, entrando em áreas muito além das Tordesilhas. E já na segunda metade desse século colocam-se os problemas de fronteiras e da necessidade de tratados entre as duas coroas do continente, como se verá em outro item. Uma das grandes obras do período colonial — senão a principal — foi a definitiva configuração do território. Portugal ganhou mais que a Espanha, anulando a divisão feita em 1494, quando nada se sabia de concreto sobre oceanos e continentes. Foi obra grandiosa, embora com aspectos brutais, desumanos, de desalojamento dos grupos aí estabelecidos ou mesmo de sua exterminação.

As expedições são conhecidas pelos nomes de entradas ou bandeiras. Estas eram constituídas por muita gente, sob a chefia de algum poderoso, cercado de parentes, além de outros, unidos pelo interesse de possíveis descobertas de riquezas minerais ou de apresamento de índios para escravos, contando ainda com negros e índios para as piores tarefas. O papel do índio é significativo, pois ele conhecia as terras, sabia dos rios e montanhas, apontava os melhores caminhos, ciente do valor das árvores e plantas em geral, dos frutos a serem colhidos para alimento. Os grupos saíam com provisão para breve tempo: os mais cuidadosos plantavam roças em determinados lugares, para colherem na volta. Por vezes algum padre. Não era rara a presença de mulheres e crianças. Os principais iam bem armados, para enfrentar as feras ou as tribos violentas e contrárias a qualquer intrusão.

Sobre o assunto já se escreveu abundantemente, comprazendo-se os pesquisadores na história narrativa, apontando os caminhos, as datas e os nomes dos chefes, nas discutíveis prioridades. Há ampla bibliografia que permite conhecer os roteiros e o devassamento do território em todos os sentidos. A primeira bandeira bem conhecida é a do português André de Leão, que saiu de São Paulo no começo de 1601, com setenta ou oitenta pessoas. Dela ficou o relato minucioso, devido a Wilhelm Glimmer, holandês entendido em mineralogia, vivendo em São Vicente. Caminhou para o norte, até o rio São Francisco, depois de atravessar o rio Paraíba e a serra da Mantiqueira. Revelou o interior das futuras Minas Gerais, consumindo nove meses na viagem, sem qualquer achado valioso. Apontava, no entanto, caminho a ser percorrido por outros.

Estava-se no governo de dom Francisco de Sousa, e último do Quinhentos nomeado e em exercício de 1591 até 1602, voltando depois em 1608, como governador geral das capitanias do Sul (Espírito Santo, Rio de Janeiro e São Vicente) e com o título de administrador geral das Minas e a promessa do título de marquês das Minas. Francisco de Sousa é das autoridades portuguesas mais sedutoras e importantes. Ligado à nobreza, entusiasmou-se, ainda em Portugal, pelas sugestivas riquezas minerais do Brasil e com o objetivo de seus achados esteve duas vezes no governo. Providenciou muitas entradas da Bahia, sem o desejado êxito, ele que acreditava em serras resplandecentes de prata e esmeraldas. Vindo para São Paulo, trouxe engenheiros e técnicos em mineração. Visitou as áreas de possíveis minas de ouro, encontrando mais o ferro.

O importante, contudo, é sua presença no Sul animar viagens, dando-lhes sentido: o interior de Minas Gerais, onde mais tarde se verificariam preciosos achados, foi objeto de seu ânimo às bandeiras de André de Leão e Nicolau Barreto, em 1601 e 1602. Deixou o cargo de governador geral do Brasil, mas define o novo centro dos achados preciosos. Como define também a vinda de expedições para o Sul e o Oeste, no Paraná e no Paraguai. São esses os eixos do bandeirismo vistoso e de resultados até na dilatação do território na conquista de regiões espanholas de direito. Volta em 1608, de novo entregue à mesma procura, para morrer, pobre e desvalido, em 1611.

Outras entradas se verificaram no princípio do século XVII, partindo de São Vicente para o Oeste e para o Sul, conseguindo apresar índios pelo uso da violência. Espanhóis haviam feito estabelecimentos no Sul, ainda não ocupado pelos portugueses, ou em áreas paraguaias. O principal foi a Ciudad Real del Guairá, nos arredores das célebres quedas de água do rio Paraná. Por aí e ao Sul os jesuítas haviam criado as célebres reduções, ajuntamentos de índios para catequese e trabalho. Essas aldeias despertaram as atenções dos paulistas, que desceram sobre elas, travando combates para apresar índios, conseguindo-o com violência e sacrifício.

Alguns paulistas se notabilizaram nessas empresas: o principal foi Antônio Raposo Tavares, português fixado em São Vicente, talvez o mais operoso bandeirante, atuando no Sul, no preamento de índios, empresa em que mais se destacou. Foi o grande destruidor das reduções jesuíticas, valendo-lhe prear grupos sem conta e a conquista de terras nos atuais Paraná, Santa Catarina, Rio Grande do Sul e Mato Grosso, incorporando-as ao Brasil. Como ninguém, contribuiu para a dilatação do território. As reduções jesuíticas começam com espanhóis em 1610; em 1628, além de pequenas vilas e reduções, havia treze núcleos com 50 mil habitantes, na quase totalidade guaranis. É quando Raposo Tavares começa suas *razzias*. Outras reduções surgiram, enquanto se destruíam algumas. De Guairá a Tapes, depois Itatim. Paulistas também sofreram derrotas e houve pausas nas invasões. Raposo Tavares resolveu voltar a São Paulo várias vezes, partindo de novo: em 1648 invade Itatim.

Sobe tanto o rio Paraguai, cerca de três anos, que chega a combater espanhóis no Peru. Depois, desce em jangadas o rio Madeira, entra no rio Amazonas até o Pará, onde chega em 1651. Só voltou a São Paulo em 1656; pouco depois, em 1658, ou 1659, morreu. Lembre-se que em lutas com jesuítas, índios e espanhóis consumiu muito tempo, mas não todo, pois ainda teve oportunidade de exercer cargos em São Paulo. Mais: de participar de combates aos holandeses no Nordeste, pela convocação de paulistas por autoridades portuguesas da Bahia e Pernambuco. Teria ido em 1639, como se vê por documentos. Esteve mesmo no Reino, antes de 1648, em missão oficial. Poucos homens andaram tanto e fizeram coisas tão diversas e arriscadas como Antônio Raposo Tavares, símbolo do bandeirismo.

Era preferível atacar as reduções, onde os índios estavam reunidos, a procurá-los dispersos pelos matos. A empresa teve acentos selvagens, merecedores de reparos até do papa. Os jesuítas abandonaram essas reduções e tentaram outras, mais ao sul, como as regiões do Uruguai e Tapes, hoje Rio Grande do Sul ou território argentino das Missiones, também objeto de ataques bandeirantes. Antônio Raposo Tavares atacou não só no Sul, em 1636, mas também no Oeste, em terras do Mato Grosso, dizimando as reduções de Itatim. De nada valeram os protestos espanhóis aos governadores brasileiros ou a seu rei e até ao papa Urbano VIII. De tal modo se distinguiram os bandeirantes no ofício de prear índios que, mais tarde, passaram a ser contratados por autoridades para subjugar tribos insatisfeitas. E o fizeram com crueldade e eficiência, sobretudo no Nordeste.

As capitanias eram assaltadas por tribos, como se deu na Bahia, em Porto Seguro e em Ilhéus, com prejuízos para as fazendas e engenhos. Para enfrentar o perigo, autoridades contratam bandeirantes paulistas, como se dá em 1658-60 pela primeira vez, com a empresa de brancos e mamelucos dirigidos por Domingos Barros Galheiros.

Expedição mais eficiente é de 1671, dirigida por Estêvão Ribeiro Baião Parente. Era a chamada "guerra justa", algumas vezes repetida. Bandeirantes vão para a Bahia e partem em expedições contratadas por governantes, para o Sul, o Oeste e sobretudo o Norte, quando devassam o desconhecido. Como se dá no Piauí, por exemplo, cuja ocupação não começa pelo litoral, mas pelo interior. O principal nome foi o de Domingos Jorge Velho, em *razzias* contra índios em 1679 e no seguinte. Curiosamente, ele e outros ainda vão ser convocados para acabar com quilombos, para perseguir escravos negros fugidos, alguns realizando tétricas aventuras. O mais famoso quilombo foi o de Palmares, hoje área de Alagoas; durou decênios e reuniu milhares de escravos fugidos de seus senhores. Chegou a ter boa organização, parecendo um Estado africano em terras brasileiras. Vindo do começo do século XVII, foi combatido por forças holandesas, sem êxito, como sem êxito continuou o combate depois de 1640. Afinal, em 1691, Domingos Jorge Velho, célebre na dizimação de índios, é convocado. Com auxílio e reforços, levou avante a tarefa, até arrasar o quilombo. Só em 1695 se conseguiu a destruição do maior movimento da rebeldia negra. A figura de resistência de maior autoridade foi o quase lendário Zambi, símbolo da coragem dos negros.

Ainda no século XVII há outra faceta do bandeirismo, esta voltada somente para a descoberta de pedras e metais preciosos. Se já havia o empenho desde o começo da colonização, agora acentua-se, com as vindas de São Paulo para o Norte, para as terras centrais. A principal é de 1674, dirigida pelo paulista Fernão Dias Pais, em busca das esmeraldas. Percorre em diferentes direções o que é hoje Minas Gerais e supõe encontrar as pedras verdes. Morre na expedição, em 1681, iludido de que as encontrara. Se não as achou, gente de seu grupo continuou em Minas e, na última década, em 1693 talvez, encontra o ouro do Tripuí, na área depois chamada Vila Rica e Ouro Preto. Pela primeira vez se acha ouro em quantidade apreciável, a ponto de provocar corrida para o interior: vem gente de São Paulo, do Rio de Janeiro, do Norte, até de Portugal. O *rush* despertou medidas proibitivas do governo português e a área conheceu desenvolvimento súbito, com rápida ocupação e surto urbano.

Logo há disputas entre paulistas e não-paulistas — gente do Rio de Janeiro, da Bahia, portugueses, conhecida por emboabas. É a Guerra dos Emboabas, de 1708 a 1710. Ante a desordem do aventureirismo, o governo separa do Rio de Janeiro a capitania de São Paulo, instituindo em 1709 a capitania de São Paulo e Minas do Ouro. As autoridades preferem viver em Minas, não em São Paulo, pois em Minas está a riqueza. Como continuam as lutas — em 1720 há a sedição de Vila Rica, contra o pagamento dos impostos devidos —, Minas é separada de São Paulo: em 1720 cria-se a capitania de Minas Gerais, com existência em ritmo acelerado, ao contrário do que se dá no resto do país. O fato é típico das regiões mineratórias, sob o signo da aventura e mudanças rápidas, enquanto as regiões agrícolas são lentas, pouco movimentadas e de crescimento tímido.

Ante a derrota dos primeiros ocupantes paulistas, frente aos chamados emboabas — nem sempre portugueses, mas também brasileiros de outras procedências —, os paulistas vão mais para o norte e descobrem ouro em Goiás e Mato Grosso, forçando o governo a criar novas capitanias. Na verdade, o ouro de Minas Gerais era o aluvional, o encontrado à superfície da terra. Não havia recursos financeiros ou técnicos para explorar o possível ouro de mina. Foi portanto exploração ligeira e logo em decadência, pelas muitas dificuldades. O bandeirismo minerador revelou mais uma região, de desenvolvimento rápido.

O fato é de importância transcendente na história do Brasil, pois leva o governo português a aprimorar a máquina do Estado, assumindo seu verdadeiro papel, até aí delegado à iniciativa privada, a senhores poderosos que exercem o privatismo quase em plenitude. Se na verdade o Estado nunca fora ausente, nem mesmo na primeira tentativa de administração descentralizada com as capitanias hereditárias, como se viu, ele era às vezes omisso. Agora, no começo do século XVIII, impõe-se com rigor, assume todas as suas funções, como se verá.

POLÍTICA E ADMINISTRAÇÃO

A guerra do açúcar e a expansão territorial, sobretudo no devassamento do sertão, são as duas notas marcantes do período filipino. Caberia falar agora da vida administrativa da enorme Colônia. Se já se lembrou o entendimento entre espanhóis e portugueses sobre o Brasil continuar nos padrões anteriores, com funcionários portugueses e não espanhóis, o acordo foi mantido. Ao longo dos sessenta anos vários portugueses, em geral pertencentes aos setores elevados da sociedade, foram designados para o governo geral do país, bem como para os cargos mais importantes. Entre eles, alguns tiveram atuação notável, como dom Francisco de Sousa, do qual já se falou, com o realce de sua preocupação com os achados mineiros, que redundaram no incremento das expedições por parte do governo — eles haviam resultado delas —, em marchas designadas ora de entradas, ora de bandeiras. Nos estudos de história do Brasil ainda não se chegou a uma definição severa, distintiva dos dois conceitos, de modo que os usamos sem rigor, praticamente como sinônimos (assim foi feito no item anterior, dedicado ao assunto).

Do ângulo administrativo, continuou a indecisão entre governo centralizado e descentralizado, ou tudo emanando da autoridade sediada na Bahia, ou com centros na Bahia e no Sul. No segundo governo de dom Francisco de Sousa, por exemplo, de 1608 a 1612, ele foi designado para as capitanias do Sul, com plena autonomia, embora existisse o governo geral na Bahia — cargo que ocupara de 1591 a 1602. O mais importante no período filipino, do ângulo político-administrativo, foi a divisão do Brasil em dois grandes Estados — o do Brasil e o do Maranhão — em 1621. O do Brasil, com sede na Bahia, ficava com poder sobre as terras do Rio Grande do Norte até o extremo Sul. O do Maranhão, com sede em São Luís, do Ceará até a Amazônia. Por vezes, os dois governos se subdividiam. O do Maranhão, por exemplo, teve a sede ora em São Luís ora em Belém, chamando-se do Maranhão ou do Grão-Pará (assim entre 1652 e 1654).

Convém lembrar os motivos profundos dessa divisão: além da dificuldade de dirigir terras dilatadas em épocas de difícil transporte, contava uma razão objetiva, de natureza geográfica.

A ligação do Norte com o resto do Brasil pelo oceano era problemática por causa das correntes marítimas. A corrente equatorial Norte e a corrente do Brasil — aquela ao Norte, como diz o nome, esta no litoral leste, do extremo sul ao Rio Grande do Norte — dificultavam a navegação.

As correntes não ajudavam e as condições precárias de transporte na época nem sempre permitiam o melhor movimento. O caminho por terra também era difícil.

As expedições destinadas do Norte à costa leste ou em sentido contrário eram empuxadas pela força das correntes e mudavam de rumo, desviando-se para o meio do oceano, até chegar à África e à Europa. Os barcos nem sempre resistiam aos ventos ou às correntes, incapazes de seguir o caminho previsto. O extremo Norte ligava-se mais facilmente a Lisboa que a Salvador. Daí a divisão da Colônia em duas partes — Estado do Brasil e Estado do Maranhão, tornando o trabalho administrativo mais eficiente.

Demais, cumpria-se assim, mais uma vez, a necessidade ou o gosto de dois centros diretivos, com a dicotomia centralização — descentralização, já apontada aqui como nota constante na vida do país, do século XVI aos nossos dias.

Já se acentuou aqui o caráter unitário ou centralizador da colonização portuguesa, diverso do caráter múltiplo e descentralizador da colonização espanhola. O governo espanhol, com terras na América do Norte, na Central e na do Sul, encontrou uma divisão rígida de tribos, em geral de nível bem superior ao brasileiro, sendo que algumas estavam mesmo em nível altíssimo, pelo trabalho dos metais, boa agricultura e até sofisticada organização social, como se dá sobretudo com os astecas, maias e incas, na Idade dos Metais, enquanto os brasílicos viviam na Idade da Pedra Lascada. Tribos divididas e adversas, o espanhol manteve esse quadro quando estabeleceu sua administração em vice-reinos, capitanias e outras unidades. Conservava as antigas autonomias e era contrário às relações entre elas, interditando-as mesmo. As várias partes americanas do Império espanhol não se comunicavam umas com as outras, mas diretamente com a Metrópole. O fato é de significado transcendente na história da América Latina e vai explicar o processo de independência, como se verá em lugar próprio, como depois a existência dividida e tumultuada das nações emergentes da colonização espanhola, marcadas pelo fragmentário, enquanto o Brasil conseguiu preservar sua unidade, em uma nação-continente, por suas dimensões. Estará aí uma das notas mais fortes a distinguir o trabalho dos colonizadores ibéricos na América.

O Estado do Maranhão era menos populoso que o do Brasil e tinha menos diversidade de quadros. Apresentava fisionomia social marcada pelo predomínio do índio, enquanto no Estado do Brasil o índio contou menos que o negro — a não ser, é claro, no primeiro século. Portugueses e índios configuravam a etnia, com índios em maior número, mamelucos e brancos, enquanto no Brasil dirigido pela Bahia havia índios, mas número expressivo de brancos e de negros, de mulatos. O predomínio indígena e a necessidade de mão-de-obra suscitaram um dos problemas essenciais da área, ou seja, o da escravização do índio, várias vezes tentada e sempre sem êxito. Eles tiveram a defesa do jesuíta, contra administradores e comerciantes ou empresários. Sua principal defesa, contudo, foi a inadaptação ao tipo de trabalho que o português desejou impor-lhe. Não por indolência, como falam os explicadores psicologizantes, mas por falta de consonância entre as duas culturas — a das tribos e a dos colonizadores, tão diversas em tudo. Há enorme legislação de defesa do nativo, até a lei de 1755, determinadora de sua emancipação total. Na Amazônia a língua portuguesa era pouco conhecida, usuais os falares primitivos. Só em 1777 foi obrigatória a língua portuguesa, mais um ato centralizador de Pombal — que terá conhecido pouco resultado, pelo menos nos primeiros tempos.

Economicamente, o Estado do Maranhão apresentava gêneros extrativos, madeiras, plantas e fibras, ou culturas como a do algodão, aí próspera em certos momentos, cacau, tabaco, além da enorme variedade de produtos da floresta, as chamadas drogas ou especiarias do sertão, plantas de todo tipo, a serem usadas como alimento, tecido para vestuário, material para construção — o clima quente dominante, região equatorial, permitia construções leves, abertas para ventilação, com vedações apenas para impedir os rigores do sol. Não havia praticamente estradas, usando-se o mar para as ligações litorâneas ou os milhares de cursos de água, grandes ou pequenos, para as comunicações interiores. A área revelou ao mundo diversas plantas aromáticas, tintoriais ou medicinais: como ainda está por ser devidamente explorada, é possível guarde até hoje muitos segredos. Aqui o animal de carga ou tração não contou: só a ilha de Marajó e o extremo Norte, na fronteira com a Venezuela — hoje estado de Roraima —, foram centros criatórios expressivos. Como a agricultura existiu apenas em pequena escala, próxima dos núcleos populacionais, seus praticantes dedicavam-se à mandioca, ao café, à cana, a poucos cereais. O café começou no Brasil pela Amazônia, de onde veio para o Rio de Janeiro. Como não havia carne, a solução natural era o peixe, abundante nos rios. Havia madeiras ou troncos de árvores adequados para os pequenos barcos, de condução segura até por crianças. Demais, o índio tinha extraordinária intimidade com a floresta, as terras e as águas, pois vivia à lei da natureza.

Como se vê, é bem diversa a fisionomia das duas partes do Estado do Maranhão: se a Amazônia é quase outro Brasil, o Maranhão tem muito de comum com a parte inicial do país. Vem a ser uma espécie de transição do primeiro para a nova área, só tardiamente incorporada à vida brasileira. Esta é, talvez, de todas as regiões do mundo a de características mais pujantes, com árvores gigantescas, os maiores e mais caudalosos rios. Se sempre despertou as atenções do homem, foi sendo malbaratada por um aproveitamento de lucros imediatistas, irracional, a ponto de ser hoje o centro das preocupações de quantos no mundo se dedicam à ecologia, cuidado mais vivo agora que em qualquer outra época, pela consciência generalizada dos perigos da destruição da natureza e seus danosos efeitos sobre a terra e a atmosfera, sobre os padrões da vida, assim ameaçada.

O Estado do Maranhão não foi uma experiência breve, episódica, como outras divisões aqui assinaladas. Só foi extinto na época do ministro marquês de Pombal, chefe de mentalidade mercantilista, dos chamados "déspotas esclarecidos", comuns na Europa nos séculos XVII e XVIII. Um dos traços da política severa do estadista foi o sentido de unidade, que o levou, por exemplo, a extinguir de vez as capitanias hereditárias — primeiro instante de vida administrativa, como se viu — e, pelo culto da unidade, a acabar com os dois Estados, em 1774, mantendo apenas o Estado do Brasil, com a capital no Rio de Janeiro. Salvador deixara de ser a sede administrativa, como fora desde 1549: esta passa a ser a cidade do Rio de Janeiro, na baía de Guanabara, em 1763. Vários motivos explicam a mudança, como se verá em outra parte do estudo.

Elemento importante para a história do Brasil, ainda do domínio espanhol, é o Código Filipino, com vigência não só durante o domínio português — não o substituiu por outro —, mas até depois da emancipação em 1822. Anteriormente ao racionalismo jurídico, só consagrado no século XVIII, pela pregação do Iluminismo, o quadro das leis era precário. Antes, as nações eram regidas por códigos pouco claros e às vezes incoerentes. O sentimento religioso em vigor levava às confusões entre pecado (conceito religioso) e crime ou transgressão (conceito civil ou jurídico). Portugal teve algumas tentativas de consolidar suas leis dispersas: a primeira resultou nas Ordenações Afonsinas, ou Código Afonsino — do rei Afonso V, concluído em 1446, aplicado, mas não impresso, enquanto em prática; as Ordenações Manuelinas, ou Código Manuelino, promulgado por dom Manuel I em 1521, mas aparecendo desde 1513; as Ordenações Filipinas ou Código Filipino, já sob o domínio espanhol (Filipe II de Espanha ou Filipe I de Portugal: estava pronto em 1595, mas só impresso no reinado de Filipe III de Espanha ou Filipe II de Portugal, em 1603). Além desses códigos, houve leis anteriores e posteriores, dispersas, conhecidas como *Leys Extravagantes*. A maior parte da vida do Brasil foi regida pelo Código Filipino. Com a independência, em 1822, setores dele continuam a vigorar, enquanto as leis nacionais não o substituem. Em parte o afastam a Constituição Imperial de 1824, os códigos Criminal e do Processo, de 1830 e 1832, o Comercial, de 1850. Faltava o Código Civil: vários projetos foram apresentados, mas a lei só sancionou um Código Civil já na República, em 1916. O Código Filipino teve vigência mais longa no Brasil que em Portugal (seu Código Civil é de 1867). Foi, aqui, o último eco do período filipino.

3

PORTUGAL E BRASIL SOB OS BRAGANÇA

A RESTAURAÇÃO

O exercício do poder pelos reis espanhóis esgotara suas possibilidades. Portugal, talvez a mais velha nação européia, não podia suportar o domínio estrangeiro. A promessa feita por Filipe II de conservar as práticas antigas e nomear apenas autoridades nacionais não foi de todo cumprida por ele e menos ainda pelos dois outros — Filipe III, seu filho, de 1598 a 1621, Filipe IV, filho do anterior, de 1621 a 1640. Cada um dos três foi mais adverso aos interesses portugueses, que viam sua pátria reduzida a uma província espanhola, devido sobretudo à ação do todo-poderoso ministro conde-duque de Olivares. As guerras permanentes de espanhóis com as poderosas nações européias levavam ao engajamento de portugueses, sacrificados em uma causa que não era deles. Demais, o Império foi perdendo algumas de suas porções.

Se grande parte da nobreza e do clero aceitava a Coroa espanhola, o povo português a recusava, como se vê por vários movimentos, o principal dos quais foi o de Évora, em 1637, cruelmente reprimido. Firmara-se a palavra de contestação e não custaria a impor-se. Por vezes houve confluência em interesses dos dois países: economicamente a produção e o comércio podiam coincidir em certos momentos, antes de 1580 ou durante o domínio espanhol; na maior parte das vezes, contudo, eles se opunham, a burguesia de cada um marchando em certo sentido. O povo, no seu substrato mais profundo, nunca se confundiu, pois as raízes das nacionalidades já eram seculares. Se havia algumas semelhanças nos costumes, não eram suficientes para chegar a uma identidade. Nem mesmo a prática do bilingüismo em camadas cultas, com portugueses escrevendo em espanhol e espanhóis em português — muitos exemplos poderiam ser citados, cada língua tinha a sua marca. Sobretudo a portuguesa, enquanto a nação vizinha apresentava mais de uma língua, como o galego e outras, além do espanhol.

A separação é consumada no dia 1º de dezembro de 1640 (curiosamente, quinhentos anos depois do começo da nação livre, em 1140, pela ação de Afonso Henrique, o fundador da dinastia de Borgonha, que passa a dirigir um Estado nacional, enquanto a Europa continua atomizada em feudos), quando algumas dezenas de fidalgos começam a empresa, com um golpe: invadem o Paço da Ribeira, residência da duquesa de Mântua, vice-rainha, matam seu secretário e proclamam rei de Portugal dom João, o oitavo duque de Bragança, com o nome de dom João IV. Começara a terceira dinastia, a dos Bragança. Portugal foi ajudado por lutas internas na Espanha, como a revolta da Catalunha, em parte incentivada pela França. Não foi fácil a aceitação do fato. O duque de Bragança hesitou a princípio: em outubro, por exemplo, recusou a idéia. Os conspiradores anunciam então o propósito de proclamar uma república. Se o golpe é a 1º de dezembro, o duque — será o rei — só chega a Lisboa alguns dias depois e é aclamado a 15 de dezembro. Golpe dos grupos mais situados da sociedade, da nobreza mesmo (embora parte se mantivesse fiel aos Filipes e muitos nobres fossem para a Espanha), sem audiência do povo, embora pudesse contar com ele, pois as camadas populares nunca aceitaram o poder do estrangeiro.

Os Filipes governaram autoritariamente: de 1580 a 1620 as Cortes só foram convocadas quatro vezes; daí até 1640, nenhuma vez. Se dom João foi confirmado em janeiro de 1641 pelas Cortes de Lisboa, a Espanha não aceitaria pacificamente a separação. O país ia mergulhar em uma guerra com a vizinha, nação sempre em combates. Era preciso obter o reconhecimento das demais, de custo alto em esforços e conversações. Dom João IV mandou emissários à França, aos Países Baixos, à Inglaterra, à Santa Sé, escolhendo entre seus homens públicos os mais categorizados. Havia muitos, hábeis e cultos, mas as nações não se abriam com clareza, querendo tirar proveito da situação. Nas transações diplomáticas contavam interesses econômicos e até financeiros, jogou-se com as alianças através de casamentos. O mais custoso reconhecimento foi o de Roma, pois a Igreja era demasiado unida aos Filipes. Os acordos, porém, foram feitos. A própria Espanha aceitou a situação de fato, em 1668, após uma guerra com muitas batalhas e perdas humanas.

O momento era difícil, pois outros se julgavam igualmente com direito ao trono; daí uma conspiração contra o rei, chegando-se a pensar em eliminá-lo. Descoberta em tempo, foi abortada e seus responsáveis sentenciados à morte, à prisão ou ao exílio. Outras conspirações teriam lugar, igualmente sem êxito. Era difícil governar, repor a nação na ordem, pois a guerra com a antiga dominadora era um fato, com incidentes de fronteira, de 1641 a 1644. A guerra, verdadeiramente, começa em 1644, com a invasão do território vizinho pelo exército português, vitorioso em Montijo.

Dom João IV morreu em 1656 e foi sucedido pelo segundo filho, com o título de Afonso VI, menor de treze anos. Governará como regente sua mãe, a rainha dona Luísa de Gusmão, até ele assumir, em 1662. A guerra prossegue, com vitórias espanholas das forças de dom João d'Áustria, ou com vitórias portuguesas, como a das Linhas de Elvas, em 1659, a de Ameixial, em 1663, a de Montes Claros, em 1665. A de Ameixial é a mais importante, pois o invasor deixa 4 mil mortos nos campos e 6 mil prisioneiros, além de muito material. Confirmava-se a cada passo a Restauração. Se algumas colônias perdidas foram recuperadas, como o Nordeste brasileiro, Tânger, Angola e São Tomé, Ceuta, Malaca e Ceilão não voltaram ao Império. Outras se foram como dotes pelo casamento da infanta dona Catarina, filha de dom João IV, com Carlos II, da Inglaterra: pela ajuda por ele prometida, a infanta levava as fortalezas de Tânger e Bombaim (também na Índia, Cochim e Cananor eram perdidos).

Dom Afonso VI foi deposto do trono por um golpe de seu irmão dom Pedro, que o acusava de inapto, em 1667, ficando dom Pedro como regente até a morte do rei, preso em Sintra, em 1683. De fato, Afonso VI era não só inapto, como doente — sofrera paralisia, quando menino, ficando física e mentalmente afetado. Durante essa Regência é acordada a paz entre as duas Coroas, em 1668, entre dom Pedro e Carlos II, rei de Espanha, pondo fim à guerra de 27 anos. Portugal podia retomar pacificamente o destino de nação soberana.

POLÍTICA E ADMINISTRAÇÃO: 1640-1808

Com a dinastia de Bragança, à frente do governo está o rei de Portugal, comandando a máquina administrativa atuante através de autoridades por ele nomeadas. A Monarquia era a forma comum então, pois até aí só havia repúblicas em pequenas unidades como as Províncias Unidas dos Países Baixos ou algumas cidades italianas — em nenhum território dilatado —, durante quase toda a Idade Moderna. A idéia comum de Monarquia associava-a ao absolutismo, falando mesmo, às vezes, em direito divino. Decerto havia teóricos da política, já na Idade Média, reconhecendo os direitos de manifestação da vontade popular, em todos os segmentos da sociedade, freando o exercício da realeza, ao apontar-lhe limites. Autores medievais e dos primeiros decênios dos séculos XV e XVI consideravam legítima a resistência à tirania.

Na Inglaterra chegou-se mesmo, no século XIII, à imposição da Magna Carta, limitadora de direitos do trono, com a garantia dos direitos gerais. Não só os teóricos, mas até os políticos pensam em um governo submisso à lei. Há várias declarações de *bill of rights*. O pensamento político mais avançado tem lugar na Inglaterra, nos teóricos do liberalismo, entre os quais avulta John Locke; por seus livros, vai ser o ideólogo da Revolução Gloriosa, de 1688, que afirma de vez a função primordial do Parlamento, cunhando a fórmula do trono dependente do Legislativo. Este, contudo, não é o lugar para considerações filosóficas ou teorizantes.

Deseja-se apenas notar que a Monarquia dos Bragança, como, antes, a de Borgonha ou a de Avis, não se pauta por princípios liberais, embora tenha suas Cortes ou Corpos por vezes convocados para opinar sobre problemas do Estado. Caso das demais monarquias de então. Mais ainda: nos municípios havia as câmaras, reunindo pessoas para deliberar sobre assuntos locais, podendo até recusar as instruções vindas da Corte. Eram eleitos entre os chamados "homens bons", ou pessoas de certa categoria social. Como o quadro dos eleitores e elegíveis era muito restrito, não se pode falar em liberalismo, nem mesmo com muita largueza na expressão.

Política

Se com a Restauração não há outra linha política no Brasil de um momento para outro, de fato a ordem se altera, como fica evidente algumas décadas depois. É sempre difícil em história fixar o marco, a data da mudança: esta só é fácil no caso da história política em trato superficial, quando se adota como referência a substituição de um governo por outro, ou alguma batalha notável no caso de guerra, em esquema de historiografia convencional; mesmo a história política, contudo, se vista no profundo ou importante, apresenta dificuldades, pois na maior parte das vezes a alteração de governos ou até de regimes pode significar pouco, mais freqüentemente simples troca de eventuais ocupantes do poder. O historiador deseja a data, o marco visível, para fixar suas periodizações, de tanta ajuda no entendimento do processo evolutivo. Marc Bloch dizia ser um traço dominante do trabalho da chamada "tribo dos historiadores" a "obsessão das origens" (*hantise des origines*).[5] Difícil pelo fato de a história ser um fluxo contínuo, de modo a ser problemático escolher uma data precisa, com o risco de arbitrariedade ou ligeireza. Se o problema existe na história política, mais vivo ainda é na social ou econômica, cujas mudanças reais são menos aparentes, ou, mesmo se se verificam, costumam levar a enganos.

Nos dois primeiros séculos predominou o particular sobre o público. Quando se fala no predomínio, é preciso deixar bem claro que nunca houve a omissão do Estado: este foi sempre atuante, presente. Acontece, no entanto, que a autoridade pode ser forçada a delegar seu poder à iniciativa particular, por interesses momentâneos. Tal é o caso do governo português nos primeiros anos da colonização, quando está voltado para o Oriente, cuja riqueza abundante é o primeiro a usufruir e explorar, pelo seu pioneirismo na chegada à Índia por via marítima em 1498, realizando velha aspiração vista como impossível. Dispondo de pequena população, não pode entregar-se a gerir o vasto Império, com terras no Oriente, do Próximo ao mais longínquo, ilhas nos oceanos Índico e Atlântico, posses na África e na América. O Brasil seduzia menos: apela então para o particular, começando a administração descentralizada, como se viu. Se o sistema não dá resultado, adota o governo geral, centralizado, mas com muitas prerrogativas anteriores concedidas à iniciativa privada, como também já se assinalou.

A cobiça de estrangeiros que freqüentam a costa para o contrabando, ou tentam mesmo a conquista, alerta as autoridades. Assim se deu sobretudo por causa das duas grandes tentativas da França Antártica, em 1555, e da França Equinocial, em 1612 — além de dezenas de ataques em diferentes pontos, do extremo Norte ao Sul, com insistência no Nordeste —, ou, mais importante, por duradouro e ameaçador da sobrevivência do domínio, que chegou quase à fragmentação, devido à conquista holandesa, de 1624 a 1654. Essas ameaças despertam a Coroa e ela passa a atentar mais para sua posse. Sobreveio o período filipino, quando a suprema direção é espanhola, com as naturais decorrências na Colônia — algumas até benéficas, como o aumento das penetrações pelo interior, por estar todo o continente sob o mesmo domínio.

A Restauração suscitou alguns problemas no Brasil: o vice-rei marquês de Montalvão aceitou a nova ordem — tomara posse no dia 1º de julho de 1640, o movimento restaurador é de 1º de dezembro, mas a notícia só chegou à Bahia em fevereiro do ano seguinte. Havia dúvidas quanto a ele, que se revelaram infundadas, pois procedeu com correção relativamente a Portugal. Havia problemas, pois parte da guarnição era constituída de espanhóis e napolitanos (umas seiscentas praças). O vice-rei ordenou que só as demais, de portugueses e brasileiros, mantivessem armas. Logo começou as consultas, secretamente, ao bispo, ao capitão de artilharia, às autoridades, ouvindo uma por uma. Só depois de conhecer a opinião de todos os reuniu, com a aclamação de dom João IV. Apesar de tudo, Montalvão foi vítima de um jesuíta com ordens de Portugal para agir caso houvesse resistência da autoridade. Não houve: já dois emissários haviam partido para Lisboa confirmar o apoio quando o jesuíta, arbitrariamente, resolveu prender Montalvão e mandá-lo assim para o Reino, ficando em seu lugar uma Junta do Governo. O marquês teria comportamento reconhecido, veio a ocupar novos cargos importantes, mas foi preso mais uma vez, como já fora antes de vir para o Brasil, em sua acidentada biografia.

Houve, contudo, breves resistências. Caso do Rio de Janeiro, governado por Salvador Correia de Sá. Filho de espanhola e casado com espanhola, aceitou de boa vontade o reinado de Filipe IV. Teve dúvidas em vê-lo substituído por um português, o que só admitiu depois de ouvir muita gente, a maioria da qual favorável à mudança. Acompanhou pois essa corrente, sem esboçar reação, por sabê-la inviável. Contou, principalmente, o episódio de São Paulo. Aí, parte do povo não quis reconhecer o novo rei e preferiu aclamar um paulista. É o episódio da aclamação de Amador Bueno da Ribeira, o "paulista que não quis ser rei". Aclamado sem ser ouvido, não consentiu em aceitar, negando-se e chegando a esconder-se, a fugir. O juramento de dom João IV como rei em São Paulo só se verificou no dia 3 de abril de 1641.

Houve quem visse na aclamação de Amador um golpe espanhol, pois enfraquecia a causa portuguesa. Amador teria vínculo com a ordem então estabelecida, de subordinação à Espanha. Tudo indica haver aí fantasia. Não houve interveniente espanhol na aclamação do paulista, mas tão só o intenso movimento da gente de São Paulo nos negócios da terra: alguém vira aí a possibilidade de um nativo dirigir o país, em precoce manifestação de independência. Decerto, o episódio não teve profundidade e foi expressão ligeira e inconsistente de pequeno grupo. É hoje lembrado pelos historiadores mais pelo inusitado, não pela possível vitória de uma idéia vaga, destituída de base. Amador Bueno da Ribeira não renunciara a nada, pois a oferta era inviável. Revela-se apenas homem com o mínimo de bom senso.

Feita a Restauração, o governo português não se firma logo, pois tem de obter o reconhecimento das demais nações e da própria Espanha, todas elas envolvidas em disputas diplomáticas ou até em guerras no continente ou pelas colônias distantes; custa a firmar-se também por certa fragilidade da Coroa portuguesa, com um rei doente como dom Afonso VI, o substituto de dom João IV, com as indecisões em sua deposição e governo do regente e depois rei dom Pedro II. O primeiro rei não contestado é dom João V, já em 1706 — o que não significa no longo exercício do poder pelo regente ou rei dom Pedro II, no fim do Seiscentos, não houvesse administração por vezes inteligente e dinâmica, atestada na política industrialista do ministro conde de Ericeira, que tenta sacudir a modorra da vida social e econômica do país.

A história política é a mais estudada nos livros de história do Brasil, como se dá também em outros países. Entre seus autores de contribuição mais original, destaquem-se dois: Caio Prado Júnior, com *Evolução política do Brasil*, de 1933, e Raimundo Faoro, com *Os donos do poder*, de 1958. No fundo, quanto ao período português defendem teses aproximadas e complementares, apesar de partirem de interpretações diferentes — Caio do materialismo histórico, do qual foi pioneiro no país, Faoro, sem abjurar a mesma teoria, acrescenta-lhe análises de autores do século atual, abrangentes pelo impulso de agora das ciências sociais. Caio dividiu a história colonial em dois períodos: o primeiro até o final das guerras holandesas, o segundo até a vinda da Corte em 1808. Aparentemente simplificador, tem profunda razão de ser. No primeiro a ação do Estado é bem menos nítida que no segundo. Faoro insiste na mesma direção, sofisticando-a, ao falar nas fases da política: na primeira, pela delegação do poder aos senhores, há algo mais que o estímulo às suas ações; depois, a transigência, o governo admite arranhões à sua autoridade, decerto provocados por ele mesmo, decorrência dos privilégios concedidos. Já no fim do século XVII, "há aberto desentendimento, com o conflito entre a voracidade fiscal da Coroa e a privatização do poder dos potentados".[6]

Compreende-se o processo apontado por Faoro pelas mudanças verificadas: o fim das guerras holandesas e a Restauração da Coroa de Portugal, em 1640, exigem administração mais objetiva, definida em suas metas e processos. Esta tem de ser muito atuante, enquanto anteriormente era bem menos, na delegação de atribuições. O país já é bem mais conhecido — poder-se-ia dizer menos desconhecido —, a economia começa a diversificar-se um pouco e tem certo crescimento. Reivindicações políticas são notas novas no quadro geral, com protestos contra imposições antes comuns, prenúncio de contestação do sistema colonial. Seu amadurecimento leva naturalmente à sua superação. Contribuiu de modo decisivo para a mudança de atitude o encontro do ouro em quantidade a ser explorado com grandes lucros, como se dá em Minas na última década do Seiscentos, coroando longa e ansiosa busca vinda dos primeiros tempos e um dos fatores do devassamento do território. Achado o ouro, há o salto do litoral para o centro, onde se localiza a riqueza. Imediatamente começa a chegar gente em grande número e de todas as origens — não só paulistas, mas também baianos, gente do Rio de Janeiro e do Sul, os portugueses. De pouco valeram as proibições da emigração, e milhares atravessaram o Atlântico em busca do prometido Eldorado.

Como é freqüente nas áreas mineratórias, há a desordem inicial, pelo número de pessoas, por sua condição aventureira a aguçar a ambição, como também pelo vazio da área, até aí não objeto de atenções, e, conseqüentemente, sem autoridades oficiais. As lutas são contínuas, culminando na chamada Guerra dos Emboabas, entre paulistas e não-paulistas, ou entre os supostos descobridores, que se consideram donos de tudo, e os outros que acorrem, seduzidos pela riqueza. Impõe-se então a presença do Estado e ele arma a sua máquina judicial e fiscal: funcionários judiciais para garantir a ordem e fiscais para arrecadar os impostos devidos e quanto possível sonegados. Confirma o cuidado a criação de uma unidade político-administrativa própria — e separa-se do Rio de Janeiro a capitania de São Paulo e Minas do Ouro, em 1709, com as novas terras atrativas. É o princípio da ordem em território que a desconhecia. Não é fácil, os problemas continuam. Para mais rígida solução, impõe-se criar a capitania de Minas Gerais, como unidade autônoma, poucos anos depois, em 1720.

Nenhuma outra teve desenvolvimento tão rápido: a população cresceu, os núcleos urbanos se instalam e se multiplicam, de modo a caracterizar a capitania como unidade de precoce urbanização e industrialização. Conseqüentemente, a sociedade é mais aberta, não se fecha no esquema estratificado de senhor e escravo, oferecendo perspectivas para segmentos médios — comerciantes, artífices, funcionários, além de marginais em profusão, como aventureiros de todo tipo, à espera de oportunidade para qualquer negócio, jogadores, vadios, prostitutas. Como os habitantes têm como função predominante o minerar, espalham-se pelas terras, na margem dos rios para o trabalho de bateia, se não há recursos financeiros nem técnicos para explorar o possível ouro de mina. A descoberta do diamante, em 1729, torna o quadro mais complexo e agitado, exigindo a criação do distrito Diamantino. Isola-se, na capitania, larga área, severamente vigiada — um Estado dentro do Estado —, com autoridades que ignoram as da capitania ou mesmo do governo geral, ligando-se diretamente a Lisboa.

Se há necessidade de produção de bens para o consumo — daí a referida incipiente industrialização, muito menos cultivada em outros centros —, há também o estabelecimento do comércio com o Norte e o Sul, no primeiro instante do relacionamento das várias partes da Colônia, até aí isoladas. O Sul, com base na pecuária, desenvolve-se exatamente para abastecer as minas. Como o eixo da vida econômica se desloca do Norte, verifica-se a mudança da capital de Salvador para o Rio de Janeiro, em 1763. Ela é provocada não só pelas minas como também pelas guerras no Sul, com os espanhóis, por causa dos limites entre os dois impérios. Embora houvesse muito de ilusório nessa exploração — não se estava de fato no Eldorado —, a população em grande parte permaneceu e a capitania central foi bastante numerosa, destacando-se entre as demais. O momento marcante desse processo é a Guerra dos Emboabas, de 1708-1710. Os paulistas, vencidos, foram em grande número para o interior, devassando o Centro-Oeste. E logo o governo central, para garantir a ordem, mais difícil ainda nessas terras distantes, cria as capitanias de Goiás e Mato Grosso.

O mineiro é mais vigiado que os demais, o aparelho estatal é amplo e severo, de modo a desenvolver no povo a consciência de sua realidade. Aqui teria começo o sentimento nacional brasileiro, pode-se dizer, não só pela atividade política como pela cultural, com a criação do primeiro surto artístico expressivo e homogêneo, como se vê pela totalidade criadora de uma escola literária de alto padrão; uma arte plástica superior, expressa na arquitetura, na escultura e na pintura; na música, com uma escola de compositores. Esta escola tem sido chamada de barroca, como se faz às demais artes, no uso de expressão que fosse talvez melhor substituída pela de rococó.

É importante associar o impacto da Guerra dos Emboabas com outro movimento, verificado nos mesmos anos, entre 1708 e 1710, em Pernambuco, até então a área de mais significado econômico, pela produção de cana e de açúcar, atividade agroindustrial maior geradora de capital para a Metrópole. É a Guerra dos Mascates, tão interessante e significativa quanto a outra, dos emboabas. É o choque entre o que se poderia chamar de Brasil arcaico e Brasil novo, forçando um pouco. Defrontam-se Olinda e Recife, aquela o primeiro núcleo urbano importante da capitania de Pernambuco, a mais desenvolvida das unidades criadas por dom João III. Em Olinda tinham assento o governo e os grandes senhores de engenho, latifundiários criadores da maior riqueza da Colônia — a cana-de-açúcar. Em torno dessa produção desenvolveu-se uma sociedade bem estratificada de senhores e escravos, com mínimas perspectivas para os segmentos sociais médios. Vasta bibliografia historiográfica ou sociológica, além de literária, com ficção e poesia, fixa-a em suas páginas, na clássica dicotomia casa-grande e senzala.

Olinda era vila ciosa de suas prerrogativas, às vezes arrogante e arbitrária. Bem próximo desenvolveu-se outro núcleo: Recife cresceu e ganhou substância durante a ocupação holandesa. Expulso o conquistador, continuou a ser o centro de negócios de antes, com homens ricos dedicados ao comércio, às finanças, aos empréstimos aos senhores de engenho, muitas vezes endividados por safras pequenas, maus negócios ou espoliação. Os ricos recifenses adiantavam recursos, com juros excessivos; os agricultores não podiam pagar e tinham seus bens bloqueados ou extorquidos. Olinda olhava com desprezo os moradores de localidades vizinhas, chamando-os de mascates — palavra para designar depreciativamente o comerciante. Há aqui um símile da disputa entre o nobre e o burguês: aquele era o senhor de engenho, de hábitos e preconceitos aristocratizantes, este era o português ou brasileiro mais modesto, sem necessidade de ostentar *status* em boas casas, roupas e padrões de vida de ricos. Naturalmente, enquanto aqueles lucravam e acumulavam, estes iam perdendo substância.

Recife se desenvolvera e naturalmente aspirava ser tratada como a outra, não queria ser sua dependente. O primeiro sinal de emancipação era o título de vila, manifestado no erguimento do pelourinho. O governo português reconhece essa necessidade e mesmo imposição, resolve conceder-lhe o desejado título. Sentindo-se atingidos, os olindenses reagem, não aceitam a medida. Daí o choque entre as duas — no fundo um choque de interesses ou de classes (emprega-se a expressão com reserva, pois o país ainda não tem amadurecimento para o seu uso). Como era natural, Recife é vitoriosa, a conquista do título é consolidada, consagrando a supremacia política e econômica adquirida pelo seu natural desenvolvimento.

A Guerra dos Mascates, curiosamente no mesmo ano da dos emboabas, tem sentido equivalente ao movimento verificado em Minas. O governo, se até então tolerara os excessos dos senhores, promovendo-os mesmo, com o estímulo da caudilhagem, como observam Caio Prado Júnior e Raimundo Faoro e outros estudiosos atentos e é fácil comprovar, seja no Nordeste açucareiro, no Centro mineiro ou no Sul pastoril, depois de suportar os arranhões em sua autoridade, a contar da Restauração, agora não aceita mais o privatismo em plenitude e quer coibi-lo, conseguindo-o em parte. Para tanto, a máquina do Estado é bem acionada, com a Justiça e o Fisco, diminuindo a ação dos senhores. Talvez mais em Minas que em Pernambuco. O século XVIII assinala, pois, a afirmação do Estado, o predomínio do público sobre o privado. Essa mudança no exercício político será fortalecida no decorrer do século, atingindo a plenitude no governo de dom José I (1750-77), devido menos à personalidade real que a seu ministro, dominando com sua vontade, inteligência e até arbítrio — o todo-poderoso marquês de Pombal, expressão portuguesa do chamado despotismo esclarecido, ápice da política mercantilista.

Na análise do período colonial coloca-se sempre a discussão sobre o sentido geral do processo da sociedade: feudalismo ou capitalismo. Nos escritos era tese comum responder pelo feudalismo. Baseavam-se os autores sobretudo na primeira forma adotada pelo administrador, eminentemente descentralizada, como se viu no regime das capitanias hereditárias. Havia aí, de fato, características feudais, com a terra doada aos senhores, que eram seus proprietários e a transmitiam aos descendentes, podendo ainda dispor do patrimônio e doá-lo a outros, como sesmarias, datas; podiam lançar e cobrar contribuições, exercer funções judiciais, no civil e no crime; fundar povoações; nomear funcionários; suas terras eram livres de tributos, exceto o dízimo; tinham a redízima (um décimo da dízima das rendas da Coroa e do mestrado da Ordem de Cristo); a vintena do pau-brasil; a dízima do quinto pago à Coroa pelas pedras e metais preciosos; a redízima dos direitos pagos pelos gêneros exportados, além de outros privilégios menores. O Estado não se omitia, pois à Coroa eram reservados certos monopólios, como o do pau-brasil (equiparado às especiarias), certos tributos, como o dízimo, o quinto das pedras e dos metais preciosos.

Na verdade, essa constituição da sociedade e poder era feudal. Só existiu nos forais de concessão, não na prática: estabelecido o sistema em 1534, logo em 1549 é revogado, com a criação do governo geral. Continuou a Coroa a doar capitanias, mas sem os mesmos privilégios. As doadas antes foram aos poucos revertidas, como se verá de imediato com a Bahia, para ser a sede do novo governo; Pernambuco é reintegrada, após a guerra com o holandês; várias outras até antes, por não terem sido apropriadas pelos que as receberam, por desinteresse ou falta dos indispensáveis recursos a serem investidos. Por compra algumas, por imposição outras.

O caráter feudal podia aparecer ainda na estrutura da sociedade, de traços patriarcais: o senhor encarnava todos os papéis, à maneira da sociedade descrita pela Bíblia e outras registradas pela história — era chefe político, agente econômico, assumindo de fato todos os papéis sociais do tempo. Essas características vão sendo afrouxadas com a urbanização, pois só existem no mundo rural. Traços feudais são aparentes e de curta direção. Caracterizava-se de feudalismo o sistema brasileiro à vista de determinações iniciais, entretanto logo revogadas e decerto nunca de todo cumpridas. Por se aterem a esses traços, muitos estudiosos adotaram a tese. Contribuiu decisivamente para invalidá-la uma visão dinâmica da trajetória brasileira, e, sobretudo, a análise dos estudiosos da realidade econômica. A historiografia econômica tem aparecimento tardio, pois antes ela era essencialmente política. No Brasil, deve-se datar seu cultivo sistemático a contar da década de 1930 — cerca de sessenta anos.

Notadamente os historiadores da economia afirmam o caráter capitalista do processo, como se vê em Roberto Simonsen, Caio Prado Júnior e Celso Furtado, para citar os principais. A tese lançaria raízes e é hoje em geral aceita, em uma inflexão da linha interpretativa até aí dominante. É natural a idéia entre os economistas, pois eles vêem na aventura expansionista dos séculos XV e XVI e na conseqüente colonização a "imensa empresa comercial", "um capítulo da história do comércio europeu", como está nas palavras de Caio Prado Júnior.[7] No estudo do aspecto econômico destacou-se que no Brasil se instituiu uma economia para a produção de gêneros destinados à exportação, para o uso do colonizador; este se reserva o direito de elaborar a matéria-prima, cabendo à Colônia apenas produzi-la. Assim foi no Brasil, na América em geral e em todas as demais áreas, pois a política dominante na História Moderna, do século XV ao XVIII, foi o mercantilismo; ele oficializou o chamado Pacto Colonial, ou seja, a Colônia existe para produzir para a Metrópole.

Como no Brasil não se encontrou a riqueza já pronta, como na Índia, era preciso criá-la, pois o simples extrativismo, praticado com madeiras como o pau-brasil e outras, era pouco. Impunha-se então estabelecer uma agricultura, como Portugal já fizera em algumas de suas ilhas no Atlântico. Começa então a atividade econômica. Esta só pode ser feita obedecendo a certas características, como a produção em grandes quantidades para exportação — impõe-se a monocultura, pois só esta permite quantidades expressivas e comercialmente justificáveis; a propriedade de grandes extensões a serem exploradas — daí o latifúndio; o uso do trabalho escravo, se o colonizador é em número reduzido e não admite os trabalhos pesados da agricultura, em áreas equatoriais ou tropicais. A escravidão é fundamental para o processo: o sistema de trabalho antigo, básico de civilizações do passado, substituído no fim da Idade Antiga e em quase toda a Idade Média pela servidão, ressuscita com ímpeto no começo da Idade Moderna, quando se verifica a escravização do africano para resolver o problema da mão-de-obra no mundo americano. A vinda de milhões de negros é, sem dúvida, o maior exemplo de migração passiva da história. O escravo foi um dos elementos para estruturar o capitalismo: essa forma não nega o sistema que começa, antes o reforça e é uma de suas faces mais notáveis em seu princípio.

A economia vai desenvolver-se com base no célebre trinômio — monocultura, latifúndio, escravidão. Ele é o fundamento do açúcar do Nordeste, ou, em muito menor escala, do algodão, do tabaco. Economia destinada à exportação, requer enormes volumes, aproximando a atividade do sistema econômico que começa a ganhar vigor exatamente no século XVI, em parte notável pela contribuição colonial, um dos fatores do capital mercantil, primeiro momento da história do capitalismo moderno.

Ora, ser uma economia voltada para fora contraria o regime feudal. Ser em quantidades notáveis também o contraria, pois o feudalismo é de produção apenas para o consumo imediato e local, não para o comércio distante. O feudo é uma pequena unidade, que não admite crescimento; a economia feudal se limita em todos os sentidos, avessa à inovação tecnológica. O capitalismo não se limita, incentivando, ao contrário, os desdobramentos, a invenção, tendo em vista mais produção e produtividade. É o que se busca nas colônias, de modo ainda restrito, pois o capitalismo só adquire fisionomia dinâmica e inovadora na fase industrial ou financeira, não na mercantil, primeiro momento do sistema. Essas características são encontráveis na economia brasileira. A colonização do Novo Mundo não prolonga o ciclo feudal, mas inaugura o sistema capitalista. O reconhecimento desses traços leva a caracterizar o processo brasileiro como capitalista.

O debate tem feito correr muita tinta para análises e livros, pois há de fato a sobrevivência de linhas feudais no Brasil Colônia e até mesmo no século passado e no atual: os sistemas sociais não desaparecem de todo, como não surgem abruptamente. Tenta-se encaminhar o debate para outras fórmulas, a de um feudalismo especial ou pré-capitalismo. O economista Inácio Rangel chegou a falar em uma dualidade básica da economia brasileira: haveria uma forma interna de tipo feudal e uma face externa de tipo capitalista.[8] Há quem negue até o pré-capitalismo, com a denúncia da economia da colônia como parte do capitalismo geral: se é menos evoluída que a dos centros dominantes, é por ser a projeção deles, de seus interesses. Sua forma tosca, atrasada ou estagnada, é por fazer parte de um conjunto que assim a condiciona ou determina.

Falar em dinamismo, sentido empresarial da economia do período é cometer exageros, pois ele é pouco dinâmico e carece de sentido empresarial, aproximando-se mais, o trabalho dos senhores ou dos ricos, de traços imobilistas, típicos da nobreza antiga, com seu culto de valores como a ociosidade, a ostentação, a grande distância do sentido burguês. Daí falar-se também em estamento, em ordens, não em dinamismo de classes. Como se vê pela simples menção dessas palavras, o debate introduz na questão conceitos modernos, da ciência social de hoje, descambando, pois, para certo anacronismo.

Demais, o desejo de caracterizar uma forma tem muito de arbitrário ou artificial. É ocioso discutir feudalismo brasileiro como réplica do sistema feudal, se este na verdade pouco existiu. O conceito de feudalismo, tal como o empregam os historiadores, é discutível, senão contestável, com a lembrança de que o sistema apresentado só se refere à França de determinada época; os outros feudalismos são aproximações mais ou menos válidas dessa realidade. O feudalismo é, pois, um tipo ideal, para usar o conceito de Max Weber, se, como forma pura, só existe idealizado. É uma construção mental, cunhada para análises, da qual os outros exemplos não passam de aproximações mais ou menos felizes. O mesmo se poderia dizer do capitalismo, também um tipo ideal, embora mais completamente elaborado e reconhecível por estar mais próximo de nosso tempo. Reconhecer o fato não é proclamar a inutilidade do debate, pois o estudo ou a análise com o uso dessas categorias tem função didática, clarificadora de uma realidade.

Referência deve ser feita à política diplomática de Portugal com Espanha envolvendo as questões de limites em terras americanas. Se Portugal se adiantara no expansionismo, a questão começa logo após a viagem de Colombo em 1492, quando, com a arbitrária partilha das terras entre as duas coroas, em bula contestada, é assinado o Tratado de Tordesilhas, em 1494. Naturalmente vago, fazia divisão de universo não conhecido. Por ele, o Brasil, ainda ignorado, pertenceria só em parte a Portugal, com ampla faixa — a maior — em poder do espanhol. Uma das páginas sensacionais da história brasileira foi exatamente o devassamento do território, sem respeito a Tordesilhas. Foi a grande obra dos séculos XVII e começo do XVIII, realizada por paulistas no Sul, por paulistas e outros no Centro-Oeste e na Amazônia, como se referiu antes. O período filipino aumentou as oportunidades, quando o governo era um só, mas o anseio de penetração o antecede e o sucede.

Sem falar em mais tratados portugueses com a Inglaterra, a França e os Países Baixos, fixem-se, como de particular interesse, os com a Espanha, relativamente às fronteiras entre os dois impérios na América. A área então viva e provocadora de atritos foi o Sul, sobretudo a chamada Colônia do Sacramento, permanente ponto de disputa, ou as faixas do Rio Grande de São Pedro (atual estado do Rio Grande do Sul), área de integração tardia no mundo português, pois só é feita no fim do segundo século da conquista. Se Portugal teve prioridade no conhecimento do rio da Prata e até na ocupação de terras em suas margens, o povoamento foi feito mais por espanhóis. O português foi ousado em fundar em 1680 a Colônia do Sacramento, diante de Buenos Aires, fundada em 1536, para enfrentar os portugueses situados muito perto. O ponto escolhido pelo português é retomado pelo espanhol, que o perde e o recupera mais de uma vez. No Tratado de Utrecht de 1715 (não no principal, de fim à guerra da sucessão de Espanha, de 1713), a Colônia do Sacramento é reconhecida como portuguesa.

Enquanto se mantém a controvérsia, o governo do Sul do Brasil cria em 1737 a Colônia de São Pedro, ou Rio Grande de São Pedro. Procedeu a administração com sabedoria, tratando do povoamento, por brasileiros e açorianos. A preocupação leva também a povoar as terras mais ao norte, em Santa Catarina. A Colônia do Sacramento foi disputada exatamente por falta de ocupação brasileira ou portuguesa.

Para dirimir as dúvidas chega-se a um tratado realmente importante — o de Madri, de 1750. Além do caso sulino, há a expansão na Amazônia, com a conquista reconhecida pela própria Espanha. Para um acordo geral é feito o tratado, que reconhece as terras ocupadas pelos portugueses além do meridiano de Tordesilhas. Contribuiu, no caso, o trabalho do brasileiro Alexandre de Gusmão, conselheiro de dom João V na defesa do *uti possidetis*, ou seja, cada um fica com o que tem. Se os portugueses transgridem a linha na América, os espanhóis fazem o mesmo na Ásia.

No caso dos limites americanos, o importante é a Espanha trocar a Colônia do Sacramento pelas Missões do Uruguai, além de outros ajustes no Sul, no Oeste e na Amazônia. Se o tratado reconhece limites, não é fácil a demarcação, não só pelo pequeno conhecimento das áreas como pelas guerras guaraníticas, entre 1753 e 1756, animadas pelos índios que constituíam a população, certamente pelo incentivo de jesuítas, inimigos dos portugueses pela destruição de suas reduções. O Tratado de Madri, pelo difícil cumprimento, leva a outro — o do Pardo —, em 1761, anulador daquele. Combates entre portugueses e espanhóis continuam até o Tratado de Santo Ildefonso, de 1777. Ele visou a uma suspensão de hostilidades, de interesse das duas coroas e também da Inglaterra e da França. Por ele, Portugal perdia de vez a Colônia do Sacramento e os Sete Povos das Missões Orientais do Uruguai. Visto como prejudicial aos interesses portugueses, imposto pela força espanhola, que se apodera de vez do rio da Prata, aproveitando-se da debilidade política dos primeiros dias do reinado de dona Maria I e do afastamento do marquês de Pombal, não o é tanto. Mais tratados foram feitos entre as duas partes, com problemas solucionados muitos decênios depois.

O importante a fixar, sem atenção a pormenores geográficos, é que no fim do domínio ibérico na América, com as independências entre 1810 e 1830, o limite do Brasil já estava determinado. Fora obra da conquista de brasileiros e portugueses e da diplomacia portuguesa. As jovens nações americanas, surgidas no início do Oitocentos, teriam só pequenos ajustes a fazer, em trabalho completado por diplomatas do Império e do começo da República. As fronteiras entre o Brasil e os vizinhos são pacíficas e o mapa da América do Sul, quanto ao Brasil, foi fixado no principal ainda no período português. Só acertos mínimos se fizeram depois.

Administração

A dinastia dos Bragança vai de 1640 a 1910, quando é proclamada a República em Portugal. No Brasil, até 1822 ela conta, pois os Bragança no trono, desde então, já não são chefes portugueses, embora dom Pedro I fosse português de nascimento. Foram reis, depois da Restauração: dom João IV (1640-56); dom Afonso VI (1656-67; até 1662, regência de dona Luísa de Gusmão); dom Pedro, regente (1667-83; como dom Pedro II, 1683-1706); dom João V (1706-50); dom José (1750-77); dona Maria I (1777-91; doente, de 1791 a 99, o poder é exercido pelo filho, príncipe dom João; dom João, regente, pelo afastamento por insanidade de dona Maria I, 1799-1816); dom João VI é rei de 1816 em diante. Desde 1808 a Corte está no Brasil, por motivos adiante estudados. A Monarquia portuguesa já interessa apenas a seu país, não diz mais respeito ao Brasil.

Se conta o nome do rei, pode contar mais o de secretários, equivalentes a ministros, mais até que o de secretários ou ministros os órgãos da administração, que decidem das coisas de Portugal e seu Império. Alguns desses órgãos atuam de modo decisivo no Brasil, como se pode demonstrar. Como a economia portuguesa está centrada no exterior, no Império, para comerciar com êxito, a principal repartição, no primeiro século, é a Casa da Índia, espécie de Ministério das Colônias; por ela passava quanto se referia à busca de riquezas, ao pessoal encarregado, como funcionários fiscais ou técnicos. Daí a importância das leis reguladoras, dos regimentos gerais dos funcionários, dos mais simples aos mais complexos, dos procuradores de Fazenda aos governadores gerais, fossem ou não vice-reis, aos governadores das capitanias.

Nem tudo era fiscal. Havia também a Mesa de Consciência, criada em 1532 e ampliada em 1551 (depois Mesa de Consciência e Ordens). Todo assunto eclesiástico era dependente dela, bem como as questões suscitadas nas ordens militares ou na Universidade de Coimbra. Decidia dos bens particulares, das heranças, cuidando de bens materiais e espirituais, dos defuntos e ausentes. Já do fim do Quinhentos, em 1591, é o Conselho da Fazenda, para desempenho de muito do referente ao Conselho da Índia e mais ainda. Criação do período filipino, também dele é o Conselho da Índia e Conquistas Ultramarinas, de 1604, para separar de modo nítido os assuntos da Metrópole e os das colônias. A administração era muito confusa, com redundâncias e contradições, sabe-se. Não se distinguia bem o da Coroa e o das autoridades, o público e o privado. A administração tinha muito de patrimonial, estava longe de ser burocrática — para usar os conceitos da sociologia de Max Weber —, só possível em nossa época. Esse Conselho da Índia e Conquistas Ultramarinas viveu apenas dez anos, comprovando a fluidez da máquina do Estado.

O órgão de fato mais importante, pela amplitude de seus encargos e real atuação, é o Conselho Ultramarino. Está ligado à Restauração, como se vê na data de seu estabelecimento — 1642. Os negócios da Fazenda de Ultramar passam a ser de sua competência. Quanto ia para fora ou vinha de fora é objeto de seus cuidados, bem como o provimento dos funcionários, exceção dos bispados e cargos e afazeres eclesiásticos. Havia no órgão dois conselheiros fidalgos para tratar problemas de guerra, bem como documentos relativos aos vice-reis, governadores gerais e de capitanias. Ao conselheiro letrado cabia decidir negócios da Justiça. Evidentemente, essa primeira estrutura sofreu muitas alterações no decorrer do tempo. O rei podia dirigir-se ao Conselho, bem como às várias partes, públicas ou particulares.

Dava orientações, além de instruções normativas ou a linha geral a seguir, em matéria econômica e jurídica. Os conselheiros escreviam seus pareceres, estes iam para o secretário de Estado, ou das Mercês, depois de 1736 podiam ir para o secretário dos Negócios da Marinha e dos Domínios Ultramarinos, que os levavam ao rei para sua apreciação. Aprovados, voltavam ao Conselho, para o devido cumprimento e comunicações às partes. Com o tempo as atribuições foram sendo diminuídas, pela existência de outros órgãos de finalidades específicas. O Conselho Ultramarino, durante a colonização portuguesa no Brasil, foi o órgão poderoso — o de mais atribuições, o mais consultado. Como teve campo muito dilatado, era natural procedesse com certa lentidão — a famosa morosidade das repartições públicas. Para integrar o seu corpo, o governo designava sempre pessoas de alta competência, pelos cargos exercidos nas mais diversas funções ou unidades do Império. Vários vice-reis ou governadores gerais do Brasil, ou de capitanias, integraram os seus quadros, garantindo-lhe o nível: a primeira reunião, por exemplo, em dezembro de 1643, foi presidida por Jorge de Mascarenhas, marquês de Montalvão, vice-rei do Brasil de 1640 a 1641. Com modificações, sobreviveu mesmo à Secretaria de Estado dos Negócios da Marinha e Domínios Ultramarinos, criada em 1736. No Brasil só deixou de atuar com a vinda da Corte, substituído, em abril de 1808, pelo Tribunal do Desembargo do Paço.

Os chefes de Estado no país eram os governadores gerais. Alguns tiveram o título de vice-rei. O primeiro foi Jorge de Mascarenhas, marquês de Montalvão, no exercício de 21 de julho de 1640 a 16 de abril de 1641. Nem todos os titulares do cargo tiveram o título. O terceiro foi dom Pedro Antônio de Noronha Albuquerque e Sousa, de junho de 1714 a agosto de 1718. A contar daí, todos os governadores gerais são vice-reis, até 1763 na Bahia, depois no Rio de Janeiro; o último foi dom Marcos de Noronha e Brito, empossado em junho de 1806. Desde 1808, presente a Corte, não há mais razão para o cargo. Houve ainda inúmeros governadores gerais ou capitães-generais das capitanias. Muitos tiveram regimentos, às vezes repetitivos, mera formalidade; alguns recebendo apenas instruções para o governo. Pelos costumes de então, a autoridade ao afastar-se do posto, regressando a Portugal, tinha de prestar contas — prática conhecida como *tirar residência*. Dessas instruções ou prestações de contas algumas são importantes para o entendimento da vida brasileira em todos os aspectos, não só políticos ou administrativos.

Além dessas autoridades, há o enorme funcionalismo, fiscal ou judiciário. Os cargos nem sempre eram bem definidos, havendo conflitos de jurisdição, pela insuficiente clareza.

Acresce a fluidez dos cargos: o de escrivão da Puridade, por exemplo, criado no século XIV, raramente foi provido. A Restauração o afasta de vez, com o cargo de secretário de Estado, auxiliado por ministros assistentes ao despacho. Logo em 1643 cria-se a Secretaria das Mercês e Expediente. Depois, a Secretaria da Assinatura. No reinado de dom João V, ato de 1736 reorganiza a administração, dando-lhe objetividade e rigor: Secretaria de Estado dos Negócios Interiores do Reino, Secretaria dos Negócios Estrangeiros e da Guerra, Secretaria dos Negócios da Marinha e dos Domínios Ultramarinos. Essas três secretarias subordinam as antigas Juntas, Mesas ou Conselhos, em um passo adiante, em busca da racionalidade do Estado moderno. Dona Maria I, em 1788, cria a Secretaria de Negócios da Fazenda.

Na organização judiciária, por exemplo, havia o ouvidor, os juízes ordinários, juízes de fora, juízes da vintena, juízes de órfãos, escrivães do público judicial e notas, tabeliães do judicial, escrivães de órfãos, alcaides, meirinhos, inquiridores, quadrilheiros, almotacés (incumbidos de vigiar os pesos e medidas, a qualidade dos gêneros), provedores de defuntos e ausentes. Também na Fazenda havia muitos funcionários. A legislação, através de leis, avisos, alvarás e outros nomes, era abundante, por vezes mais confundindo que esclarecendo. Certos assuntos, principalmente, provocaram muita determinação legal, como os referentes a índios e africanos, escravidão e liberdade (foi intenso o debate sobre a liberdade do índio, notadamente no Norte e no extremo Sul, repetindo-se no Brasil, de certo modo, o famoso debate na América espanhola, entre Las Casas e Sepulveda, embora sem a mesma intensidade ou rigor, pois a questão indígena era aqui menos viva). Outro tema de farta legislação foi o referente às minas, ou a interdição de estrangeiros, contra a emigração, sempre muito vigiada.

Proibida a presença estrangeira, esta sempre se verificou, como se nota já nos primeiros anos do século XVI. Se a vinda de portugueses era vigiada, sabe-se que muitos vieram, como no período filipino e sobretudo no século XVIII, com a atração das minas a provocar verdadeiro *rush*. É curioso lembrar que a vinda do europeu para a América portuguesa aparece na posição média. Do século XVII ao fim do XVIII, vieram ingleses em quantidade para as suas colônias do Norte: só no século XVII, partiram das ilhas britânicas com esse destino cerca de 500 mil; no XVIII, 1,5 milhão, enquanto da Espanha para a América, de 1509 a 1790, só 150 mil.[9] São números discutíveis, sobretudo os referentes às migrações espanholas, devendo ser vistos apenas como indicadores. Ora, o de portugueses emigrados é muito superior ao espanhol, mas, seguramente, bem menor que o dos ingleses.

De acordo com estudos feitos, em 1549, haveria de 2 a 3 mil portugueses no Brasil; em 1580, de 12 a 15 mil; em 1640, de 150 a 300 mil; no século XVIII, 300 mil; até 1821, 24 mil. São dados de uma comunicação em congresso em 1940. Com a independência, em 1822, há uma parada, facilmente explicável, para tomar impulso na segunda metade do século. Joel Serrão, historiador da demografia e da emigração portuguesa (digna de realce sua distinção entre emigrante e colonizador), apresenta números um pouco diversos. Consciente da precariedade, escreve que "antes de 1855 pouquíssimo se sabe em termos quantitativos". Se é difícil o problema no século XX, imagine-se em período mais recuado. Serrão vê no Portugal metropolitano, em 1527, a população de 1,4 milhão. Quanto a portugueses no Brasil, vê, seguindo Vitorino Magalhães Godinho, em meados do XVI, 2 mil brancos e 4 mil escravos. Em 1576, entre livres e escravos, 57 mil. A população aqui seria quadruplicada entre 1580 e 1600. Lembra, ao longo do Seiscentos, medidas proibitivas ou embaraçantes para a emigração — prova de sua constância, ameaçadora para o Reino.[10]

O interesse a notar é a condição do emigrante. O inglês vem para ficar, fundando uma Nova Inglaterra, por motivos políticos e religiosos; o espanhol também, em parte (o ato de Cortez, ordenando o incêndio dos navios, ficaria como símbolo); o português em geral vem só, sem a família, apenas para ganhar dinheiro e voltar. As diferentes condições da emigração, seus motivos aparentes ou reais, explicam muito das diferenças das colonizações no mundo americano.

Não vem ao caso tentar esclarecer peculiaridades da vida administrativa brasileira, pois a tarefa, além de difícil, é em grande parte inútil: as autoridades, embora tenham regimentos, instruções e leis a obedecer, procedem em geral sem atenção a documentos ordenadores. A época é de política absolutista. Demais, a distância da Colônia, relativamente à Metrópole, faz que ali todos estejam à vontade, fora das vistas superiores, procedendo então com liberdade e sem temor de sanções. O quadro fica ainda mais comprometido pela existência do índio e africano, visto como de possível subjugação — e a maior parte o era de fato, pelo regime escravista. A sociedade no Brasil não se pauta por normas rígidas, mas, ao contrário, até muito frouxas.

Outra esfera de poder é a municipal. O direito português tratou muito dele, pois o município é tradição romana. Desde os primeiros anos da nação, cogita-se dessa entidade, a menor como território, mas básica para as decisões políticas, se nas vilas ou cidades se decide o rumo a seguir. Tudo era feito pelos chamados "homens bons", os únicos que votavam e podiam ser votados. Em Portugal, nos séculos medievais, eram apenas determinadas pessoas, confundindo-se com os mais ricos, os conceituados chefes de família, as pessoas honradas mais notórias da localidade. Com a evolução das profissões e outros conceitos de riqueza, até lavradores ou comerciantes prósperos puderam ser assim designados. Transposto o conceito para o Brasil, muitos povoados não tinham moradores notórios pelos feitos ou fortuna, de modo a ser considerado "homem bom" quem não o seria em uma cidade como o Rio de Janeiro, Lisboa, ou outras.

No Código Afonsino, as atribuições da Câmara (ou Senado, ou Senado da Câmara) são delineadas, embora sem a necessária clareza, como é comum nos documentos da época. A cidade de Lisboa ficou como padrão a ser seguido. Por ser a capital, pela posição, número de habitantes e peculiaridades de centro de imenso domínio, teve uma complexidade que não pode ser modelo nas demais partes. Se o Código Afonsino cogitou do assunto, regulamentando-o, reforça a matéria o Regimento dos Oficiais das Cidades e Vilas destes Reinos, de 1504 — espécie de breviário da administração local. É o reinado de dom Manuel, que o revê no seu código de 1514 ou 1521. Suas normas foram tentadas, com adaptações e aproximações, em todas as partes, como se pode ver no Brasil. Mais importantes até são as determinações a respeito no Código Filipino, por sua vigência maior, desde 1603.

País de dimensões continentais e mínima ocupação, eram raros os núcleos urbanos. São Vicente foi a primeira vila e Salvador a primeira cidade (tem o título por ser criada para sede do governo, e este, como os bispados, só podia estar em cidades.) Não é nítida na Colônia, em certos casos, a razão do título de cidade a certos núcleos, como Cabo Frio ou Filipéia. O mais comum era o título de vila. No fim do domínio português havia no Brasil apenas doze cidades e 213 vilas, muito pouco para área tão ampla.

Nas Câmaras se decidia o governo local, em reuniões dos vereadores eleitos por processo simples: reunidos os "homens bons" e o povo, os juízes pediam que elegessem seus eleitores. Esses, separados em grupos de dois, elegiam os juízes, os vereadores, os oficiais a servirem, tudo por um ano. Demais funcionários, como almotacés, juízes de vintena e quadrilheiros, eram nomeados pela Câmara. Muitos eram excluídos de possível escolha, como comerciantes, profissionais mecânicos, judeus (filhos de nação), soldados, gente do Reino; só os nobres, os naturais da terra e descendentes de conquistadores e povoadores podiam ser escolhidos. Com economia eminentemente rural, as pessoas viviam mais no campo, o que fazia se passassem anos sem as câmaras se reunirem, pela ausência dos moradores, pois não viviam na vila ou cidade. Reunidos, tomavam deliberações. O mais antigo era o responsável pelos trabalhos e pela marcha do centro urbano, Legislativo e Executivo ao mesmo tempo.

Aqui, as câmaras às vezes fizeram mais do que deviam ou podiam, às vezes quase se anulavam. Chegaram a provocar conflitos umas com outras, ou até com autoridades maiores. Eram constituídas por um juiz, seu presidente nato; três ou quatro vereadores; um escrivão, um procurador, um tesoureiro. As distâncias imensas dificultavam as comunicações; ordens do governo da capitania, do governo geral ou da Coroa às vezes custavam anos a chegar, ou nem chegavam. Muitas câmaras quase nada fizeram ou só fizeram quanto lhes interessava, sem obediência a mais nada. Longe dos centros de decisão, eram de fato quase autônomas, no seu viver modesto e monótono, condenado a perpetuar-se. Exprimiam os interesses dos latifundiários, dos grandes senhores, em época de esplendor do poder privado, quando o poder público superior às vezes quase desaparece, pela distância. Na verdade, a presença do Estado será bem mais nítida com a Restauração, adquirindo força realmente a contar do século XVIII.

Os estudiosos do processo político brasileiro às vezes atribuem papel decisivo a tais Assembléias, gestos de altivez ou autonomia. Há muito exagero nessa visão: de fato, as câmaras contavam pouco. As exceções de algumas, capitais de capitanias ou portos de certo movimento, não configuram a situação geral. Eram exceções, eis tudo. A ser assinalado é terem sido o embrião do poder local, tentativa de expressão da vontade dos moradores — não importa a quase totalidade fosse excluída, pois eram número ínfimo os "homens bons" em uma sociedade constituída de índios, escravos, caboclos, mamelucos, gente sem presença social. A maioria não contava, apenas constituía a massa subjugada e anônima.

BREVE NOTÍCIA DA ECONOMIA

Se o intento é a História política, não se pode passar sem uma referência, embora breve, à economia. Esta é marcada pela política, mas não deixa, por sua vez, de inspirar, orientar e até determinar aquela, que não se faz no vácuo, mas em uma realidade que freqüentemente é o verdadeiro motor de quanto acontece. Alguns dos traços fundamentais do econômico já foram referidos em páginas anteriores, exatamente por sua dependência da política. Deseja-se agora apenas destacá-los mais, sem contudo chegar ao aprofundamento.

O essencial para entender a economia dos três primeiros séculos é a lembrança de ser parte do universo mercantilista, cuja base é o Pacto Colonial, ou seja, a Colônia existe para fornecer matéria-prima para a Metrópole. Quando a Coroa percebe a ilusão do Oriente e vai aos poucos perdendo-o para os Países Baixos, a Inglaterra e a França, tem de centrar suas atenções na posse americana. É indispensável criar a riqueza: como a existente — madeiras, plantas, papagaios e outras espécies — é mínima e não admite exploração econômica consistente, tem de apelar para a agricultura. E esta se faz seguindo em grandes linhas o esquema clássico — monocultura, latifúndio, escravidão. Para exportar em alta escala tem de concentrarse em um gênero — daí a monocultura. Esta deverá ser a cana-de-açúcar, já cultivada em algumas das ilhas no Atlântico. Produto buscado com intensidade na época, era ainda visto como especiaria, por sua raridade. Italianos, espanhóis e portugueses tentam a produção de açúcar a partir da cana, pois o adoçamento por frutas, mel e outras variedades é precário no resultado e como linha de comércio. As terras do Brasil são adequadas ao cultivo da cana, o clima tropical o ajuda. Daí o início das plantações em São Vicente e sobretudo no Nordeste. Há condições naturais favoráveis e fartura de terras, é possível o latifúndio e só ele permite o desejado. Falta a mão-de-obra, a ser fornecida pelo escravo africano. Começa o tráfico, sempre em ascensão. Se a economia portuguesa é débil, sofre de falta de capitais, não há obstáculo maior, pois há quem ofereça financiamento, como os capitalistas flamengos. Lança-se a base da maior fonte de riqueza da Colônia e a maior empresa agrícola até então.

O açúcar notabiliza a área. Foi a principal razão da conquista de enorme território pela Companhia das Índias Ocidentais, criada com esse objetivo. O açúcar fundará o desenvolvimento nordestino. Expulso o flamengo, ele leva para as Antilhas quanto viu e aprendeu aqui e eles passam a concorrer, embora sem tirar o predomínio brasileiro. Este continua, até mesmo quando, no fim do século XVIII, é descoberto o mais importante sucedâneo para o açúcar de cana, feito com a beterraba. O prestígio e até certa opulência de Pernambuco e do Nordeste litorâneo impõem outras atividades. A ocupação do interior pela pecuária ou culturas como o tabaco e o algodão decorrem do surto açucareiro, fundamento econômico dos séculos XVI e XVII.

Se prossegue no XVIII, tem de defrontar outra riqueza, a das pedras e metais preciosos de Minas, então com força e prestígio. O achado do ouro em quantidade a ser explorada economicamente só se verifica na última década do Seiscentos. Era a vitória após longa espera, não havendo explicação para o fato de a América espanhola ter abundância de mineral e nada aqui. Ansiava-se por achar um "outro Peru". Afinal ele aparece. Já se falou da ampla repercussão do fato na vida política, com o deslocamento de populações para o centro, a criação em poucos anos de três novas unidades político-administrativas, área com sociedade diversa da predominante — agrícola e de rígida estratificação social, sem perspectiva para segmentos médios —, um surto urbano e industrializante — outra novidade no país —, o começo de relacionamento entre as partes, a mudança da capital para o Rio de Janeiro.

O ouro e o diamante em Minas tinham muito de ilusório, só foi explorado o existente à superfície, bateado nos rios, sem o possível trabalho em profundidade em mina, pela ausência de recursos financeiros e humanos (técnicos especializados). Obsessão do administrador foi a cobrança do imposto devido — 20%, o quinto —, sempre recusado pelas partes, obrigando à adoção de várias formas para o pagamento. Já na década de 1740, a produção começa a decair, negando as expectativas. A capitania sofreu muito, com o aparelho estatal rigidamente montado levando a sacrifícios. Era difícil enfrentar a crise, a unidade não podia competir com as litorâneas na agricultura, pois a distância elevaria os preços; a solução da indústria era fictícia, se nem mesmo a Europa conhecia economias eminentemente industriais — verifica-se no mundo britânico então a indevidamente chamada Revolução Industrial; Minas não era de fato rica em metais preciosos, como o futuro vai confirmar, mas em ferro, e este só teria uso elevado com o industrialismo.

Como decorrência, a economia mineira fica estagnada, não pode crescer. Se não involui, tem nível estável, mais para a regressão que para o desenvolvimento. Melhor falar em área estagnada, na qual permanece até meados do século XIX. A produção do ouro revelou o interior, mas não o enriqueceu, como não enriqueceu o país nem a Metrópole. Esta vive em crise ao longo do Setecentos: consumiu a primeira metade ostentando padrão alto, a que não tinha direito, no reinado de dom João V; os esforços da direção de Pombal, na segunda metade, pouco lhe valeram. A riqueza chegada à Metrópole, fosse em açúcar, ouro ou diamante, não se detinha, esvaía-se em pagamentos pela necessidade de tudo importar. Beneficiou sobretudo a Inglaterra, que tinha com Portugal o Tratado de Methuen, de 1703 — exatamente no começo do surto mineratório —, condenando a nação a ser importadora de bens produzidos na ilha ou por ela negociados, em troca do monopólio do mercado inglês para os vinhos portugueses. O Império pouco lucrara com as especiarias do Oriente, como agora não lucra com a mineração, confirmando certa incompetência econômica.

Destaque-se ainda a pecuária, desenvolvida no Sul e no interior nordestino, como projeção dos surtos mineiro e açucareiro. Ela criou um estilo de vida, uma sociedade: no Sul, próximo dos padrões da América espanhola, às vezes até com requintes; no Nordeste, pobre e bastante rude. Havia ainda outras culturas: a do fumo, na Bahia e vizinhanças; a do algodão, em São Paulo e no Nordeste: a da mandioca, do arroz, cacau e baunilha, cravo e canela, anil, pesca da baleia, o começo tímido da cultura do café. A industrialização era inviável: o pouco tentado em Minas foi tolhido pelo alvará de 1785, só permitindo a produção de artigos toscos. As especiarias do sertão amazônico também alimentaram uma rede comercial, difícil pela imensidão do território e relativa falta de mão-de-obra. A extração das madeiras continua — do pau-brasil e outras.

À maneira de mais nações, Portugal quis ter as suas companhias de comércio, com vistas à exploração ou ao fomento de áreas. Há companhias já no século XVII. São criadas sobretudo no seguinte, no governo de Pombal. Não deram os frutos esperados e tiveram vida precária e curta. De 1649 é a Companhia Geral de Comércio do Brasil: teria o monopólio de vinhos, bacalhau, azeite e farinhas, tudo fixado em estatutos cuidando de quantidades e preços. Para o êxito nos negócios colocava-se acima das leis, sem obedecer a quanto prescreviam. De particular, acabou por ser oficial, em 1672. A de existência mais longa foi extinta em 1720. Segunda, a Companhia de Comércio do Estado do Maranhão, de 1682. Ante os excessos cometidos e a falta de lucros, foi suprimida em 1685. Terceira, a Companhia Geral do Grão-Pará e Maranhão, fundada em 1755. Quarta, a Companhia de Pernambuco e Paraíba, de 1759. Pombal, muito voltado para o Norte — seu irmão foi aí governador, criou-as. Foram extintas em 1778 e 1779, logo após a queda do ministro.

Nas duas últimas décadas do século XVIII o governo procura fórmulas para elevar o nível da Colônia, com pesquisas e estudos, gerando mais conhecimento do país que resultados para os cofres metropolitanos. A "vasta empresa comercial" não corresponde ao desejado e Portugal terminou o seu domínio sem firmar o rumo a seguir. Os estudos de história econômica são ainda recentes, como se disse. Seria temerário esperar uma quantificação da atividade ao longo dos trezentos anos. O historiador Roberto Simonsen, pioneiro desses estudos, ousou fazer, em livro de 1937, o cálculo dos rendimentos da Coroa nos vários setores da economia. Se merecem crédito relativo, valem como indicação. Segundo Simonsen, a exportação geral do país no período colonial foi calculada em 536 milhões de libras, assim divididas: açúcar, 300 milhões; mineração (ouro e diamantes), 170 milhões; couros, 15 milhões; pau-brasil e madeiras, 15 milhões; tabaco, 12 milhões; algodão, 12 milhões; arroz, 4,5 milhões; café, 4 milhões; cacau e especiarias, 3,5 milhões.[11]

CONTESTAÇÕES

Não foi pacífica a dominação portuguesa. Desde os primeiros tempos houve quem a contestasse: inicialmente, os primeiros ocupantes da terra e seus legítimos donos, indevidamente chamados de índios. Organizados em tribos em lutas constantes, não se fixavam, tendo o nomadismo como regra. Com a chegada do português e depois as eventuais invasões de franceses, os índios os enfrentavam, às vezes aliando-se a portugueses ou a franceses. Como os invasores fossem mais armados, em geral despertavam o temor das tribos: buscavam outras terras, deslocando-se com facilidade.

Desde o primeiro dia da vinda do europeu o seu número começou a cair. É difícil dizer quantos eram em 1500. Depois, com o invasor e suas armas, seus deslocamentos com a adoção forçada de outras práticas, os grupos foram diminuindo, chegando em alguns pontos à extinção. O colonizador fez, na verdade, o genocídio do primitivo habitante, completado depois pelos brasileiros. Outro fator foi a doença: em contato com outros povos, o índio era infectado de modo devastador, sucumbindo ante moléstias de fraca periculosidade para o europeu. Também nas lutas. Chegou mesmo a haver, no Nordeste, a chamada "guerra dos bárbaros", quando, ante a ameaça do índio, o português convocou os paulistas, de longa experiência no seu apresamento e extermínio, nas *razzias* no Sul contra as reduções, para uma luta de morte. Exemplo foi o verificado em expedições vicentinas contratadas por assustadas autoridades ou proprietários; nas capitanias de São Tomé, Espírito Santo, Porto Seguro, Ilhéus, Bahia e Pernambuco os paulistas haviam adquirido triste notoriedade; agora vão atuar com mais violência, pagos para destruir. O mais longo trabalho do gênero foi a "guerra dos bárbaros", no Rio Grande do Norte e no Ceará sobretudo, ao longo de trinta anos, de 1683 a 1713. Depois de matar negros fugidos, os bandeirantes matam índios rebelados, em missões obscurecedoras do seu proclamado heroísmo.

Forma sutil de extermínio foi a imposição de costumes, regras e crenças. O português tentou moldar o índio à sua imagem e semelhança. O caso mais típico é a busca de sua conversão ao cristianismo. Tentado pelas várias ordens religiosas, notadamente a dos jesuítas, teve o efeito de defendê-lo contra a ganância do colonizador, desejoso de reduzi-lo a simples mão-de-obra, se possível pela escravidão. O jesuíta sobretudo defendeu-o, contra os senhores com os olhos em seu trabalho, contra os paulistas no intento de usá-lo como escravo ou vendê-lo a outros que o mesmo pretendiam. Contribuiu para evitar essa subjugação menos a filantropia de uns ou o sentido religioso de outros que a natural rebeldia do nativo. Ele não aceitou os padrões desejados pelo invasor, menos por indolência — como é tolamente afirmado — que pelo desencontro entre seu padrão cultural e o exigido pelo colonizador. Apesar dessa resistência, em parte vitoriosa, o resultado maior foi o extermínio. Seriam milhões em 1500, hoje são pouquíssimos. A mortandade foi quase geral, e muito do restante permanece em condições de marginalidade, com sua cultura atingida, sua personalidade desestruturada, como se sabe pelo estudo atento do antropólogo.

Outra reação enérgica foi a do negro. Trazido da África desde o início, para resolver o caso da mão-de-obra, negada pelo índio, ele parecia mais dócil. Demais, vinha de um continente onde vivia em luta, pela organização tribal responsável por permanentes confrontos. Em parte escravizado lá, trocava uma escravidão por outra. Desde o começo, no entanto, há provas de sua resistência ou contestação. Pessoal, pelo suicídio, pela tristeza e apatia conduzindo à depressão, à doença e à morte, depois pela reação com o combate. Mais importante foi a insubmissão organizada em grupos, formando os famosos quilombos: fugiam das terras de seus donos e iam formar seus núcleos, seja pela reconstituição dos padrões originais, seja como centro de rebate pela sua força da força que lhe impunham. Houve quilombos de centenas e até de milhares de negros, alguns de pequena duração, outros de longos decênios, como o mais famoso de todos — o dos Palmares, atravessando o século XVII.

O negro rebelou-se. Teriam entrado milhares de africanos: há dúvidas quanto ao número. Se houve quem falasse em 8 ou 9 milhões, estudos objetivos dão cálculos mais modestos e são os aceitáveis: segundo eles, teriam vindo cerca de 3,6 milhões. É natural, pois, a influência por eles exercida: grande, não só como a contribuição mais importante ao problema do trabalho como por outras características. O negro foi a mão-de-obra. Além do número, contou pela técnica, pelo nível superior ao dos índios e, em certos setores, ao do próprio português. Conforme a procedência — vieram de quase toda a costa atlântica da África —, eram mais evoluídos ou menos. Distinguiram-se, sobretudo, os de mais ao norte do continente.

Pelo número, impuseram muitos de seus hábitos, aculturando-se com os brancos e menos com os índios, contribuindo decisivamente para a etnia brasileira. Há centenas de milhares de mulatos, pelo cruzamento constante de brancos e negros. O mulato e o mameluco — branco com índio, como o caboclo — constituem a maior parte da população. O cafuzo — negro com índio — é mais raro. Predomina no Nordeste, até o Rio de Janeiro, com larga penetração no interior; e o extremo Norte é o mais indianizado; o Sul, desde São Paulo, é mais branco. O caldeamento de índio, negro e branco fez do Brasil uma das áreas mais interessantes do mundo para o entendimento da questão étnica. O negro só tem o estatuto do escravismo revogado ao longo do século XIX, como se verá, em luta na qual participou toda a sociedade e na qual o maior papel coube a ele mesmo, ao seu desejo de ser livre.

Certo clima de rebelião atravessa o Brasil português. Há choques entre uma capitania e outra, uma vila e outra, entre os donatários das capitanias e o governo central, entre funcionários da Justiça e do Fisco, sem falar nos mais freqüentes, entre eles e o governo das capitanias ou o central. De fazendeiros e comerciantes, fazendeiros e comerciantes e emprestadores de dinheiro. Entre os elementos do clero, entre eles, e elementos do clero e o poder civil. Acrescente-se o choque comum entre os moradores pela distinta procedência — como exemplos, mineiros com paulistas, ou goianos, ou pernambucanos, ou portugueses. Em geral de pequeno vulto, não chamaram a atenção, constituindo apenas um clima de instabilidade e de não reconhecimento dos vários papéis, na constância da contestação.

Mais importantes são as recusas das autoridades em movimentos até armados. Às vezes é difícil estabelecer se se contesta o português, com caráter nativista, ou se contesta determinada medida, sem intento emancipador ou simples crítica à dominação. Entre esses movimentos, citem-se apenas alguns — os de mais ressonância. Tal é o caso da revolta contra os monopólios da Companhia de Comércio do Estado do Maranhão. O povo sentia-se prejudicado com os privilégios. Os maranhenses, em 1684, aproveitaram-se da ausência do governador na Semana Santa e, sob a chefia do senhor de engenho Manuel Beckman, prendem as autoridades e declaram extinta a Companhia. É a Revolta de Bequimão — assim era conhecido. Ficaram sós, sem o apoio do Pará. Com a vinda do novo governador, no ano seguinte, acaba o protesto. Ele prende os responsáveis e age com dureza, decretando o enforcamento dos dois chefes e penas menores para os demais envolvidos. Com a Companhia, acabam os monopólios.

Duas outras contestações, de bem maior alcance, têm lugar pouco depois, com as chamadas guerras dos Emboabas e dos Mascates, em Minas e em Pernambuco, no fim da primeira década do século XVIII. Delas já se falou. Em Minas é constante o clima de rebelião, denunciado pelas autoridades. Em 1720 é a vez da Revolta de Vila Rica, de exploradores do ouro que se negavam a pagar o quinto. É antes o protesto de portugueses contra o tributo, resultando na condenação à morte do chefe Filipe dos Santos, um português. Rebeliões menores se multiplicam ao longo do século.

A mais importante é a última, em 1788, conhecida como Conjuração Mineira. Área de prestígio, contava com vilas populosas e vivia a crise da decadência da mineração. Como não se podia pagar o imposto devido — chegou a ascender a 596 arrobas de ouro —, generalizou-se o protesto. Havia um grupo de intelectuais — poetas, juristas, cientistas — conhecedores da literatura revolucionária do Iluminismo, leitores da *Enciclopédia*. Aliados a mineiros endividados e empobrecidos, a militares desgostosos com o arbítrio de governantes sem escrúpulos, a padres mais versados em literatura subversiva que em teologia, bem como ao povo, sempre entusiasmado pelas palavras de crítica, projetam a separação de Portugal, a criação de uma República progressista, industrial e com assistência a todos os setores da sociedade. Tentam articular Minas com as unidades vizinhas. Arma-se uma trama, denunciada por elementos infiltrados entre os rebeldes. O governo, ciente de tudo, fez um processo, longo e com a pompa de uma comissão para a Devassa, vinda de Portugal. O processo se arrasta por três anos e termina com algumas penas de morte, afinal comutadas em degredo para a África, exceto o cabeça, o alferes Joaquim José da Silva Xavier, o Tiradentes: ficaria como o símbolo da vontade de um Brasil livre contra a tutela espoliativa da Metrópole. Tiradentes é enforcado no Rio de Janeiro, em abril de 1792, e o governo faz divulgação de tudo, para servir de exemplo e susto para os povos.

Tem começo o ciclo das conjurações ou inconfidências. No Rio de Janeiro, a Inconfidência Carioca, em 1794, não passou de reuniões de intelectuais de uma Sociedade Científica e Literária. Sem profundidade, o processo não apontou culpados e não houve penas. Já bem mais importante, pela extensão do movimento e profundidade do projeto, foi a Conjuração Baiana ou dos soldados e alfaiates, em 1798, na Bahia. Enquanto a mineira era eminentemente política, apresentando como bandeira a independência das colônias inglesas e a República dos Estados Unidos, a baiana foi mais social, pregando a subversão em consonância com a palavra jacobina dos exaltados elementos da Revolução Francesa, divulgada através de manifestos e jornais conhecidos como "pasquins sediciosos". Demais, a maioria era de negros, soldados e alfaiates. Houve quatro condenações à forca e muitas prisões. Com ela encerra-se o Setecentos. Pernambuco seria o palco do maior empenho emancipador, a Revolução de 1817. Mais importante pela amplitude e densidade e por ter tomado o poder por algum tempo. Já está fora do período aqui estudado, no entanto.

Digno de nota em todos esses movimentos é a constância do desejo de libertação. Mais ainda — essas tramas só poderiam ser feitas em vilas ou cidades, em núcleos urbanos, pois não podiam ser imaginadas no mundo rural. Atestam não só uma consciência reivindicante e libertadora, mas a existência de segmentos médios na sociedade. Esta, se era basicamente estratificada, com senhores e escravos e mínimas perspectivas para outros grupos, decerto já os conhecia, como se vê nos episódios do Maranhão, Pernambuco, Minas, Rio de Janeiro, Bahia. Na vasta Colônia portuguesa havia insatisfação que tentava organizar-se e por vezes o conseguia, embora não chegasse à vitória. As insubmissões lançavam as sementes da revolta e esta não custaria a verificar-se, como se vê com a independência em 1822.

Parte II

TRANSIÇÃO
1808-1822

1
DESAGREGAÇÃO DO SISTEMA

O século XVIII viveu, em grande parte, na pregação da liberdade. É o Iluminismo. Racionalista, deseja superar o quadro antigo, acentuadamente religioso, na denúncia de privilégios sociais, econômicos e políticos. Herda o anseio de ruptura do século XVI, traduzido na Renascença e na Reforma. Os dois movimentos são ainda, contudo, pouco claros em suas formulações, na mescla do passado e do presente, como se nota nos reformadores, de ideário confuso. O Renascimento tem vigor criativo no campo das artes, quando se apresenta fecundo e brilhante; dá contribuição para a ciência, em um Galileu e em astronomia; o pensamento social, se tem um Maquiavel, lúcido e inovador, tem nomes como Jean Bodin, avançado em certos aspectos e tradicionalista em outros. O racionalismo dá grandes passos no século seguinte, com Descartes, Locke e mais autores. O Setecentos é mais afirmativo e consegue estabelecer ideal político sólido, pensamento rico e diversificado: herda e organiza o liberalismo político de Locke, chega ao liberalismo econômico na fisiocracia dos franceses e na chamada escola clássica dos ingleses.

O racionalismo consegue triunfos na política, na economia, na filosofia, no direito. Aos poucos, acaba com o ideário do mercantilismo. Passa para o século seguinte a perseguição aos restos dos entraves ao trabalho, até golpear de vez a servidão, a escravidão e as corporações. O liberalismo e o nacionalismo são vistos como as duas notas típicas do Oitocentos. Uma de suas manifestações supremas será o surgimento de várias nações livres, da desagregação do sistema colonial de espanhóis e portugueses. Seus defensores buscam a fonte no pensamento da Ilustração e na independência das colônias inglesas na América, que formam a República dos Estados

Unidos. A Revolução Francesa consagrará a idéia da necessidade de constitucionalização, garantia da liberdade. O colonialismo, se rudes golpes quase o anulam na América, subsiste na Ásia e na África, onde é até incrementado.

O sistema colonial estava em franca desagregação. Já dera os seus frutos, sob o signo do Pacto Colonial. Tende-se a superar a velha ordem. Qualquer idéia, depois de chegar à plenitude, aguça contradições e conhece seu fim, ou metamorfose. A escravidão ou as corporações de ofício, por exemplo, foram formas econômicas altamente positivas; com o tempo, passam a antieconômicas. O produtivo ontem pode ser improdutivo hoje. Decerto o colonialismo está esgotado e já se clama por sua superação. Impõe-se aos poucos, após luta até armada, a sua substituição por uma ordem fundada na liberdade. O caso dos Estados Unidos, desde 1776, adquire a categoria de símbolo.

Quanto à América Latina, conta muito o segundo plano a que estão relegados os poderes ibéricos. Portugal foi pioneiro no expansionismo, não sabendo contudo aproveitar quanto obteve. A Espanha, se chega a ser grande potência nos séculos XVI e XVII, também é relegada a lugar secundário com a afirmação da França, Inglaterra, dos Países Baixos. Estes, notadamente os dois últimos, representam a vitória do sentido burguês, enquanto os iberos não acompanham os novos tempos. Conservam-se fiéis ao pensamento conservador, à Igreja no que tem de menos lúcido e até retrógrado, como se dá com a Inquisição. Espanha e Portugal são os guardiões do tradicional, sem abertura para a nova economia, avessos às novidades do pensamento, vendo hereges ou heresias em tudo. No caso de Portugal, vários exemplos poderiam ser dados de portugueses eminentes que denunciam a estagnação ou o retrocesso de sua pátria. Os dois países ficaram à margem das idéias de então, encampadas com entusiasmo só por alguns de seus filhos. Em Portugal havia grande confusão no pensamento, com ambigüidades denunciadoras de obscurantismo.

O marquês de Pombal, como político, ilustra a situação, com atitudes inovadoras na economia, em posições intelectuais (a reforma da Universidade de Coimbra), enquanto sustenta o mais entranhado absolutismo. Com seu afastamento pela morte de dom José e o reinado de dona Maria I, acontece a "viradeira", com muito de positivo afastado, em um governo retrógrado. Apesar de tudo, os últimos decênios do Setecentos realizam estudos para recuperar a economia, em estado calamitoso. Lembre-se, por exemplo, o trabalho da Academia Real das Ciências de Lisboa, fundada em dezembro de 1779 (em plena "viradeira", portanto), em um sentido de racionalidade que é eco de Pombal, através da geração educada na universidade por ele revista. Se não há uma pregação política em consonância com a época, há a busca de novos caminhos para melhor aproveitar a Colônia, então o Brasil. Dezenas de memórias são escritas, por brasileiros e portugueses (José Bonifácio, Rodrigo de Sousa Coutinho e o bispo Azeredo Coutinho...), visando ao uso do potencial da agricultura e da exploração mineratória, até aí feita quase sem assistência técnica ou científica.

Lembre-se ainda a edição de memórias, como as da Academia de Ciências, ou periódicos, como o *Jornal enciclopédico para instrução geral com a notícia dos novos descobrimentos em todas as ciências e artes*, desde 1779, ou o *Palladio Português ou Clarim de Pallas que anuncia periodicamente os novos descobrimentos*, entre 1796 e 1797. Está evidenciado o interesse pelas inovações técnicas, traço constante ao lado do sentido racionalista, vivos no reinado de dona Maria I. Fez-se algo, é certo, embora, como observa Jorge Borges de Macedo, fosse "um entusiasmo mais verbal que efetivo, mais político que técnico e mais comercial que voltado para a produção".[12]

A Metrópole reconhece estar baseada no solo e subsolo americano, pois o principal de sua fortuna provém da Colônia: muito do exportado para os europeus e para o Brasil tem essa procedência, a quase totalidade do que exporta para o seu Império é para o Brasil. Números expressivos o comprovam: se em 1807 Portugal importa 16 969 contos, 13 928 têm essa procedência; se exporta 10 348 contos, 6953 destinam-se a ela. No mercado exportador português, em 1806, no total de 23 255 contos, 6080 são de produtos do Reino, 14 506 de produtos do Brasil, 659 das ilhas e da Ásia e 2010 de produtos estrangeiros reexportados. Em 1819, o peso da participação brasileira no comércio é igualmente decisivo. São dados fornecidos por José Antônio Soares de Sousa, ou Julião Soares de Azevedo.[13]

Se a política pede liberdade, a economia também, com o fim dos exclusivismos ou monopólios e o clima do início do século é o de contestação de qualquer domínio ou autoritarismo, decorrente do amadurecimento social e político, do reconhecimento da realidade econômica e da assimilação do pensamento liberal do Iluminismo, que rompe as estruturas tradicionais européias e propaga-se pelo mundo americano, como se dá no Brasil, atestado pelos movimentos libertários já referidos.

Terá peso decisivo na criação de uma consciência emancipadora a crença dos brasileiros de não se deixarem dominar por metrópole sem importância, sem peso político, econômico ou intelectual na Europa. Não se podia admitir a tutela de parte de quem era incapaz de defender-se ou de defender os interesses da Colônia. Portugal humilhava-se ante a Espanha e a França, sobretudo ante a Inglaterra, aliada desde 1373, que cobrava caro a proteção às vezes dada — como no caso da viagem da Corte para América em 1807-08 —, sem falar nos privilégios em geral assegurados — no tratado das duas nações, de 1810, do qual se falará adiante —, ou até em franca intervenção nos negócios administrativos, como se dá na presença do inglês Beresford, que chega a sobrepor-se à Regência nomeada por dom João para dirigir o país enquanto ele está fora (poderes dados pelo próprio dom João, tornando o marechal uma espécie de procônsul) — para falar apenas de coisas do período estudado neste capítulo, encontráveis ao longo de toda a história nacional.

Se assim é politicamente, o mesmo segundo plano é denunciado na vida intelectual, se comparada à de outros centros europeus. Poder-se-ia citar a opinião de vários escritores portugueses, do século XVI aos nossos dias, demarcando esse lugar secundário de sua pátria.

Economicamente, o produtor brasileiro sente não ser bem defendido pela Metrópole, como se dá com o açúcar — sofre a concorrência do antilhano, defendido pela Inglaterra, pelos Países Baixos, pela França; com os artigos derivados da pecuária, em concorrência com os platinos, mais eficientemente defendidos antes pela Espanha, depois pelos governos das jovens Repúblicas; com o algodão e o tabaco, defendidos pelos Estados Unidos.

Em conseqüência, chega-se à idéia de que a situação não pode continuar, dependente de um poder visto como débil. Muitos brasileiros já pensavam assim pelo menos desde o século XVII. Deve ter havido quem supusesse haver mais vantagem no domínio holandês. Sabe-se de pernambucanos queixosos do rei dom João IV, preferindo que o país pertencesse à França, como se dá com alguns entre 1645 e 1647. A capitania de Pernambuco, talvez a mais exaltada na Colônia e na Monarquia, pensa o mesmo na última década do século; afastado o perigo holandês, como após a Guerra dos Mascates, prefere o domínio francês. Em meados do século houve quem articulasse a entrega da Amazônia à França. Não era rara a idéia de os iberos — mais Portugal que a Espanha — constituírem povos de menos expressão, secundários em tudo. Como dizia o inglês Robert

Southey, em carta de Lisboa, de 1800, "galho tão pesado não pode continuar unido, por muito tempo, a tronco tão gasto". Decerto, esse era o modo de ver de segmento mínimo da sociedade, de gente intelectualizada mas sem peso político — não da maioria, vegetando em condições precárias no imenso território, em situação que não lhe permitia ver claro o que era ou poderia ser. O Brasil já é ponderável, apesar da má administração e da espoliação de que é vítima, como é regra no regime colonial. Verificar o fato é adquirir consciência de liberdade, independentista.

2
DOM JOÃO VEM PARA O BRASIL

Nesse quadro de desconfiança brasileira relativamente ao governo, de crença na debilidade do dominador, a Europa vive momento agitado, com a Revolução Francesa e seus desdobramentos. Ela assusta a realeza, sobretudo depois da decapitação do rei e do jacobinismo da Convenção. O regente português pensa em combater, unindo-se à Espanha e à Inglaterra, com ponderáveis forças de auxílio por terra e por mar. A Espanha afasta-se, com a paz em separado, em 1795, deixando o reforço português de mais de 5 mil homens em situação delicada. Portugal só entrou em conversações para a paz com a França em 1797, com o Diretório.

De lado o aspecto de político e administrador de Napoleão, lembre-se apenas seu envolvimento em guerras contínuas. Se teve muitas vitórias e derrotas, cometeu erros na península Ibérica: a Espanha, dirigida pelo rei Carlos IV, sofre o combate do filho herdeiro Fernando. Carlos IV abdica em 1808. Ante as dissidências na família, Napoleão convoca o rei e o filho para um encontro em Bayonne, e aí, com uma cilada, leva-os à abdicação da Coroa, que dá a seu irmão José Bonaparte, rei de Nápoles. Portugal está ocupado pelas forças do general Junot. Não é fácil subjugar a nação, ela se levanta contra o francês, contando com a ajuda inglesa, que desembarca suas tropas e consegue levar o invasor à derrota. Junot abandona Portugal. Também na Espanha alastra-se o protesto, com lutas que tornam insustentável a situação francesa. José não se mantém no trono e o país é invadido por Napoleão, que entra em Madri. Como tem de enfrentar a Áustria, de novo sublevada, abandona a Espanha e vai à luta em outra frente. José continua o combate, com ajuda de forças de generais: invadem de novo Portugal em 1808, sob a direção de Soult. Os franceses acabam derrotados por espanhóis e portugueses.

Com o decreto do Bloqueio Continental, em 1806, em Berlim — proibindo todo o comércio com a Inglaterra e forçando as nações a aderir ao bloqueio por ele decretado; fechando os portos aos ingleses, confiscando-lhes os bens e prendendo os ingleses que lá viviam, Napoleão é cada vez mais exigente. Dom João pensa em atender, em parte, mandando para o Brasil o filho dom Pedro, de nove anos. A obstinação imperial não aceita e depõe a dinastia de Bragança, faz acordo com a Espanha — o Tratado de Fontainebleau, de outubro de 1807, dividindo Portugal e suas colônias entre a Espanha e a França. Portugal, velho aliado da Inglaterra, não pode seguir os desígnios franceses e vai pagar caro por sua ousadia, como também pagaram a Dinamarca e o papado. O regente dom João hesita, como é de seu temperamento, mas acaba por confirmar a velha aliança. Não adere a Napoleão e tem seu país invadido pelas forças franco-espanholas, sob o comando de Junot, em 1807, expulsas com a ajuda inglesa, ainda em 1808. Em 1809 é a segunda invasão, dirigida pelo general Soult: ocupou a cidade do Porto, mas logo teve de voltar à Espanha. A terceira invasão é comandada por Massena, em 1810, sem conseguir tomar Lisboa e abandonando a empresa em 1811. Os franceses foram perseguidos em terras de Espanha por soldados portugueses, espanhóis e ingleses, chegando à França, em 1814, quando Napoleão é derrotado.

A política de Napoleão na península foi o seu primeiro grande erro, começo do declínio de sua estrela. Se sua presença na Espanha animou à emancipação várias partes do Império na América, o mesmo se verificará com a invasão de Portugal. O processo de libertação na América espanhola começa em 1810. As forças francesas em Portugal em 1807 não aprisionam o regente, como haviam feito ao rei na Espanha. Dom João foi mais esperto e preferiu abandonar o país, acolhendo-se no Brasil. Era velha idéia, desde o século XVI: ante dificuldades internas, lutas pela sucessão no trono, embates com espanhóis, a Coroa portuguesa imaginava transferir-se para o Brasil. A idéia nunca se concretizara. Agora o será: já chegavam a Lisboa as forças francesas quando os catorze navios com a Corte deixam o país, em 29 de novembro de 1807 e vão atravessar o Atlântico, sob a proteção da esquadra inglesa.

Dom João chega à Bahia em 22 de janeiro de 1808, toma as primeiras medidas de governo e segue para o Rio de Janeiro, onde aporta no dia 7 de março. Pela primeira vez um rei chega ao Novo Mundo: o regente, a mãe, dona Maria I, a Corte com seu séquito. Durante a permanência no Rio vieram 24 mil portugueses. O acontecimento terá repercussão transcendente na vida da Colônia. O Rio passa a sede do Império, a Colônia governa, verificando-se o que Sílvio Romero chamou de "inversão brasileira". São nomeados novos ministros, instalam-se os órgãos da administração. Pela importância do fato alguns autores datam de 1808 a independência do Brasil, em evidente exagero. Decerto o país não é mais Colônia, mas ainda não é livre. O ano de 1808 é o começo da passagem para a nação, como se dará em 1822. De 1808 a 1822 tem-se uma das fases mais ricas da trajetória brasileira.

3
PRESENÇA DA CORTE

O Rio de Janeiro era então uma cidade de poucos habitantes e sem muitos atrativos — exceto os naturais, beleza da feliz conjunção de mar e montanha —, apesar de ser a capital. A chegada da Corte, com inúmeras pessoas e todas de certo nível — algumas de alta nobreza, outras comerciantes enriquecidos, militares, funcionários, todos com alguma qualificação, em geral superior aos antigos habitantes —, transforma a cidade, que recebia de repente muitos e precisava oferecer-lhes residência e conforto. Era transformação singular, o primeiro momento de prestígio e impulso para a cidade. O governo devia estabelecer-se, não se sabia por quanto tempo. Além da família imperial, havia a alta administração e a máquina estatal. O príncipe era homem simples e cercava-se de pessoas que o influenciavam. Entre elas escolhia seus auxiliares. Ouvia uns e outros, dando oportunidade a todos para ascender à direção dos negócios públicos. Tímido, destituído de brilho, inteligência mediana, seu maior prazer era ouvir sermões e assistir a cerimônias religiosas com muito canto — o gosto pela música era tradição entre os Bragança. Casado com uma princesa espanhola — dona Carlota Joaquina —, voluntariosa e cheia de ambições, entendiam-se mal.

Tão logo chega e toma providências importantes: ainda na Bahia, oficialmente abre os portos "às nações amigas". Era declarada livre qualquer importação, conquanto pagasse direitos *ad valorem* fixados em 24%. Ato de 11 de junho do mesmo ano reduzia a tarifa a 16% para as mercadorias portuguesas; pagariam 19% as mercadorias estrangeiras trazidas em navios portugueses. O ato era uma compensação para a Metrópole, igualada às demais com a abertura dos portos. Estranhamente, os comerciantes ingleses com interesses aqui não aprovaram a medida, levando o protesto ao governo de seu país, que por sua vez reclamou do governo português, em mais uma atitude comprovadora do desigual relacionamento entre as duas nações. O comércio com outros se amplia por decreto de junho de 1814, permitindo entrada de navios de qualquer procedência. A permissão agora é geral, não mais apenas "às nações amigas", pois todas o são. Ato de junho de 1816 estabelece a navegação de cabotagem só para os brasileiros, repetindo medida fixada em 1814.

Impunha-se a abertura dos portos, até então vedados a não-portugueses. Só oficialmente, na prática havia entradas em várias partes, do norte ao sul. Falar em "nações amigas", contudo, era retórica, se apenas ingleses dispunham de condições para a longa travessia naqueles dias. Demais, o comércio português era sobretudo com a Inglaterra. Ato indispensável, atendia ao interesse geral. O regente não se restringiu a ele, mas levou a efeito outros de grande alcance: permite a entrada de estrangeiros, por exemplo. Não só abre o país, como dez anos depois, em 1818, inicia política de imigração, atraindo europeus. Curiosamente, a primeira colônia será a de Nova Friburgo, não distante da capital, constituída por suíços de língua alemã. O país começa a ser procurado. Gente vem trabalhar ou conhecer a terra: entre eles, alguns escreverão livros preciosos; lançam a semente de estudo da realidade nacional — mineralogistas, botânicos, geólogos, comerciantes, alguns dos quais descrevem quanto vêm. Entre eles estão alguns nomes fundamentais para a história das ciências no país.

Antes, outros atos de alcance econômico terão lugar, como a criação do Banco do Brasil, ainda em 1808, ou a revogação, em 1808, do alvará de 1785, proibindo a atividade manufatureira: no mesmo ano é criado o Tribunal da Real Junta do Comércio, Agricultura, Fábricas e Navegação do Estado do Brasil. Este incentiva a importação de plantas, em geral especiarias. Insiste na cultura do chá, uma constante mesmo depois, com mínimos resultados. Para seu trato, cogita-se da vinda de chineses. Pela nova política, não só a indústria é permitida, mas incentivada, com o envio de técnicos na produção de tecidos para São Paulo e Minas, com o estabelecimento de filatórios nas capitais — São Paulo e Vila Rica —, instalando-os no próprio palácio do governo.

Ao mesmo tempo, há o incentivo à exploração mineral, permitindo ao estrangeiro participar da exploração do ouro. Também da exploração do minério de ferro. Tem início o esforço siderúrgico, com uma fábrica em Sorocaba (São João de Ipanema), na capitania de São Paulo, dirigida pelo alemão Varnhagen, duas outras em

Minas Gerais — uma em Morro do Pilar, sob a direção do intendente Câmara, outra em Congonhas (a fábrica Patriótica), a cargo do mineralogista alemão barão de Eschwege (coube-lhe também, mais tarde, em 1819, explorar o ouro da mina da Passagem, em Mariana). As três fábricas lançam a semente da siderurgia e obtêm bons resultados. Parecia a decolagem industrial, que entretanto não se consuma. As três, ao fim de poucos anos, estão paradas ou quase nada rendem. Como se vê, o período foi fértil em providências industriais: a atividade teve então o seu primeiro impulso. É momento notável na história industrial, malogrado pela falta de continuidade, devido a uma série de fatores.

Outras providências significativas são a criação da Biblioteca Nacional, do Jardim Botânico, a abertura de escolas de primeiras letras e de ensino de artes e ofício. Também o ensino superior é iniciado, com a Escola Médico-Cirúrgica, na Bahia, já em 1808. Outras aulas de medicina estão no Rio de Janeiro. Aí se fundam as Academias Militar e da Marinha, para preparo de pessoal de terra e mar. Na Bahia e no Maranhão, as Escolas de Artilharia e Fortificação. No Rio, a cadeira de ciência econômica, em 1808, para José da Silva Lisboa: ao que parece, não funcionou, mas é medida pioneira no mundo americano. Mesmo na França o ensino da economia começa depois, com Jean Baptiste Say, em 1816. José da Silva Lisboa escrevera *Princípios de economia política*, em 1804, divulgando Adam Smith, com alguma originalidade, como também o faz, no mesmo ano, o francês Jean Baptiste Say.

Providência de óbvia repercussão nas letras e nas ciências é a fundação da Imprensa Régia, no Rio de Janeiro. Importante, vai permitir a impressão de jornais e livros no Brasil, atividade até então proibida. É interessante lembrar o contraste: na América espanhola havia jornais e impressão de livros, como havia universidades em vários pontos, desde a primeira metade do século XVI. Os brasileiros liam o publicado em Portugal ou mais países da Europa, como também iam estudar em Coimbra ou várias universidades na França, na Inglaterra, em cidades alemãs, na Suécia. Apesar das dificuldades, lia-se no Brasil — não muito, é certo, se a população era na maioria analfabeta —, havia ricas bibliotecas particulares, contendo o mais recente publicado na Europa e era apreciável o número de jovens formados em universidades famosas. Em 1820 é fundada a Academia Real de Desenho, Pintura, Escultura e Arquitetura. A tradição melômana dos reis portugueses, tão presente em dom João, faz virem com ele o compositor português Marcos Portugal e o austríaco Neukomm, que se juntam ao brasileiro padre José Maurício, também compositor de qualidade e ainda hoje apreciado.

Se havia influência francesa no comércio e na moda, esta vai manifestar-se também na arte — na arquitetura, na escultura, na pintura. Impõe-se o gosto do classicismo, com a vinda da Missão Francesa em 1816, a marcar a fisionomia do Rio de Janeiro com suas construções, estátuas, fontes, jardins, pinturas. Na Missão há nomes prestigiosos, como o de Lebreton, chefe da Missão, o do arquiteto Grandjean de Montigny, o pintor Jean Baptiste Debret, os irmãos Taunay (Auguste, escultor, Nicolas Antoine, pintor), os irmãos Ferrez (Marc e Zeferin), o gravador Charles Simon Pradier. A tradição eminentemente ibérica vai ter uma inflexão, tendendo para o francesismo.

4
POLÍTICA

Ato de 1815 eleva o Brasil à categoria de Reino Unido ao de Portugal e Algarves, superador do *status* de simples Colônia. A sugestão fora feita aos diplomatas portugueses no Congresso de Viena, em 1815, pelo príncipe Talleyrand, representante da França. No ano seguinte, morre dona Maria I, doente desde 1792 e, oficialmente, desde 1799. Com sua morte, o regente passa a rei — será dom João VI, aclamado em 1818, com muitas festas. O rei estava feliz, talvez por ficar menos envolvido com as intrigas da política européia, pela qual não tinha gosto.

Em 1817 verifica-se a revolução em Pernambuco, contra o domínio português, o mais importante de todos os movimentos contestadores. A maçonaria era forte e soube articular-se com outros críticos da situação, como as academias em que se pregava o ideário de liberdade. A capitania era próspera, tinha tradição. Alguns de seus homens mais representativos formavam o grupo em defesa da causa emancipadora. Os revolucionários começam a ação dia 6 de março. Afastam as autoridades portuguesas e constituem governo próprio, do qual participam alguns dos principais da capitania. O novo governo teve sua bandeira e enviou emissários aos Estados Unidos, Rio da Prata e Inglaterra, em busca de apoio. Houve até o pensamento original de unir-se a franceses descontentes com a situação para libertar Napoleão, preso na ilha de Santa Helena.

A repressão não tardou. A tentativa de levar a luta para a Bahia foi frustrante. Consegue-se algo na Paraíba, no Rio Grande do Norte, no Ceará. Forças navais foram organizadas no Rio de Janeiro para reprimir os rebeldes. Da Bahia também partiram, por terra e mar. A esquadra bloqueou o Recife. Em vão os rebeldes tentaram negociar a capitulação, a idéia foi recusada. Os soldados governistas desembarcam no dia 20 de maio. Os revolucionários tentam ir para o Norte, mas debandam: há suicídios, prisões sem conta. Doze são condenados à morte. A repressão só desaparece em 1818, quando dom João VI é aclamado rei e é determinado o fim das prisões e julgamentos. A República Pernambucana durou pouco mais de dois meses. Foi o mais importante movimento contestador, verificado a cinco anos da independência. Pernambuco mantinha a chama rebelde vinda dos mascates, do início do século XVIII, continua viva e atuante em 1824 na revolução conhecida por Confederação do Equador (na qual participaram envolvidos no episódio de 1817) e na Revolução Praieira, de 1848, um dos eventos mais ricos da série de contestações.

No mesmo ano de 1817 houve em Lisboa um esboço de conspiração contra o marasmo e obscurantismo em que se vivia, sob o comando de governadores incompetentes e de pouca fibra e da ação do marechal Beresford, mais vigorosa que a dos próprios portugueses. Os homens livres viam aí mais uma prova de debilidade da pátria, submetendo-a a um inglês que extrapolava em suas ações. No movimento se conjugam os sentimentos libertários da maçonaria e de pessoas influenciadas pelo ideário da Revolução de 1789. Simbolizou-o o general Gomes Freire de Andrade. Depois de muitas andanças, ele se fixa em Lisboa. Quer ver em sua terra as idéias avançadas, que conhecia bem. Figura de realce na maçonaria, alia-se aos patrícios para derrubar a Junta Governativa e o marechal Beresford. A conspiração, embora tímida, chega ao conhecimento dos chefes truculentos: eles a anulam e Gomes Freire de Andrade é eliminado. A causa prossegue, contudo, o seu caminho. O *Vintismo* leva à Constituição de 1822. Não é uma linha contínua de afirmação, pois há avanços e recuos.

A política externa não deve ser esquecida: tão logo chega e o príncipe declara guerra à França, ocupa a Guiana Francesa, proclamando enfaticamente que "ergueria sua voz no seio do novo Império que na América iria criar". Os franceses haviam tentado muito, desde o século XVI: conseguiram algo no Canadá, na parte ocidental, ou na Louisiana e em certos pontos das Antilhas. Na América do Sul fizeram tentativas sérias nos séculos XVI e XVII — a França Antártica e a Equinocial —, sem êxito duradouro. A foz do Amazonas foi tentação para eles, bem como outros europeus. Já na primeira metade do XVII houve companhias francesas, por vezes com ajuda de holandeses e judeus vindos de Pernambuco, após a vitória brasileira e portuguesa. A feitoria de Caiena era experiência débil.

O meio hostil, pela natureza e por índios ferozes, doenças e mais embaraços, dificultaram a obra desejada e ensaiada.

De qualquer modo, pela insistência conseguiu-se mais um núcleo francês no continente, ínfimo ainda no fim do Setecentos. Ele é aumentado pelo Tratado de Badajoz, de 1801, entre a França, Espanha e Portugal, em que as duas primeiras impõem condições à Guiana e a Portugal, entre elas dilatação de fronteira da Guiana Francesa. Com a Revolução de 1789, os negros — maioria da população — e os soldados se rebelam, criando problemas. O governo francês manda para lá muitos dos vencidos: Caiena é prisão cada vez mais temida e famosa. As autoridades portuguesas, se já vigiavam a Guiana, redobram suas atenções, temerosas da vinda de qualquer um para suas terras, apavoradas pelas idéias tidas por subversivas. Com a família real no Rio de Janeiro, fortalece-se o desejo de conquista da Guiana, velho plano. Daí sua ocupação, após certa luta, com o fim da resistência em janeiro de 1809. Se a princípio a idéia foi arrasar quanto lá havia, levando ao despovoamento, passa-se a outra prática, visando ao aproveitamento de seus recursos. De lá vieram para Belém e depois para todo o país uma espécie superior de cana — a Caiana (de Caiena) — e as primeiras mudas de café. Com o fim do Império de Napoleão, o problema ressurge. No Congresso de Viena, de 1815, decide-se que deve voltar a ser francesa. O que se consumou nos últimos meses de 1818, depois de nove anos de ocupação.

Aspecto da política externa mais significativo é a tomada da Banda Oriental, ou Província Cisplatina, no extremo Sul. A área já dera problemas aos diplomatas portugueses e brasileiros no século anterior, como se viu nos combates, ocupações e desocupações daquele território, objeto de disputas que os tratados de Madri e Santo Ildefonso pretenderam resolver. Tudo indica ter havido no caso interferência inglesa: como não lhe convinha agir mais uma vez diretamente no Prata, pensa fazê-lo através de Portugal. Tão logo chega e o príncipe oferece ao Cabildo de Buenos Aires proteção, alegando a falta de assistência espanhola. A oferta foi recusada. Quando a oferece, Portugal está de relações estremecidas com a Espanha, que tanto colaborara com a França nas dificuldades de seu governo, ajudando na invasão do seu território. Dada a política de Napoleão na Espanha, no entanto, usurpando-lhe o trono, o seu governo volta-se contra os franceses, passando de aliado a inimigo.

Dom João tem de alterar sua conduta, portanto. Deve ser levada em conta ainda a ação de Carlota Joaquina, espanhola, filha de Carlos IV, irmã de Fernando VII e esposa de dom João. Dotada de fortes ambições, pensa em vir a ser a regente, ou mesmo senhora das terras do Império espanhol, pela difícil situação do pai e do irmão, forçados a abdicar e depois prisioneiros. Faltou-lhe sempre o apoio do marido, como também das autoridades inglesas e do governo espanhol, que aos poucos se recompõe: os dois primeiros preferem outra solução para o caso platino, o governo espanhol quer continuar o domínio que exercia.

Portugal invade a Cisplatina, denunciando violação da fronteira sulina por forças espanholas ou de rebeldes de Buenos Aires e de Maldonado ou Montevidéu em seus constantes entreveros. Recua da primeira vez, mas depois invade com intenção de ficar, em luta começada em 1816 e vitoriosa em 1817. É ocupação sempre contestada, pelos locais ou pelos vizinhos mais ao sul. Ajudavam a permanência da província no Brasil as disputas insuperáveis entre eles, os da Cisplatina e os das Províncias Unidas do Rio da Prata. Afinal, houve luta armada entre a jovem República platina e o Brasil, terminada com a interferência da diplomacia inglesa. Mais uma vez esta dava as cartas, decidindo. E diplomatas brasileiros e argentinos chegam a acordo em 27 de agosto de 1828. As duas partes mais fortes renunciam a seus planos e surge mais uma República na América — pequena, mas enérgica e aguerrida. Espécie de Estado-tampão entre duas nações fortes, é conveniente para elas e para todos, não importando que sérios problemas surgissem adiante. Seriam contornados, o Uruguai não perderia mais a sua condição de Estado livre.

Estabelecido governo legitimista na Espanha, com Fernando VII, recuperado o trono em 1814, desaparecem as razões para o intento de Carlota Joaquina; demais, haviam surgido outras mais importantes, com a independência das Províncias Unidas do Rio da Prata, constituídas pelo Alto Peru, Paraguai e Banda Oriental, em 1810. O Paraguai e a Banda Oriental não admitem a fórmula, rebelando-se a segunda, com a ajuda do Brasil. Desde 1816 o Congresso de Tucuman aprova a atitude brasileira, impedindo futuras pretensões de Buenos Aires. Movia o Brasil a defesa da fronteira fixada em 1801, quando obtém o território das Sete Missões Orientais do Uruguai, embora perdesse a Colônia do Sacramento. Acresce seu interesse na navegação até o Mato Grosso, sem mais entraves. As Províncias Unidas queriam ter Montevidéu, fiel ao espanhol. Buenos Aires tentou a aliança com aquela, sem êxito: daí a guerra entre eles, de 1811, com invasão de território e eventuais incursões na área sulina do Brasil — origem da invasão da Banda Oriental por tropas brasileiras, com ocupação por breve tempo. Os soldados de Buenos Aires continuam, entre 1812 e 1816, com ataques que chegam à fronteira do Brasil. Daí a reação em 1817, com a ocupação da Banda Oriental, com protestos de Fernando VII. Em 1821 o então Estado Cisplatino é incorporado, por decisão do seu Congresso, ao Reino Unido de Portugal, Brasil e Algarves. Há certa trégua, até que a guerra entre o Brasil e Argentina acaba com um tratado entre as duas partes, como se viu. O começo do esfacelamento do Império espanhol foi a independência das Províncias Unidas do Rio da Prata, em 1810, lideradas por Buenos Aires.

Fato digno de nota, em matéria de política externa, é o tratado de 1810, entre Portugal e a Inglaterra: são dois, um de Comércio e Navegação, outro de Aliança e Amizade. É documento básico da história brasileira, pelas conseqüências imediatas e outras. Peça característica da diplomacia inglesa, que se prevalece de seu natural poderio e força em Portugal, agora acrescida pela difícil situação. Pelo Tratado de Comércio, a Inglaterra obtém uma tarifa especial de 15%, inferior à tarifa paga pelos próprios portugueses — de 16%, enquanto a das demais nações é de 24%. A tarifa para os portugueses é reduzida também a 15%, em 1818, igualando-se à da nação mais favorecida. E o tratado impõe outras condições, como foro especial para julgar questões envolvendo ingleses, com juízes ingleses. O documento tem efeitos comerciais imediatos: se em condições normais o produtor brasileiro disputa com desvantagem, imagine-se com tratamento especial. Como resultado, multiplicam-se as firmas inglesas no Rio, no Sul, em Pernambuco e na Bahia, no Pará e no Maranhão. O Brasil é invadido por mercadorias inglesas, algumas de todo dispensáveis. Vêm tecidos e manufaturas de todo tipo, patins para gelo, espartilhos para senhoras e até caixões para defuntos.

O comércio passa a ser dominado pelo produto inglês, como se vê em livros escritos por viajantes, como o curioso *Notas sobre o Rio de Janeiro e as partes meridionais do Brasil*, de 1820, de John Luccock, e *Viagens ao Nordeste do Brasil*, de 1816, de Henry Koster. Nas cidades, como o Rio de Janeiro, as lojas são às vezes de franceses, que impõem a moda — vestidos, chapéus, luvas, perfumes, como franceses também são os cabeleireiros, as modistas, os alfaiates, as artistas, em geral coristas, muitas vezes apenas *cocottes*, de luxo ou de modesta condição. Elas davam à cidade pacata certo *charme* e uma cor de devassidão, que excitava os homens e provocava a inveja de muitas mulheres, quando nada pela elegância um tanto ousada de suas roupas.

5
REGRESSO DE DOM JOÃO VI

Os portugueses exigiam a volta da Corte, descontentes com a situação da pátria, com a agravante da prepotência do marechal inglês Beresford, que se julgava senhor da situação, interferindo demais na administração do Reino. Desde 1817 começa a pressão pela volta, com um movimento rebelde que provoca a condenação à morte de muitos conjurados. Uma sociedade secreta funciona no Porto, alimentando a idéia. Ela queria a convocação das Cortes, como se fazia até 1698, nos instantes decisivos da pátria, depois não mais convocadas pelo absolutismo dominante. Na cidade do Porto há um levante militar, que forma uma Junta de Governo. O episódio repete-se em Lisboa. Forma-se outro governo. Sem ouvir dom João VI, o novo poder convoca eleições para deputados. O rei é surpreendido com os acontecimentos em outubro e tem de aceitar quanto é feito. As ilhas da Madeira e dos Açores aderem ao constitucionalismo, como também faz, no Brasil, a capitania do Grão-Pará, logo seguida pela Bahia. Tão débil era a situação do rei que ele tem de jurar, no Rio de Janeiro, a Constituição a ser feita, à sua revelia. Obrigado, faz outro ministério e o juramento, no Real Teatro de São João. No Rio de Janeiro tenta-se evitar o seu regresso. Muito a contragosto, tem de voltar a Portugal, o que faz a 26 de abril de 1821. Permanecera treze anos na América.

A Revolução do Porto, chamada liberal, por exigir uma Constituição, na verdade é menos liberal e constitucionalista que pela recondução do Brasil a seu antigo estado de colônia. Era natural, pois os figurantes do movimento eram da burguesia do Porto, desgostosa com os prejuízos advindos de serem governados do Rio de Janeiro: percebiam a breve separação do Brasil, base da economia portuguesa. Liberais podiam ser nas idéias, mas nos interesses fálava mais alto a condição de burgueses — comerciantes e proprietários. Da Assembléia Constituinte a reunir-se em janeiro de 1821 deviam participar deputados brasileiros — era Reino Unido desde 1815. Houve a eleição de 69 representantes brasileiros às Cortes, mas só 46 compareceram às sessões. Número ínfimo, ante mais de cem deputados portugueses e das ilhas. Era evidente a hostilidade a esses representantes, com a linguagem recolonizadora, nada liberal. Ante o pedido de milhares de brasileiros ao príncipe dom Pedro para que não regressasse a Portugal, como lhe era ordenado, recrudesce a violência parlamentar contra o Brasil.

Quando dom Pedro convoca uma Assembléia Constituinte aqui, em 3 de junho de 1822, os portugueses recusam a idéia e exigem a sua volta imediata. Era tarde, o movimento pela independência avançara muito. Dom Pedro não cumpre as ordens recebidas e tem nelas o pretexto para declarar o país independente. Os deputados brasileiros com assento nas Cortes lutaram bravamente na tribuna; a Constituição portuguesa ficou pronta em setembro de 1822, quando o Brasil já se emancipara. Os brasileiros ainda presentes àquela Assembléia recusaram-se a assinar o documento. Foram obrigados a abandonar o posto, seguindo para outros pontos da Europa, de onde retornaram ao Brasil. Antes o país ainda estava oficialmente ligado a Portugal e o príncipe regente dom Pedro já falava como de uma nação livre. Nos manifestos de agosto de 1822 há uma visão nacional, autônoma. Veja-se a fala do príncipe ao povo em 1º de agosto de 1822, em manifesto redigido por Joaquim Gonçalves Ledo: "Já sois um povo soberano, já entrastes na grande sociedade das nações independentes a que tínheis direito". Pronunciamentos do gênero poderiam ser multiplicados, como o de 6 de agosto — redigido por José Bonifácio —, atestando que o Brasil se tinha como independente e procedia como tal, antes do gesto de 7 de setembro de 1822.

Dom João VI hesitara em voltar, como hesitara em vir. Afinal, a pressão era muito forte e teve de voltar a Lisboa. Ao sair, deixou o filho dom Pedro como regente, em decisão que contrariou os absolutistas. Volta, enquanto dom Pedro permanece no governo no Rio de Janeiro. Recebe ordens de Lisboa, é claro, que cumpre ou não, de acordo com o seu temperamento irrequieto. Afinal, as Cortes exigem o seu regresso. Se pensou em certo momento em obedecer, continuou no Rio de Janeiro, atendendo ao pedido de milhares de brasileiros. E ele ficou. Desobedecia às ordens do pai e sobretudo do Legislativo. Entrara em marcha acelerada o surto independentista, culminado no 7 de setembro de 1822. Outros países já haviam surgido na América espanhola. O processo, no entanto, fora bem diverso. Entre eles houve luta cruenta, uma guerra: os libertadores eram guerreiros, militares, que assumem a frente dos acontecimentos. No Brasil a independência foi conduzida por um grupo de nacionais exaltados e de visão do futuro da terra, contando com o apoio de portugueses aqui residentes e com seus interesses em negócios, identificando-se com o país. Eles cercaram o príncipe, dom Pedro passa a conduzir a causa, empunhando sua bandeira. Nega obediência às ordens, até a ruptura final.

Parte III

MONARQUIA
1822-1889

1

BREVE RETROSPECTO

O Brasil esteve sob o domínio português durante 322 anos, desde 1500. A chegada da pequena frota era para oficializar a conquista, fixando o padrão de posse, não acaso ou simples visita. A história brasileira — como a americana — tem seu começo com a convencionalmente chamada História Moderna, de 1453 a 1789, período conhecido por mercantilismo, pela filosofia política e econômica que o inspira e determina. Portugal tinha cerca de 1,1 milhão de habitantes em 1500, segundo estimativas, ou 1 326 000 em 1527, de conformidade com um censo obviamente precário. A nova terra — Vera Cruz, Santa Cruz, Brasil — teria milhões de nativos chamados índios, de número de impossível determinação. Fala-se de 2 a 4 milhões de nativos, segundo estimativas prudentes (jamais se saberá o número exato, o que explica a variação de 2 a 4 milhões, por exemplo; houve quem falasse em número bem superior, mas sem base criteriosa). Calcula-se em 20 a 40 milhões para a América: a enorme diferença nos cálculos atesta a sua insuficiência. Impõe-se o sistema colonial: cresce tendo em vista a exploração do Novo Mundo, revivescência do imperialismo antigo. Terá outra base e outro sentido, é claro. O sistema desenvolve suas virtualidades, cresce sobre as culturas que encontra e altera, com diferentes resultados.

Será um na América do Norte, com ingleses e franceses, ou, em pequena escala, nas Antilhas, onde se pode deparar também com holandeses, em algumas ilhas ou partes do litoral da América do Norte. O espanhol, à primeira vista, é privilegiado, pois dispõe de imenso território, do hemisfério Norte ao hemisfério Sul, em área onde hoje se encontram muitos países, além de algumas das Antilhas. Entre os grupos encontrados estão povos de alto nível cultural, como os astecas, maias e incas, já na Idade dos Metais e de complexa organização social.

O português também dispõe de imenso território, aumentado pela conquista dos colonizadores ou dos filhos da terra, descendentes daqueles, conhecidos por mazombos. Entram em contato com nativos de grau cultural menos evoluído e sem uma atividade econômica a ser aproveitada imediatamente. Desaponta-os sobretudo a falta de ouro e prata, de modo a terem de criar riqueza à base da agricultura. A lavoura da cana-de-açúcar, feita em alta escala, fundada na monocultura, no latifúndio e na escravidão, será empreendimento de dimensões até aí desconhecidas. Para as colônias inglesas do Norte e das Antilhas, como para a portuguesa, será necessária a importação em alta escala de africano, vindo como escravo. Virá também para os domínios espanhóis, mas em menor vulto, pois eles conseguem aproveitar o índio como sua mão-de-obra, adaptando formas pré-colombianas com relativo êxito. Todo esse sistema de trabalho, ao longo do continente, custou muito esforço e sacrifício, resultando na dizimação de milhões de nativos, pela insubmissão ao estilo de vida que lhe impunham e contra o qual se rebelam ou pelas doenças.

Se a exploração em ilhas é mais simples, pelas suas dimensões, a do continente apresenta problemas: o inglês organizou-se com eficiência no litoral norte, até quase o rio São Lourenço, em treze colônias, na verdade uma transposição da ordem social, política e econômica por ele vivida no Velho Mundo — daí o nome feliz de Nova Inglaterra. Expande-se aos poucos, com a conquista pela força e superioridade de armas, em um dos casos mais conhecidos e deploráveis de extermínio, e depois, no século XIX, através de guerras, compra ou mais formas de negociação, em um dos lances notáveis da história do século.

A colonização espanhola procurou respeitar a divisão das terras entre as várias tribos. Fez, de fato, uma relativa superposição sobre o quadro existente. Ao longo de sua trajetória de trezentos anos fez várias adaptações, conservando as unidades isoladas umas das outras. Não houve uma colônia espanhola na América, mas diversas, mantidas até se desenvolvesse nelas o sentido libertador. Foi um trabalho eminentemente descentralizado, sob a direção da Coroa.

Já o português, se não encontrou tribos coesamente constituídas, mas em guerras e em geral nomadismo, pretendeu impor um modelo político e em grande parte o conseguiu. Fez centralização política, embora praticasse a descentralização administrativa. Nem podia ser de outro modo, pelas dimensões continentais a serem dirigidas. Conseguiu garantir a unidade de vastíssimo território, aumentado pela conquista, com a ocupação de áreas sem dono, usando também a força. Seu grande feito foi garantir a unidade das partes do vasto território, configurando, já nos três primeiros séculos, o mapa de uma nação dilatada, com unidade de língua, religião, de práticas, costumes e crenças, na qual fez predominar o estilo do homem branco, português, entrelaçando-o com o índio e o negro, em bom exemplo de convívio inter-racial, embora nem sempre feito com harmonia, senão com o apelo à violência. Também chegou ao extermínio de milhões de vidas e ao desfiguramento traumático de muita cultura: a tão propalada "democracia racial" é ideologia sancionada por certos estudiosos, tese hoje de todo desacreditada. A maioria era mestiça — mamelucos, mulatos, caboclos. No princípio do século XIX a terra estava delimitada quase como é hoje.

Estava lançada a base para uma nação, com muito a fazer para devidamente construir-se. O Brasil em 1822 contaria com cerca de 3,7 milhões de habitantes (um censo fala em 3 961 000 em 1823, dos quais 1 148 000 escravos). Impossível dizer qual seria o número de indígenas, pois os censos precários de então nem falam neles, por considerá-los fora da nacionalidade. Já estariam bem reduzidos, sem dúvida, pois houve extermínio nos séculos XVII e XVIII, por doenças, rebeliões e guerras, seja entre as tribos, seja com o branco. A legislação portuguesa oscilou muito, às vezes protegendo-os, às vezes permitindo fossem desalojados, perseguidos e até mortos. Demais, como fugissem diante da chegada do branco, cada vez mais para o interior, foram perdendo suas características, desestruturando suas culturas — outro motivo para a diminuição do número. Na entrada do século XX estariam na casa dos 200 mil; de pouco lhes valera a proteção de missionários religiosos. Ao longo do século XIX, o Estado praticamente nada fez a seu favor com resultados positivos assinaláveis.

População concentrada no Rio de Janeiro, em Minas Gerais e São Paulo. Há certa concentração em pontos litorâneos, como na Bahia, em Pernambuco, no Ceará, no Maranhão, no Pará, em São Paulo e no Sul. A Amazônia e o Centro-Oeste têm população rarefeita e em padrões modestos. Já a América espanhola, segundo cálculos de Humboldt, teria, no fim da Colônia, 15 milhões de habitantes, com 7 milhões na Nova Espanha e áreas por ela administradas, 3 milhões para a Terra Firme, 2 milhões para o Peru, 2 350 000 para o Vice-Reinado do Rio da Prata. O índio dominava, cerca de 10 milhões, enquanto o negro iria pouco além de 800 mil. Quando as colônias inglesas se emancipam, em 1776, contariam 2,7 milhões de habitantes.

O estudo da vida colonial brasileira despertou o interesse de muito historiador, mas falta bastante de pesquisa e análise para seguro conhecimento do período. O primeiro livro importante foi publicado em 1907 por Capistrano de Abreu, com o título de *Capítulos de história colonial*. Seu conteúdo seria aprofundado por Caio Prado Júnior, em *Formação do Brasil contemporâneo — Colônia*, de 1942. Destacam-se os dois títulos pela densidade da análise e poder de síntese. Capistrano de Abreu encerra o estudo com justeza: "Cinco grupos etnográficos, ligados pela comunidade ativa da língua e passiva da religião, moldados pelas condições ambientes de cinco regiões diversas, tendo pelas riquezas naturais da terra um entusiasmo estrepitoso, sentindo pelo português aversão ou desprezo, não se prezando, porém, uns aos outros de modo particular — eis em suma ao que se reduziu a obra de três séculos".[14]

O processo conheceu inflexão em 1808, com a vinda da Corte, determinada por episódios da política européia. Napoleão foi responsável por mudanças de repercussão na vida americana, pelas intervenções na península, afetando as Coroas espanhola e portuguesa. Das dificuldades por elas vividas beneficiaram-se as colônias. A pregação de liberdade do Iluminismo teve, entre outras projeções, a Revolução Francesa, da qual Napoleão é um desdobramento, sobretudo na fase do Consulado e do Império. Aí a revolução já estava acabada, caminhava-se para a contra-revolução. De qualquer modo, a aventura do general-imperador vai contribuir para divulgar, pelas terras da Europa convulsionada pelas guerras, o ideário de 1789.

O Iluminismo chegara antes, pelas academias, sociedades secretas, pregações individuais de quem estudara na Europa ou lera os livros lá escritos. A independência das colônias inglesas também contou de modo marcante. No começo do Oitocentos a América Latina está madura para tentar a emancipação. E consegue-a, com muita luta, na América espanhola. À frente de cada unidade colocam-se libertadores, quase sempre militares. Pensam em suas unidades, não na América. Se Bolívar teve um ideal continental, desiludiu-se logo, como se vê por sua famosa declaração de que "a América é ingovernável". Trabalhar por sua unificação é o mesmo que "arar na água". Os vários chefes locais aspiravam libertar suas terras, das quais quase sempre se tornaram donos, no exercício do caudilhismo. O mundo espanhol se fragmentou, em decorrência da administração, sempre desejosa de domínio atomizado, com raízes mesmo na vida pré-colombiana.

Já o Brasil conseguiu fazer a independência de toda a Colônia, uma nação de mais de 8 milhões de quilômetros quadrados. Se havia peculiaridades regionais, estas não se impuseram. Contribuiu para tanto a vinda da Corte: com o regresso de dom João VI e o governo do Rio de Janeiro dirigido pelo príncipe regente dom Pedro, os vários elementos em luta pela separação, se tinham modos de ver distintos, acabam pela união em torno do príncipe. Rio de Janeiro, São Paulo e Minas Gerais dirigiram o processo. E depois de lutas entre os brasileiros e as Cortes de Lisboa, desejosas de recolonização, dom Pedro proclama a independência no gesto teatral de 7 de setembro de 1822.

Não se veja no episódio, contudo, uma simples parada, uma festa, pois foi o coroamento de luta pelo menos desde o século XVII, com o custo de milhares de vidas. Se não houve aqui as batalhas vistosas da guerra pela emancipação das colônias espanholas, houve muito protesto individual e organizado, nas tentativas de liberdade, referidas no lugar próprio. Se a separação aparentemente não foi tão cruenta, de fato custou sangue, sacrifícios. Não deixa de ter fundamento a observação de Caio Prado Júnior: "Fez-se a independência praticamente à revelia do povo, e se isto lhe poupou sacrifícios, também afastou por completo sua participação na nova ordem política. A independência brasileira é fruto mais de uma classe que da nação tomada em conjunto".[15]

Se as províncias do Rio de Janeiro, Minas Gerais e São Paulo dirigiram o processo, houve colaboração das demais. Em algumas, houve luta contra a idéia de ruptura com Portugal. Sobretudo nas províncias de alta população portuguesa, nas quais só se admitiu a independência após combates e conversações: casos da Bahia, Piauí e Maranhão, Pará e Cisplatina. Dom Pedro conseguiu subjugá-las, improvisando uma força armada com a presença de muitos estrangeiros, mercenários disponíveis na Europa depois de tantas guerras no continente. Para as chefias, contam generais ou almirantes experimentados. Em fins de 1823 todas as províncias formavam em torno do ex-regente, agora no trono. Dom Pedro é coroado "Imperador Constitucional e Defensor Perpétuo do Brasil" no dia 12 de outubro de 1822. Vai começar a história da nação livre, sob a forma de Monarquia, a durar até 15 de novembro de 1889, durante 67 anos.

2

MONARQUIA EM CONTINENTE REPUBLICANO

A República, tal como é concebida e praticada hoje, é realidade da História Contemporânea. As repúblicas das cidades italianas ou do Norte, do fim da Idade Média ou começo da Idade Moderna, têm muito de aristocrático, quase de realeza, com seus príncipes, duques ou mais títulos. A primeira República moderna é a dos Estados Unidos, em 1776, pela necessidade de uma nação forte, confederada para enfrentar a insistência do recolonizador britânico. Outro motivo de notoriedade do sistema foi a instituição da República na França no dia 22 de setembro de 1792, no começo da fase mais radical da revolução — a Convenção.

A contar do século XIX generaliza-se a idéia de República, como regime democrático, expressão da vontade popular. A Monarquia era o governo de um só, como ensina a etimologia, enquanto a nova forma é a de representação do povo, com autoridades eleitas. Ora, a Inglaterra era Monarquia e tinha leis que submetiam a realeza desde o século XIII, com a Magna Carta, depois enriquecida com sucessivos *bills of rights* — formas de representação resultantes das revoluções do século XVII, a de 1648 e a de 1688.

Mesmo depois da República dos Estados Unidos e da França, ainda no Oitocentos, a idéia de Monarquia é comum: começa então a ganhar substância a de República. O debate sobre as formas de governo adquire vigor. Antes a palavra República era o mesmo que Estado ou comunidade política. *República* é o título da versão latina da *Politéia*, de Platão, como *República* é o título do principal texto político de Cícero. Nos clássicos dos séculos XV a XVII não há oposição entre as palavras Monarquia e República como forma de governo, pois República é o mesmo que Estado — caso da obra de Jean Bodin *Les six livres de la République*, de 1576. A palavra vem do latim *respublica*, coisa pública, coisa comum. Os teóricos franceses do século XVIII pensam, como Montesquieu, que há o Despotismo, a Monarquia e a República — o primeiro o governo de um só, sem leis que o regulam, o segundo o governo de um só, mas com leis, o terceiro o governo do povo, a democracia, com autoridades constituídas pelo voto do povo.

A República dos Estados Unidos tornar-se-ia a República por excelência, depois imitada pela América espanhola no surto emancipador dos trinta primeiros anos do Oitocentos. Esse impulso independentista resultou em grande parte não só do amadurecimento das várias unidades, que não podiam mais tolerar a subjugação às metrópoles ibéricas, como das vicissitudes da política européia, com raízes sobretudo na aventura de Napoleão. No caso, a península Ibérica, com a ação francesa na Espanha e em Portugal, responsável pela guerra peninsular, princípio do fim da carreira do general feito imperador.

Entre 1810 e 1830, praticamente toda a América espanhola sacode a tutela, prevalecendo da situação das metrópoles. A independência das Províncias Unidas do Rio da Prata, em 1810, é instável, pois os espanhóis retomam o domínio: ela só se consuma em 1816. No caso das demais partes também houve instabilidade, com movimentos guerreiros vitoriosos e derrotados, proclamações de emancipação logo abatidas, mas aos poucos o espanhol é alijado, pelo trabalho tenaz dos libertadores, entre os quais se distinguem militares. A maior figura é a do venezuelano Simón Bolívar, justamente designado como "El Libertador". Ele desejava a solidariedade americana, com uma grande nação, à maneira dos Estados Unidos, não a fragmentação do território em muitas repúblicas. Temia, com justeza, pela sobrevivência soberana dos novos Estados, frágeis e hesitantes, enquanto na Europa o sentimento adverso às conquistas liberais da Revolução Francesa levava à política reacionária da Santa Aliança, defensora do absolutismo das monarquias, contrária às repúblicas e favorável à recolonização dos recém-emancipados.

Pesando bem a situação, Bolívar convocou as várias nações para o Congresso do Panamá, em 1826. A Inglaterra era contrária à idéia recolonizadora e unificadora, preferindo o continente fragmentado, para mais facilmente dominar pequenas nações. Os Estados Unidos não tinham entusiasmo pela unificação. Bolívar estava solitário no pensamento de um grande Estado latino-americano. O Congresso foi um malogro, pois algumas peças importantes nem compareceram (caso da Argentina, Chile e Brasil — El Libertador tinha invencível desconfiança deste, por ser Monarquia; os Estados Unidos se fizeram representar oficialmente, a Inglaterra mandou um observador), enquanto os presentes (México, Peru, Colômbia e Guatemala) não tinham entusiasmo pelo projeto, pois a unificação sacrificaria os localismos e seus líderes. O movimento de liberdade partira de vários centros, teve seus chefes. Esses tornaram-se donos de situações, não queriam renunciar às suas conquistas.

Bolívar percebeu cedo o perigo e já na Carta de Jamaica, de setembro de 1815, propunha a idéia de uma grande nação, temeroso de Estados débeis; pensa em uma federação, na unidade latino-americana — sua proposta no encontro de 1826 no Panamá. Suas idéias oscilaram quanto ao sistema político; se foi sempre contrário à Monarquia, seu pensamento acabou por ter conotações próximas. Francamente republicano no começo, aos poucos adota princípios com algo de monárquicos: caso da Constituição proposta para a Bolívia, em maio de 1826, na qual defendia uma continuidade no poder quase hereditária; o cargo de presidente era vitalício e ele podia nomear o sucessor — idéia distante do regime republicano. Afastava-se do pensamento dos primeiros tempos, talvez desgostoso com a experiência. Estava cansado e doente, eis tudo.

Entretanto, sempre recusou a possibilidade de uma coroa, como se vê — e não era a primeira vez — em 1829, quando um enviado do governo francês propõe a criação de Monarquia constitucional na Colômbia, para resolver dissidências — idéia com adeptos do segmento dominante, mais do clero. O general Urdaneta, seu colaborador, colocou-se na defesa do projeto, com a coroa para Bolívar: ele não só a recusou, como fez crítica à proposta. A Grande Colômbia se desarticulava, com a independência da Venezuela. Renuncia então à Presidência da Colômbia, recolhe-se ao litoral para tratar da saúde, muito combalida. Apesar de tudo, em cartas continua a expor idéias políticas. Em dezembro de 1830 morreu: tinha pouco mais de 47 anos quem idealizou a América independente, forte e unida.

Se os Estados Unidos e a Inglaterra não eram favoráveis à Santa Aliança, por verem nos jovens Estados um campo favorável às suas ações e interesses econômicos, a Europa da Restauração podia criar dificuldades. O intento restaurador não vingou e a América Latina pôde continuar sua trajetória, que não foi fácil, mas por outras razões. Do Sul ao Norte, só podia impor-se o regime republicano, pois a Monarquia supõe tradição que lhe faltava. A grande exceção é o Brasil, com seu processo original de independência. Com a vinda da família real e a volta de dom João VI, fica à frente do governo o seu filho dom Pedro, príncipe regente, como se escreveu. Em torno dele formam brasileiros e portugueses com interesses bem definidos, muitos dos quais de vinda recente, acompanhantes da Corte.

O importante da presença do príncipe, simpático à causa brasileira, identificado mesmo com ela, é ter sido o eixo aglutinador, em torno do qual formam principalmente as províncias do Rio de Janeiro, São Paulo e Minas Gerais. Tornou-se, pois, o líder: insurgindo-se contra as ordens de Lisboa, proclama a separação do Brasil em 1822. Torna-se o chefe natural não só do movimento como da nação, subjugando as províncias contrárias. Assim é proclamado "Imperador e Defensor Perpétuo do Brasil". A nova nação será pois Monarquia, originalidade no Novo Mundo, eminentemente republicano, por causa da primeira independência, formadora da República dos Estados Unidos.

Só o Brasil teve experiência monárquica importante e válida. As outras foram de curta duração e tiveram por vezes algo de caricato. Decerto houve o debate entre a forma de governo — se Monarquia ou República. A idéia ainda mais forte era a de realeza. Mesmo nos Estados Unidos chegou-se a pensar em uma coroa para Washington, que jamais a admitiu. Na América espanhola também se pensou insistentemente em Monarquia, aventando-se um príncipe Bourbon ou de outra casa nobre no caso das Províncias Unidas do Rio da Prata. Imaginava-se o convite a alguma figura da realeza européia para ocupar o trono, idéia encontrável também em outros centros. Chegou-se mesmo a aventar a hipótese de colocar no trono algum chefe indígena, pensamento em consonância com o sentido nacionalista então naturalmente forte e com o ideal do romantismo. Bolívar, que alguém imaginou coroar, repudiaria com veemência a proposta. Contudo, nas Províncias Unidas do Rio da Prata a idéia foi acalentada e Belgrano chegou a ir à Europa em busca de possível cabeça a ser coroada. Não se saiu da mera cogitação, como era natural. A prática monárquica parecia incompatível com o continente.

Houve, contudo, além da brasileira, algumas tentativas frustradas. A primeira foi nas Antilhas: palco de originais acontecimentos, na ilha de Santo Domingo houve vasta rebelião de escravos. Aí vivia uma sociedade com meio milhão de negros, 25 mil mulatos e 40 mil brancos, em 1789. A base econômica era o açúcar, com bons resultados para sua Metrópole, a França. A revolução chegou às Antilhas. O levante começou ao norte da ilha, em 1791, com 100 mil escravos, sob a direção de Toussaint L'Ouverture. Dez anos depois, em 1801, Toussaint já dominava tudo. A invasão da ilha pelas forças de Napoleão resultou no aprisionamento do chefe, levado para a Europa, onde morreu em 1803.

O comando passou ao imediato, Jean Jacques Dessalines. Dessalines, no dia 1º de janeiro de 1804, proclamou a independência da parte ocidental, sob o nome de Haiti, que veio a ser a primeira nação livre da América Latina e a segunda do Novo Mundo. Os franceses haviam se estabelecido na ilha Hispaniola desde o século XVII, na parte ocidental, enquanto os espanhóis estavam na oriental desde 1492 (chegada de Colombo). Dessalines expulsou os invasores, liquidou os brancos e assumiu o título de imperador, mas acabou assassinado em 1806; o negro Henri Christophe continua a governar o Norte, com o título imperial, enquanto o Sul passa a ser uma República. A reunificação se dá em 1820.

Em 1848 há uma revolução com a outra parte, a República Dominicana. No ano seguinte, o negro Faustin Elie Soulouque assume o poder, proclamando-se imperador, tal como Dessalines, mas é deposto em 1859. O país entra em crise permanente, da qual os Estados Unidos se aproveitam para retirar-lhe a autonomia, pelo exercício consecutivo das principais funções, até o domínio em 1915, exercido por dezenove anos. É experiência singular a do Haiti, com algo de aventura tribal, sem maior importância pelo pequeno tamanho da ilha e sua falta de repercussão mesmo no Caribe. A existência aí de dois tronos pouco significou.

O debate sobre o regime, se Monarquia ou República, animou sobretudo a Argentina e o México. A sociedade hispano-americana, aristocrática em seu segmento dominante, podia pretender a Monarquia, mas tal forma de governo lembrava a Europa colonizadora, era o passado. A República tinha a sedução das coisas novas, das idéias iluministas e do exemplo dos Estados Unidos. O México, se teve um processo de independência muito vivo, de base popular, no princípio, com Morelos e Hidalgo, esmagados pela força espanhola, contando com agentes como o coronel Agustin Iturbide, foi a nação que mais pensou em Monarquia. Ficou independente em 1821.

Como não conseguisse um príncipe europeu para seu trono, optou por um nativo — o mesmo Agustin Iturbide, de comportamento tão impatriótico pouco antes. Este se declarou imperador, mas teve um reinado muito curto, de maio de 1822 a fevereiro de 1823.

Ante dificuldades, o Exército o derrubou, desterrando-o. O reinado de Agustin I — assim se intitulava — foi breve. Sua pretensão de retomar o título custou-lhe o fuzilamento em julho de 1824. A fantasia caudilhesca coroada não marcou a jovem nação, que adotou a forma de República, dita liberal e federativa.

Curiosamente, o México será o cenário de outra experiência monárquica, menos breve, decorrente de capricho de Napoleão III, com uma intervenção de desastroso resultado. A França já tentara aventura no México em 1838, com a ocupação do porto de Vera Cruz, malsucedida, para cobrar dívidas não pagas, outra em 1854, pela costa do Pacífico. A nação vivia clima de instabilidade permanente. Golpes sucessivos, lutas entre o Estado e a Igreja, corrupção administrativa. Na década de 1850 a situação era tensa, quando emerge a figura de Benito Juarez, índio puro, realizador de grandes mudanças, uma Constituição liberal, com o poder acrescido dos mestiços, em detrimento dos *criollos*. A oposição é insistente e há a Guerra da Reforma, de 1858-61, com a vitória liberal. Perdendo nas armas e no debate político, os conservadores mais entranhados chegam a apelar para a intervenção estrangeira: antes ela que Juarez e suas leis e retidão. Em 1861 o país é invadido por ingleses, espanhóis e franceses, mas só os franceses permanecem.

Os conservadores conseguiram convencer o imperador francês Napoleão III à aventura, e este, ambicioso e sem princípios, admitiu encampar a implantação da Monarquia no México. O escolhido foi o arquiduque austríaco Maximiliano, um Habsburgo, chegado, com o apoio das forças francesas, em 1864. Instala-se com uma Corte brilhante, bem à maneira da Áustria, com um trabalho governamental nem sempre do agrado dos conservadores, que o preferiam aos liberais. Estes recusaram a causa monárquica e a invasão francesa, vendo-a como odiosa. Lutaram bravamente contra, ajudados pelo fato de Maximiliano ter, praticamente, pouco mais que a capital. Napoleão III teve de retirar as tropas, em 1866; essa falta de sustentação inviabilizava o regime. Juarez era o líder incontestável, as forças liberais dominam a situação, capturando o imperador que fora iludido para a ingrata incumbência. Custou-lhe a vida, pois foi executado em 1867 por Juarez. Este retorna à capital e tem a tarefa de reconstruir o país.

Como se vê, só no Brasil houve governo monárquico por longo período: 67 anos. As demais experiências — no Haiti e no México — têm caráter quase tribal ou anedótico. A imposta por Napoleão III é uma farsa trágica. A Monarquia teve raiz no Brasil na transposição da Corte portuguesa e na Regência de um príncipe aqui deixado. Apesar de longa duração e de política bem coordenada, não lançou raiz. O continente permaneceu eminentemente republicano, como fica mais claro depois de 1889. A Monarquia brasileira realizou obra importante, principalmente na garantia da ordem e da unidade territorial: o país poderia ter corrido o risco de fragmentação quando da independência, pois não havia ainda o sentido nacional, mas só de regiões. O sentimento nacional se formou ao longo das décadas monárquicas, como se evidenciará no decurso da exposição.

Contribuiu para garantir a causa republicana a Doutrina Monroe. James Monroe, eleito presidente dos Estados Unidos em 1816 e 1820, apresentou ao Congresso o convencionado como doutrina, que pode ser resumida na sentença — "a América é para os americanos", advertência aos europeus que pretendiam a recolonização, na recusa da independência. Moveu-o menos o sentimento liberal que o interesse de seu país e a presença russa na costa ocidental da América do Norte. Houve quem a atribuísse a John Quincy Adams, secretário de Estado de Monroe, ou mesmo, estranhamente, ao inglês George Canning. Ele defendeu o princípio de não-intervenção, enquanto o Congresso de Verona, de 1822, reunindo várias nações, decidia pela intervenção na Espanha, para impor o absolutismo a Fernando VII, bem como a recolonização da América, na linha da Santa Aliança, com renovados protestos da Inglaterra e dos Estados Unidos. Monroe tinha razões para seu pronunciamento. A ameaça maior era a da Santa Aliança, constituída por monarquias européias inimigas do ideário iluminista consagrado na Revolução Francesa. Para o seu malogro contou não só a dificuldade da causa como o combate da Inglaterra; ela se alegrava com os movimentos emancipadores, garantia de novos mercados para a sua economia, dominante no século XIX. A República dos Estados Unidos, como a Inglaterra, beneficiava-se com a ruína dos impérios ibéricos no Novo Mundo.

Em 1819, Bolívar enviou aos Estados Unidos Manuel Torres, representante da Colômbia, para obter armamentos, empréstimos e a palavra reconhecedora da independência das novas repúblicas americanas. Dia 14 de junho de 1822 James Monroe concedia entrevista a Manuel Torres e reconhecia a Grande Colômbia. Seguiram-se outros reconhecimentos, como o do Brasil, em 1824 — foi o primeiro a fazê-lo. Atos da Santa Aliança atemorizavam as novas nações. Monroe enviou a mensagem ao Senado em dezembro de

1823, definindo uma política americanista de defesa contra as pretensões da Europa. A América recebeu-a sem maior entusiasmo — só o Brasil a festejou —, pois devia temer possíveis ações da própria República dos Estados Unidos.

Como de fato se verificaram, confirmando a suspeita de que a doutrina, se estabelecia a América para os americanos, era de veto à ação européia, mas não impedia ações intervencionistas da América do Norte. Daí a tradução popular — a América para os americanos... do Norte. A famosa doutrina não impediu ações condenáveis dos Estados Unidos em vários países latino-americanos — notadamente nas Antilhas — nem algumas guerras com o México para anexação de territórios. Se mais não fez foi pela resistência das próprias nações americanas e pela vigilância constante da Grã-Bretanha, denunciando como imperialistas certas manobras tentadas e não concluídas. Associando a forma de Monarquia à Europa, a doutrina impediu ou dificultou o surgimento de monarquias no continente, embora nada fizesse contra o regime no Brasil.

3

CONSTRUÇÃO DO ESTADO

TEMPOS DE DOM PEDRO I

Dom Pedro I marcou profundamente a trajetória de dois países — aquele em que nasceu e morreu e aquele em que foi criado, colaborando no processo da sua independência e no qual foi imperador. Se nasceu em Portugal, veio para o Brasil aos nove anos de idade. Filho de dom João e dona Carlota Joaquina, participou das dificuldades dos dois reinos ibéricos. Tornou-se herdeiro pela morte do primogênito. Teve educação de pouca assistência, sobretudo no Rio de Janeiro, onde cresceu entre os criados do Paço. Nada convencional, era inteligente, dado a leituras, apesar do jeito desatento. Com o gosto da música, típico dos Bragança, mais do que ouvinte, foi também compositor. Com traços liberais e autoritários, teve uma existência cheia de contradições: se dissolveu uma Constituinte, por ele convocada, constitucionalizou dois países. Tem biografia sedutora, de homem típico do romantismo. Vindo para o Brasil em 1808, ficou até 1831, de modo que viveu bem menos em Portugal.

Protagonista da independência, um pouco por acaso — pela vinda com o pai e a Corte e por ser deixado como regente em 1821 —, se depois houve muita insistência para sua volta, a pretexto de melhor educação, com viagens pela Europa — na verdade pelo temor de sua atitude favorável aos interesses da terra adotada —, veio a ser o eixo do processo emancipatório. Sem ele talvez este assumisse outros rumos, pois foi o principal fator da unidade do Estado surgido em 1822. O ser português foi elemento desfavorável no governo, característica por ele comprometida fazendo-se cercar pelos patrícios, aos quais atribuiu até algumas das principais funções, quando, logo no princípio do país livre, se indispõe com brasileiros. Por esses fatos e temperamento não podia continuar à frente do poder, renunciando-o e partindo para a última aventura — agora em sua pátria.

O Brasil independente tem sérios problemas: o primeiro é o de subjugar as províncias hostis a seu reconhecimento — por terem alta população portuguesa, só admitiram a separação da Metrópole após lutas armadas (Bahia, Piauí e Maranhão, Pará, Cisplatina), nas quais foi decisiva a participação, em postos eminentes, de soldados estrangeiros, alguns até generais e almirantes, com serviços à causa brasileira e à de outros americanos. Era fácil seu recrutamento em uma Europa sempre envolvida em guerras.

O segundo problema era obter o reconhecimento internacional: para tanto contou com a força da própria causa e com a ação de diplomatas qualificados. A República dos Estados Unidos foi a primeira, em 1824; as outras nações americanas também o fizeram, mas aos poucos — o México, em 1825, a República das Províncias Unidas do Rio da Prata em 1827, a Colômbia em 1828, as demais através de acordos de vária natureza; a Inglaterra e a Áustria em 1825; França, Suécia, Santa Sé, Suíça, Dinamarca, Países Baixos, em 1826; cidades hanseáticas, países germânicos e ducados italianos entre 1826 e 1828; a Rússia em 1828 e a Espanha em 1834. Portugal reconheceu o fato, em 1825, em troca de algumas concessões.

Havia o problema de constituir o governo: se para os postos de ministros dom Pedro convocou nacionais, nem sempre se atinha a essa norma, convocando também os patrícios. Terá sido um erro sua insistência em ministros portugueses. Nomeado regente, ainda sob a Metrópole, faz o primeiro gabinete, em que nos quatro ministérios — do Reino, da Justiça e Negócios Estrangeiros, da Fazenda, da Guerra e da Marinha — coloca portugueses. Compreende-se essa nomeação na Regência, não depois, sobretudo como o fez, como um desafio, no fim de seu governo, em 1829.

Não é fácil sua tarefa, pois o chamado Partido Português e a Divisão Auxiliadora criavam embaraços sucessivos: em 5 de junho de 1822 fazem a segunda insurreição, com exigências a dom Pedro. Ele se submete e altera o ministério — o segundo. Portugal continua a pressionar sua volta, sempre exigida: a resposta foi um memorial de milhares de assinaturas por sua permanência. Concorda com o pedido e fica. A 16 de janeiro organiza-se o quarto gabinete: é bem mais expressivo, pois o ministro do Reino, Justiça e Negócios Estrangeiros é o paulista José Bonifácio de Andrada e Silva.

Se apenas José Bonifácio era brasileiro, já era um avanço, sobretudo pela alta qualificação do titular. Em 4 de julho o ministro da Fazenda, português, é substituído pelo brasileiro Martim Francisco Ribeiro de Andrada, irmão de José Bonifácio.

Com o quarto gabinete é feita a independência. Entretanto, já a 17 de julho de 1823 — início do quinto gabinete — os Andrada são afastados e passam à oposição, em que são admiráveis, através de jornais ou da tribuna do Parlamento. Essa oposição leva dom Pedro a cometer o primeiro grande erro — a dissolução da Assembléia Constituinte (convocada em maio de 1822, antes da emancipação). O Brasil teria uma Constituição, a de 1824, mas outorgada. É o início da impopularidade de dom Pedro, que irá crescendo. Em 1826 o Parlamento começa a funcionar normalmente, quando a oposição faz sentir a sua voz. Há o chamado Partido Português e o Partido Brasileiro: aquele eminentemente conservador, este com liberais e moderados.

Outro acontecimento básico tem lugar em 1826: a morte de dom João VI, no dia 10 de março. Ora, seu sucessor era dom Pedro, que deve governar a nação com o nome de Pedro IV. Era evidente o desejo de dom João VI de reunir as duas partes, com o que não concordavam os brasileiros nem a Inglaterra, esta por desejosa da existência dos dois Estados. Dom Pedro I devia abdicar no dia imediato, mas não o fez, hesitante entre acumular as duas coroas — o que significaria a volta do Reino Unido, indesejável aos brasileiros sob todos os aspectos. Só assinou a abdicação no dia 2 de maio. A reunião sob uma coroa do que antes foram Metrópole e Colônia era perigosa, sem falar no absurdo de um Reino em duas partes separadas por milhares de quilômetros de mar. Os portugueses absolutistas eram favoráveis a dom Miguel. Dom Pedro, porém, renunciou ao trono em favor de sua filha dona Maria da Glória, princesa do Grão-Pará, então com sete anos; a regente, dona Isabel Maria, assume por determinação de dom Pedro, seu irmão; enquanto dom Pedro nada determinar, assina atos em seu nome — dom Pedro IV, rei de Portugal e dos Algarves. Dom Pedro IV outorga à sua pátria uma Constituição, no dia 29 de agosto, que deve substituir a de 1822. É curiosa a trajetória desse documento, com o qual surpreende a nação portuguesa, que não o esperava nem o pediu. De fato, Portugal tinha uma Constituição, a de 1822, votada pelas Cortes de Lisboa, por causa da Revolução de 1820 ou do Porto. Fruto do *Vintismo*, interessante período em que se digladiam as correntes liberais e absolutistas. Essa Constituição teve vigência duas vezes: a primeira, de 23 de setembro de 1822 a 2 de junho de 1823, quando o infante dom Miguel dá um golpe e decreta a suspensão do texto, no que é confirmado pelo vacilante dom João VI. Portugal fica sem lei básica, até a Carta Constitucional de dom Pedro IV, que passa a vigir. A segunda vez do texto de 1822 resulta da revolução de setembro de 1836, que o restaura, com a abolição da Carta Constitucional de 1826, enquanto não se elabora outra Constituição, fato só verificado em 4 de abril de 1838, com exercício até 1842.

A Carta Constitucional outorgada por dom Pedro IV, em 1826, é a peça básica do direito constitucional português do século XIX, pois foi a de mais longa existência. Ela teve três períodos: assinada por dom Pedro IV, em 29 de abril de 1826, chega a Portugal trazida pelo inglês Charles Stuart no dia 2 de julho. Depois de jurada pela regente Isabel Maria e mais autoridades (mesmo dom Miguel), vigorou de 31 de julho de 1826 a 3 de maio de 1828 — é o seu primeiro período —, quando dom Miguel convoca os três Estados do Reino, por ter assumido o poder, antes como regente e depois como rei absoluto. Seu segundo período vai da vitória liberal comandada pelo duque de Bragança, em 1834, que renunciara ao trono português em 1826 e ao brasileiro em 1831. Depõe o irmão dom Miguel do trono e o leva ao exílio, do qual não retornará mais. É a Convenção de Évora Monte; vigora a Carta de 27 de maio de 1834 até a revolução de setembro de 1836, que proclama de novo a Constituição de 1822, até ser feita a Constituição de 1838. Esta nova peça permanece até 27 de janeiro de 1842 — é o início do terceiro e definitivo período —, quando um golpe de Estado do ministro Costa Cabral, no Porto, proclama a volta da Carta de 1826. Agora, a vigência vai até a proclamação da República, em 1910. É o documento constitucional de mais longa duração — 68 anos, ao longo dos quais teve três reformas: os atos adicionais de 1852, 1885 e 1895.

A Carta outorgada por dom Pedro IV é a repetição do que fizera no Brasil, logo no início de seu reinado, quando dissolve a Assembléia Constituinte e outorga uma Constituição — a de 1824 —, que melhor se chamaria também de Carta. A brasileira teve duração longa, de 1824 a 1889, ou 65 anos, um pouco menos que a portuguesa. Quem teria feito esta? Provavelmente José Joaquim Carneiro de Campos, marquês de Caravelas, ministro da Justiça brasileiro em 1825, um dos membros do Conselho nomeado por dom Pedro I em 1823 para elaborar o documento imposto ao Brasil. Há muitas semelhanças entre as duas peças — a brasileira e a portuguesa. Repete-se nas duas a existência de quatro poderes — além do

Executivo, Legislativo e Judiciário, o Poder Moderador, originalidade na história do direito constitucional. Alguns artigos parecem cópias do texto brasileiro.

Digno de nota a sua conservação por tão longo período, quando o documento fora imposto como dádiva régia, não era fruto de uma Assembléia Constituinte. Um gesto autoritário, portanto. Decerto, os dois textos são uma transição do absolutismo ao liberalismo. Basta lembrar o Poder Moderador, sobrevivência do tradicional autoritarismo. Uma das razões da recusa da Carta Constitucional pelos portugueses era seu caráter conservador ou retrógrado, assim visto por alguns dos protagonistas exaltados do vintismo. A Carta desagrada os radicais da tradição e da inovação, mas sobreviveu. A Carta é o atestado mais vivo da presença de dom Pedro, imperador do Brasil e herdeiro da coroa de Portugal. Renunciou-a, não sem antes outorgar à sua pátria — como fizera à que adotara — um texto legal para reger o seu destino.

Com a renúncia, estabelece-se o casamento de dona Maria da Glória (tinha sete anos, relembre-se) com o tio dom Miguel, exilado na Áustria e preferido pelos tradicionalistas. A sugestão, aprovada pelas Cortes, a regente dona Isabel Maria e mais autoridades, não era feliz: seria a origem de problemas difíceis, só resolvidos em 1834, com a posse de dona Maria da Glória, a filha, como dona Maria II, depois de uma guerra civil.

Dom Miguel, exilado em 1824 pelo pai, dom João VI, contra quem tramara mais de uma vez, tem uma biografia movimentada: terceiro filho, era apegado à mãe, dona Carlota Joaquina, absolutista e tendente a golpes políticos até contra o marido. Seguindo os passos maternos, o infante trama contra o pai mais de uma vez, depois da volta da Corte a Lisboa (ele estivera no Rio de Janeiro todo o tempo dessa permanência). Se dom João é forçado a regressar pela Revolução do Porto, a luta liberais *versus* absolutistas ecoa na família. Dom Pedro, regente no Rio de Janeiro, optara pelo liberalismo, dom Miguel foi sempre absolutista, enquanto o pai nunca foi decidido. Deixava-se levar pelos acontecimentos, eis tudo. O país sofria com a perda do Brasil, seu esteio econômico, agravando a decadência já antiga. O pai o nomeia chefe do Exército, apesar de seus constantes golpes na ordem. Conseqüentemente, dom João o afasta do importante e perigoso posto, para o qual não devia tê-lo nomeado, mandando-o para o exílio. Fica em Viena quatro anos, acalentado pela política reacionária da Santa Aliança. Com a morte do pai — a quem sempre traíra —, terá outra oportunidade, com o ato do irmão dom Pedro I, que abdica à Coroa portuguesa, não para ele, o infante, mas para a própria filha dona Maria da Glória, previsto o casamento do tio e sobrinha quando de sua maioridade. É feito o casamento, por procuração, ela no Rio de Janeiro, ele em Viena. A menina de sete anos vem para a Europa, encontrar-se com o marido, e educa-se em uma Corte requintada.

Dom Miguel, entretanto, já partira para outra aventura em Portugal, para ficar com o trono. Ela volta ao Rio de Janeiro, com o marquês de Barbacena, que a trouxe, aqui permanecendo até a abdicação do pai no Brasil, quando parte com ele para a Europa, enquanto se desenrola a guerra civil de 1832 a 1834, até assumir a Coroa, exercendo a realeza até sua morte, em 1853. Enquanto não assumisse o trono, a Regência estaria a cargo da infanta Isabel Maria. Dom Miguel aceitou todas as condições, para negá-las na prática. Dom Pedro, erradamente, nomeia-o seu agente em Lisboa, em julho de 1827. Ele vem de Viena e chega em fevereiro de 1828. Assume então a Regência, que dona Isabel Maria ocupara por breve tempo. Logo dissolve as Câmaras e maneja sua proclamação como rei absoluto, aprovada em vários pontos do país. Pela força acaba com a resistência a seus atos: só as ilhas da Madeira e Terceira o enfrentam; subjugada a Madeira, resta a oposição da ilha Terceira, foco do liberalismo contra o absolutismo. Dom Miguel começa um regime de terror.

Durante esse interregno de violência haverá a abdicação de dom Pedro I, em 1831. O ex-imperador, agora duque de Bragança, vai para a Europa, onde o liberalismo adquire vigor com a Revolução de 1830 na França, depondo Carlos X. De Londres e Paris dom Pedro vai para a ilha Terceira; há aí um governo bem constituído, no qual se destaca a figura de Mouzinho da Silveira, futuro artífice das reformas modernizadoras do país arcaico. Toma a frente do movimento contra as usurpações do irmão. É a guerra civil, de 1832 a 1834. Convenientemente equipado, o duque invade o Norte de Portugal e em breve tempo, mas depois de luta feroz, chega-se à Convenção de Évora Monte, de julho de 1834, fim da guerra civil e vitória liberal. Dom Miguel é exilado de novo e continuará a conspirar, mas sem êxito, até morrer, em 1866. Dona Maria II, cujo casamento não se consumara, assume o trono, ainda com quinze anos. Será o início de uma fase da história portuguesa, tendente à modernização.

Enquanto se desenvolve a novela da sucessão, o Brasil está empenhado em guerra melancólica por causa da Cisplatina. Travam-se batalhas por terra e mar. Dom Pedro vai para o Sul, dar força às tropas na guerra com os argentinos. Lá não se conserva, pois no Rio morre a imperatriz dona Leopoldina. O comando passa ao marquês de Barbacena. Há vitórias no mar e na terra, como também derrotas. Afinal, a 20 de fevereiro de 1827, verifica-se a batalha de Ituzaingo em Passo do Rosário, entre brasileiros e argentinos, sem resultado definido, pois os contendores abandonaram a luta.

Era uma causa ingrata, como se lembrou mais de uma vez neste livro: terminou-a a mediação do governo inglês, desta feita razoável, com a proposta de paz. Que é assinada a 28 de agosto de 1828, com a independência da Banda Oriental. É o surgimento de mais uma República no continente, a do Uruguai, conveniente ao Brasil e à Argentina: passam a ter um Estado de permeio, de modo a aliviar o possível choque. A guerra no Sul em nada contribuiu para fortalecer o imperador; ao contrário, aos olhos do povo enfraqueceu sua já débil posição, pois o povo não podia perceber nenhum sentido nessa guerra. Demais, o recrutamento para a tropa foi enérgico e provocou constrangimentos e indignações sem conta.

O Banco do Brasil liquida seus negócios em outubro de 1829: começara mal a vida financeira, não só pela condução do banco, como pelo endividamento externo, iniciado com o primeiro empréstimo. O primeiro ministro da Fazenda — Martim Francisco — era contra empréstimos externos, por ele vistos como perniciosos. Houve quem lhe sugerisse a medida, para regularizar a situação: era terrível, pois dom João, ao regressar, levara os recursos existentes. Com sua popularidade arranhada, logo após a dissolução da Constituinte, o governo decidiu negociar empréstimo de 3 milhões de libras. Deveriam tratar do assunto, em Londres, autoridades especialmente designadas. Não era fácil, os banqueiros dificultavam a operação. Afinal ela é feita. Era um mau começo, pois os empréstimos de então — e quase todos depois — foram para pagar dívidas ou compensar os desequilíbrios do orçamento, não para estímulo ou criação de riqueza, com instrumentos produtivos.

A operação gerou polêmicas, acusados os responsáveis de receber comissões. O uso do capital obtido foi pouco razoável. E iniciou a série de empréstimos, uns para saldar os anteriores, quase sempre apenas no pagamento dos juros. Segundo informam especialistas no assunto, o empréstimo de 1824-25 montou a cerca de 12 mil contos de réis no recebido. Quarenta anos depois, em 1863, o Brasil havia resgatado cerca de 5 mil contos e gasto com juros pouco mais de 60 mil, ou seja, cinco vezes o recebido.

Ainda no reinado de dom Pedro I seria feito o segundo empréstimo, em 1829, em piores condições. A história de nossa dívida externa é algo de fantasioso, sendo talvez a principal responsável pela desastrosa política financeira, que remete à política econômica e à vida em geral do país, em realidade talvez comum aos demais países da América Latina.

Outro elemento digno de nota no governo é a promulgação do Código Criminal de 1830. Peça avançada para a época, era outro dado importante, depois da Constituição de 1824, para a estruturação jurídica do país. Também da terceira década é a criação dos cursos jurídicos, em 11 de agosto de 1827, em São Paulo e Olinda, com o nome de Cursos de Ciências Jurídicas e Sociais, em 1854 mudado para Faculdades de Direito, mais conhecido e comum. Digno de referência o fato, pois foram as duas faculdades de mais ressonância em todo o século. Por elas passaram os moços do segmento social dominante, em busca de um título que os habilitasse a exercer profissão valorizada e a ter ingresso na política. Associava-se o bacharel em direito às atividades oficiais — ministros, presidentes de província e de estados, deputados e senadores. Não era mais necessário ir a Coimbra para estudar.

Dom Pedro como regente e imperador teve treze ministérios. Foi citado aqui o primeiro, só de portugueses. Já o quarto, de 16 de janeiro de 1822 a 17 de julho de 1823, é mais significativo, pois tem brasileiros em duas pastas: a do Reino, Justiça e Negócios Estrangeiros e a da Fazenda. No sexto gabinete há a pasta de Estrangeiros, com autonomia. O novo ministério, de 15 de janeiro a 20 de novembro de 1827, teve a singularidade de chamar deputados para ministros. O décimo — 20 de novembro de 1827 a 4 de dezembro de 1829 — apresentou a inconveniência de ter muitos portugueses. Inconveniência, pois a origem não brasileira do imperador lhe pesava, sobretudo em época de grande impopularidade, causada em parte pelo seu círculo de amigos patrícios, muito malvisto pelos nativos. O último teve duração curtíssima, de 5 a 7 de abril de 1831: chamado "ministério dos medalhões", desagradou a todos e na verdade nem chegou a existir.

A crise política verifica-se sobretudo na capital, dominada por boatos de todo tipo, como prisões de deputados liberais, de jornalistas, nomeações de portugueses para cargos importantes. Dom Pedro tentou recuperar o antigo prestígio: em 1822 fora a Minas Gerais para acalmar os ânimos adversos (pela primeira vez saía do Rio de Janeiro), recebido com festas. Pensa em renovar o feito, visitando a província em 1831, recebido agora com indiferença, senão com hostilidade. Sensível, percebeu não ter mais apoio popular. De volta ao Rio de Janeiro, na homenagem que lhe seria prestada pelos homens do Partido Português, seus únicos aliados (comprometiam mais do que ajudavam o seu nome), houve mais um tumulto, coisa comum na cidade, nos entreveros entre portugueses e brasileiros ou absolutistas e liberais. Havia um segmento da população sempre disposto a manifestar-se, a protestos contra a ordem vigente, além de grupos de soldados estrangeiros, notadamente alemães e irlandeses, mercenários dados a desordens. Alimentava-os uma imprensa desabusada, não recuando ante o apelo à indisciplina e à violência.

Lembre-se ainda, além de fatos objetivos e pouco simpáticos, a impopularizarem o chefe de Estado, o comentário de sua vida pessoal. De fato dom Pedro foi sempre dado a uma vida airada, com excesso de amores, exibidos em público. Casando-se jovem, se antes participava da boemia de soldados e criados do Paço, agora é dado a manter casos, um dos quais ficou notório, por ostensivo, com uma senhora à qual deu o título de marquesa — a marquesa de Santos — e praticamente colocou no palácio; enviuvando em 1826, a situação pessoal ficou agravada, só diminuindo com o seu segundo casamento. O primeiro fora na mais alta nobreza — dona Leopoldina era filha do imperador Francisco José, o último do Sacro Império Romano-Germânico, irmã de Maria Luiza, que foi casada com Napoleão; amiga do Brasil, ajudou na causa emancipatória; entregou-se a trabalhos e ao gosto de pesquisas científicas, enquanto o marido, além dos negócios públicos, levava uma vida solta, para deleite da bisbilhotice popular e exploração da imprensa, como serve hoje aos apreciadores da *petite histoire*.

Viúvo, quis casar-se de novo, enviando emissários à Europa com o objetivo de obter-lhe noiva em alguma corte. O marquês de Barbacena, que negociou o primeiro empréstimo, teve nessa missão mais dificuldades, pois foi entravado em parte por Metternich e talvez pelo próprio imperador, que conhecia bem as desventuras da primeira mulher, a austríaca dona Leopoldina, sua filha. As cortes européias também conheciam a vida de dom Pedro I, pouco canônica e até escandalosa, pelas comunicações de seus representantes no Rio de Janeiro. Até a imprensa das grandes cidades européias noticiava os amores imperiais, não se negando mesmo a veicular exageros sobre sua conduta. Foi penosa a missão Barbacena, recebendo negativas de muitas casas reais — da Dinamarca, da Suécia, da Baviera, de cidades alemãs. Poucos homens terão recebido tantas recusas. Por fim, acertou-se o casamento com dona Amélia de Leuchtenberg, sobrinha do imperador da Áustria, filha de Eugenio de Beauharnais, enteado de Napoleão (pela segunda vez, pelo casamento, o caminho de dom Pedro cruzava com os do imperador francês, figura de sua exaltada admiração ainda na infância). A nova esposa era de nobreza menor, mas de grande beleza. Casaram-se em 1829. Dom Pedro vive o fim da experiência americana e as lutas para repor a filha no trono português. Morreu em 1834, aos 36 anos de idade.

Os desencontros entre o imperador e os demais poderes, a falta de apoio popular, a acusação freqüente de ser mais português que brasileiro, tudo foi conduzindo dom Pedro à única solução possível — abdicar. É o que fez, preferindo assim agir a manter uma luta pela qual não tinha gosto. O povo, do mais anônimo a deputados e jornalistas, exige a destituição do ministério escolhido no dia 5 — o dos "medalhões". A tropa, aos poucos, adere ao movimento. Dom Pedro não transige. Se pensa em convocar outros nomes, já era tarde e na madrugada do dia 7 redige breves linhas: "Usando do direito que a Constituição me concede, declaro que hei mui voluntariamente abdicado na pessoa de meu amado e prezado filho o senhor dom Pedro de Alcântara". Na mesma hora da madrugada o príncipe, que devia estar dormindo, é aclamado, enquanto o imperador abdicante, a imperatriz e uma pequena comitiva de gente sua vai para o navio inglês *Warspite*. De lá escreve carta a José Bonifácio, com quem se desaviera, pedindo-lhe fosse o tutor do filho, futuro chefe da nação. A bordo, ainda no dia 12, escreve aos amigos de modo comovente. No dia 12 passa para o *Volage* e no dia seguinte o navio sai do Rio de Janeiro. Na manhã do mesmo dia 7 o Congresso toma conhecimento da abdicação e elege a Regência Provisória — o "senhor dom Pedro de Alcântara" tinha cinco anos de idade. Ia começar nova fase na trajetória brasileira.

Dom Pedro vai para a Europa. É sua última aventura. Afinal vitoriosa, como se escreveu aqui. Pouco antes de sua morte, por decisão das Cortes que convocara, a filha ocupa o trono e começa o seu reinado, como dona Maria II. Encerra-se pois com a vitória uma vida rica de lances, alguns pouco recomendáveis, os mais importantes dignos de louvor, pois configuram o que há de melhor na acidentada história de Portugal e do Brasil. Justo, pois, o título que lhe deram os admiradores — o de Rei Cavalheiro, figura típica do romantismo.

ORDEM JURÍDICA

Constituição de 1824

Os direitos humanos encontram sua maior garantia nas constituições. A constitucionalização dos Estados é uma das heranças da Revolução Francesa. Ainda na Idade Média há a Magna Carta, em 1215, em um pacto entre João Sem Terra e seus 25 barões. Em pleno feudalismo, eles impõem um documento ao rei, em uma das principais sustentações de direitos. Como fixa princípios gerais, pode subsistir, como subsiste até hoje, como a Constituição dos britânicos. Consagra-se a legitimidade de resistência ao arbítrio. Depois, há mais declarações, como a *Petition of Rights*, de 1628, que impede a decretação de impostos sem o voto do povo, a defesa do indivíduo contra a prisão. As conquistas se reforçam com o *Habeas-Corpus Act*, de 1679, seguido do *Bill of Rights*, de 1689, configuradores da Inglaterra liberal. Buscava-se a harmonia na sociedade, com o perfeito relacionamento entre todos.

Está aí, no exercício da liberdade de todos, em um pacto entre os homens, no reconhecimento de direitos e deveres, a base da filosofia liberal. Que tem na Inglaterra as mais sólidas análises, como na obra de John Locke, ideólogo da Revolução Gloriosa de 1688, que expressa as aspirações da burguesia ascendente. Nas obras de teóricos e nas práticas daquela ilha vão beber os pensadores franceses críticos da ordem vigente em nome do racionalismo. Sabe-se da dívida dos enciclopedistas relativamente à Inglaterra, que eles estudam e sistematizam em seus escritos. Como fruto desse pensamento e da situação do país, verifica-se a Revolução Francesa. A Declaração dos Direitos do Homem e dos Cidadãos é seu texto básico. A burguesia conquista a direção política, depois de ter as vantagens econômicas. O intento de fazer chegar às massas esses privilégios não é conseguido, pois não havia amadurecimento do proletariado, força então nascente e com suas primeiras conquistas na Inglaterra. Impunha-se a filosofia política liberal, como a economia liberal. Um liberalismo ambíguo, pois com base na espoliação de outros povos, no ressurgimento do imperialismo, em fase de mais agressividade.

É o processo da Idade Moderna, do século XV ao XVIII, cujos os frutos vão ser multiplicados no século XIX, na era do nacionalismo e do liberalismo. Anteriormente à Revolução Francesa, houve a americana, com a independência das colônias inglesas, em 1776. A República dos Estados Unidos terá a sua Constituição em 1787, documento precursor, seminal. A revolução política americana e a francesa fundam a idéia de constitucionalização dos Estados. Sobretudo através da pregação francesa ela alcança outras nações européias e chega ao mundo americano, com a emancipação das colônias espanholas e portuguesa. Liberalismo e democracia confundem-se.

A prática configura dois tipos de Constituição: as históricas, como a inglesa e a norte-americana, com normas gerais para problemas concretos, e, em conseqüência, com grande flexibilidade: os documentos de 1215 e 1787 permanecem até hoje, acrescidos por determinações ditadas por novas circunstâncias. Ao lado das constituições históricas, há as teóricas, seguidoras dos modelos de constituições francesas, como a de 1791 e outras do período revolucionário, ou a de 1814, ditada pela Restauração. Prendem-se mais à razão que à objetividade, mais ao que deve ser que às realidades. As repúblicas e a Monarquia da América Latina seguem a segunda orientação, responsável pelas mudanças freqüentes de suas leis básicas.

Já se falou aqui mais de uma vez na repercussão no Novo Mundo da insegurança das metrópoles ibéricas, atingidas pela aventura de Napoleão. As colônias espanholas e portuguesa aproveitam as dificuldades metropolitanas para o surto de suas independências, entre 1810 e 1838, em episódios conhecidos. O conceito vigente de democracia organiza as nações, constitucionalizando-as e impondo a classe mais dinâmica — então a burguesia. O fato é nítido em sociedades bem estruturadas, como as européias, menos nítido em jovens nações com estrutura social débil, por causa das economias dominantes, gerando as dependentes. As jovens nações do século XIX — o surto independentista é na América Latina — de certo modo continuam como colônias, pois têm no exterior o elemento determinante de suas decisões. Sua debilidade política provém da social e econômica, em estranho círculo vicioso. Daí a instabilidade, pelo manejo do poder local por figuras ligadas às grandes potências, alimentadoras de dissensões. Os caudilhos, característicos do continente, em geral são manobrados: conservam-se no poder pelo apoio econômico externo.

O fato é mais sensível em algumas nações que em outras, sobretudo na América espanhola, menos vivo no Brasil. Nessas nações a sociedade não forma uma burguesia à maneira européia, mas algumas ricas pela exploração dos recursos naturais — agrícolas ou mineiros —, ligados ao exterior que consome os seus produtos. São em geral monocultoras, com base em um trabalho com muito da servidão antiga. Esse é o quadro do século XIX, alterado no atual, pois o capitalismo industrialista ou financeiro gera outro panorama. Pode ser forçado falar em burguesia na maior parte das nações americanas no século passado, pois era mínima a urbanização ou a industrialização. Conceitos econômicos e sociológicos, elaborados pela realidade européia, têm de ser usados com cautela fora dos centros que os originaram. A instabilidade política foi a norma das jovens repúblicas.

O Brasil, nação desde 1822, escapa a esse quadro, mas não de todo. O que se quis aqui foi apenas apontar esse panorama, sem sua análise, pelo espaço exigido. O interesse é mostrar como o Brasil fez a sua Constituição tão logo se emancipou, em processo original no continente.

A Revolução do Porto, de 1820, também chamada constitucionalista, objetivava fazer uma Constituição. Dom João VI, no Rio de Janeiro, pressionado por segmentos da opinião pública, enquanto não era feito o documento, adotou a Constituição espanhola — a de Cadiz, de 1812, revogada em 1814 e restabelecida em 1820. Pior, antes o rei, seus filhos, ministros e tropas juraram a Constituição ainda a ser feita. O Brasil devia ir às Cortes de Lisboa: os deputados seriam eleitos em 1821. E o foram, em número de 69, mas só 46 compareceram às reuniões. As distâncias e até a recusa da tarefa explicam o fato. Em Lisboa nunca se deram bem, pois se o intento de uma Constituição era liberal, na prática, relativamente ao Brasil, era antiliberal, recolonizador. Aos poucos, conseqüentemente, os brasileiros foram deixando a representação, por inútil. A Constituição portuguesa só ficou pronta dia 23 de setembro de 1822, já o Brasil emancipado. Os poucos brasileiros ainda presentes negaram-se a assiná-la, abandonando o país.

O Brasil independente devia ter uma Constituição. Antes mesmo, em 3 de junho de 1822, o regente convocara uma Constituinte. Para ela foram eleitos cem deputados: Minas Gerais tinha a maior bancada, vinte, seguida pela Bahia e Pernambuco, com treze. A Constituinte começa os seus trabalhos no dia 3 de maio de 1823, quando ouve a primeira Fala do Trono, discurso de abertura de todas as sessões legislativas. O imperador lembra aí que, quando de sua proclamação, dissera ao povo: "Com a minha espada defenderei a pátria, a nação e a Constituição, se for digna do Brasil e de mim". Renova agora as mesmas palavras, lançando a primeira fonte de suspeita, pois admite que se possa fazer um trabalho não digno do Brasil e dele. Espera "uma Constituição sábia, justa, adequada e executável, ditada pela razão e não pelo capricho. [...] Uma Constituição que, pondo barreiras inacessíveis ao despotismo quer real, quer aristocrático, quer democrático, afugente a anarquia". O discurso deixou nos mais lúcidos certa inquietação, vendo nele "palavras ambíguas".

Os parlamentares eram, na sua maioria, inexperientes. Entre eles, contudo, havia figuras de alta expressão, pela cultura jurídica e política, pela combatividade. O trabalho não era fácil: havia os reacionários, regeneradores ou portugueses; os exaltados ou nativistas; os moderados. Estes predominavam, com o sentido da defesa das teses liberais e acatamento do imperador. Os regeneradores perdem força, enquanto os exaltados aumentam, pelos erros de dom Pedro. Uma comissão deve elaborar o projeto: o principal redator é Antônio Carlos, homem experiente, pela participação decisiva no movimento pernambucano de 1817 e ex-deputado às Cortes em Lisboa. Documento inteligente, tem faltas graves, a começar pela extensão: 272 artigos. Enquanto no plenário os debates se arrastam, pelos choques de opiniões, a imprensa da cidade do Rio de Janeiro acirra os ânimos, exacerbando a crítica ao chefe de Estado e aos ministros.

O desencontro leva à medida extrema, a dissolução da Assembléia. Ela discute ainda o artigo 24, prenunciando trabalho demorado, enquanto a nação precisava instrumento regulador. A situação se agrava com a ruptura dos Andrada com o trono: têm assento na Assembléia e possuem jornais, onde exercitam seus talentos, agora oposicionistas. No dia 12 de novembro é feita a dissolução. Começava mal o Legislativo, enquanto dom Pedro comete o seu primeiro erro de grandes conseqüências, confirmador de personalidade impaciente e autoritária. Ao suspender a Assembléia, promete ao povo uma "Constituição duplicadamente liberal", a ser redigida por um Conselho que nomeia, de seis ministros e quatro notabilidades políticas. Entre elas, José Joaquim Carneiro de Campos, depois marquês de Caravelas, tido como principal redator. Dom Pedro também participou ativamente dos trabalhos, como se pode ver por notas e papéis de seu arquivo.

Ele tinha letras jurídicas, embora descoordenadas, pois não fizera estudos regulares. Supria pela lucidez a falta de dedicação continuada. Entre suas leituras, estavam juristas conservadores muito lidos na Europa e no Brasil, como o napolitano Gaetano Filangieri e o franco-suíço Benjamin Constant. Deste, sobretudo ensaios de natureza política, sobre problemas constitucionais. Terá lido principalmente o estudo *Esquisse de Constitution*, no qual propõe a distinção entre o Poder Executivo e o Poder Real. Os vários escritos políticos de Benjamin Constant vão constituir o *Cours de politique constitutionnelle*, em oito volumes. Dom Pedro não somente leu muito Benjamin Constant como teve correspondência com ele: conhecem-se cartas do jurista e ficcionista ao imperador animando-o a voltar para a Europa, onde poderia ser o eixo da recuperação dos tronos, de Portugal e outros, em idéia fantasiosa. Dom Pedro leu ainda, de Filangieri, *Ciência da Legislação*, que mereceu de Constant tradução e comentário. O Conselho nomeado para redigir a Constituição trabalhou com rapidez, pois já no dia 11 de dezembro a tarefa estava concluída, pronto o projeto.

De posse do documento, o governo adotou forma inteligente para disfarçar a outorga. Remeteu cópias às municipalidades, com o pedido de sugestões. Poucas atenderam; a matéria era complexa e as Câmaras, em sua quase totalidade, não tinham quem pudesse ler, estudar e sugerir algo. O expediente afrouxava o caráter autoritário da outorga. E o governo pôde apresentar à nação, no dia 25 de março de 1824, como se fosse uma Constituição, o que era uma Carta, outorgada, sem qualquer participação popular.

A outorga provocou violento protesto em Pernambuco, conhecido como Confederação do Equador. Sem o desejado êxito e de curta duração, misturou a rebeldia comum naquela província com a recusa de autoridades nomeadas e a crítica ao texto de 25 de março. Teve até um ideólogo, na figura de um padre incisivo no ataque — frei Caneca —, autor de interessantes escritos políticos, assinaláveis pela veemência e paixão. Ressurge, em 24 de julho de 1824, a contestação de 1817, com muitos padres e políticos, alguns dos quais haviam participado do movimento anterior — o mais significativo contra o domínio metropolitano, como se destacou antes. De todos, a Confederação foi o protesto que deixou maior número de manifestos, proclamações, nos quais é possível perceber vivo acento revolucionário, liberalismo radical, republicano e mesmo a palavra de separatismo.

O governo local armou a reação. A mais forte e decisiva veio do Rio de Janeiro, com uma esquadra e tropas para a luta em terra. Feriu-se o combate, envolvendo as províncias vizinhas: Paraíba, Rio Grande do Norte e Ceará. Foi custosa a subjugação dos rebeldes, mas já em dezembro de 1824 é jurada a Constituição, malsinada por frei Caneca e seus companheiros. Ele e mais sete foram fuzilados, além de condenações à prisão de muitos, não só em Pernambuco, mas na Paraíba e no Ceará, onde houve também cinco execuções. O movimento armado, por sua violência na expressão e na repressão, piorou mais ainda a imagem de dom Pedro I.

A chamada Constituição de 1824 é inteligente. Exprime a sua época, não no que havia de mais avançado, mas de moderação. Traduz a influência européia, não a norte-americana. Sua principal fonte é a Carta de 1814, outorgada por Luís XVIII. O radicalismo de 1789 fora contido, é a vez da Restauração na França. Apresenta uma originalidade no direito: a consideração de quatro poderes. Inspirado em Benjamin Constant, não se repete o esquema clássico dos três poderes, mas os três acrescidos de um, o Moderador. Constant falara mesmo em cinco. O Poder Moderador é exercído pelo imperador e visto como "a chave de toda a organização política".

De quem seria a iniciativa? Na proposta de Antônio Carlos, de 1823, não consta a idéia. Quem falou no assunto então foi Francisco Carneiro de Campos, que teria influído depois no irmão, principal redator, nesse sentido. Dom Pedro sabia, pela leitura de Constant, desse possível poder. No discurso de abertura da Assembléia de 1823, no entanto, fala em três poderes, não em quatro. A inclusão do Poder Moderador na Constituição terá sido de seu agrado. Ainda quanto ao texto: dá prerrogativas especiais à primeira figura, para harmonização dos outros poderes. Uma delas a de dissolver a Câmara, ante impasses. Transição entre liberalismo e absolutismo, atesta nos autores competência e imaginação. O sentido conservador sabe defender-se, é mais vivo que o liberal. É a conciliação do novo ideário com o antigo regime.

Arma-se o país para a defesa da ordem, dos interesses estabelecidos. Atendo-se à economia, eminentemente agrária, poder-se-ia deduzir que o grupo dominante fosse o do senhor de terras, latifundiários ou fazendeiros, com base no trabalho escravo. E é, a propriedade é algo intocável. O jogo político, contudo, não é feito pelo latifundiário, diretamente, mas por seus agentes. E esses podem ser funcionários, comerciantes, profissionais liberais. O senhor de terras garante voto e apoio a quem não lhe perturba os negócios. O texto não fala em escravos. Ora, é estranho dizer que é liberal e excluir um terço da população: é a consciência possível no princípio do Oitocentos.

A Constituição é unitária, centralizadora. Deixa pouco às províncias, seja como iniciativa, seja como renda. Os presidentes das províncias são nomeados pelo governo, não escolhidos pelo voto.

Consigna alguns privilégios: o Senado é vitalício e o senador eleito em lista tríplice, para a escolha imperial. Nem todos são elegíveis ou votantes: o sistema é indireto, a eleição em dois graus. Para votar e ser votado é preciso um mínimo de renda, sem a qual não se participa do processo. Mesmo sem a exclusão do analfabeto, a nação, na sua quase totalidade, está fora do jogo. Comparando-se a lei brasileira com outras, da época, tem-se relativo avanço. Proclama a liberdade, mas estabelece a religião católica como oficial. Contra os entraves do trabalho, declara-o livre, proibindo as corporações, como a Revolução Francesa o fizera. Livre, mas admite a escravidão, principal esteio do trabalho, substrato de natureza econômica e social. Exprime privilégios dos proprietários, que organizaram o Estado em função de quanto queriam. Não se procurem contrastes entre interesses rurais e urbanos, se a classe dominante é a mesma. Nem entre letrados e fazendeiros, se deles saíam e saem os estudantes para o exterior, ou, agora, para as escolas do país.

Falou-se muito que o Brasil foi parlamentarista no Império. Na verdade não foi. Não é estabelecido no texto de 1824 nem está em sua natureza. Houve certa prática de gabinete, não há dúvida, em arremedo do estilo britânico, sobretudo no Segundo Reinado, mas pela fluidez do quadro institucional. País com um mínimo de eleitores, processo de escolha viciado e até então sem partidos, não se pode falar em parlamentarismo. O imperador formava os ministérios a seu gosto, sem atenção à vontade popular. Esta não tinha por onde exprimir-se. Consciente do caráter frágil do processo eleitoral, agia de acordo com sua opinião, revezando as facções no poder. Ele não só reinava, mas governava de fato. O único elemento objetivo a favor da tese parlamentarista é a criação do posto de presidente do Conselho de Ministros, em 1847. Seria o caso de falar em um parlamentarismo atípico, especial, ou, com mais rigor, em um simples arremedo do sistema realizado em plenitude na Inglaterra.

Se foi expressão da época, não se acuse o texto de 1824 de retrógrado, se estabelecia o considerado certo. Nele, como nas leis do Império, consignaram-se as idéias possíveis em uma sociedade pouco aberta, hierarquizada, com o sentido conservador da maioria dos políticos. Aos poucos, em uma reforma constitucional de 1834 — a única —, nos códigos e em algumas leis ordinárias, certas conquistas foram feitas. A Constituição teve longa vigência de 67 anos. Como se viu, foi em grande parte repetida na Carta Constitucional que dom Pedro IV, em nome da Coroa portuguesa, outorgou àquela nação — sua pátria — em 1826. Repetição, embora o conteúdo fosse menos liberal que o brasileiro. Avançava-se lentamente, o país não estava maduro para mais.

Código criminal

A Constituição era um passo importante para regular a sociedade, mas não suficiente, pois vários aspectos lhe escapavam. Já a Assembléia Constituinte de 1823, que além da tarefa para a qual fora convocada, legislou sobre assuntos gerais, estabeleceu em lei continuarem a vigorar no Brasil as leis da antiga Metrópole, enquanto a nação não tivesse as suas próprias. Em matéria de direito penal, por exemplo, continuava em vigor o famigerado Livro V das Ordenações Filipinas, tratando das penas e do processo criminal em seus 143 títulos. Ora, de 1603, data daquelas Ordenações, ao século XIX, a sociedade mudara substancialmente, não só na economia e na política, como, sobretudo, na mentalidade, sob o impacto do racionalismo ao longo desses anos. Em matéria criminal, por exemplo, em 1764 Cesare Beccaria publicou *Dos delitos e das penas*, superando as confusões geradas por ver crime e pecado como iguais, a pena como vingança. As idéias vitoriosas na Revolução Francesa exigiam normas fundadas na razão, não na fé religiosa.

A Constituição de 1824, no artigo 179, número 18, já preconizava: "Organizar-se-á quanto antes um Código Civil e Criminal, fundado nas sólidas bases da justiça e da eqüidade". Se o Civil custou, o Criminal foi logo feito. De fato, já em 4 de maio de 1827 — segundo ano do Legislativo —, o deputado Bernardo Pereira de Vasconcelos apresentou projeto de Código Criminal, seguido, poucos dias depois, por outro, do deputado português José Clemente Pereira. A comissão designada para apreciar a matéria preferiu fosse posto em discussão o de Vasconcelos, aproveitando-se o melhor contido nos dois textos, apresentando novo projeto, bem mais próximo do deputado mineiro que do português. Já em outubro de 1830 a Câmara o aprovava, seguida pelo Senado. O imperador sancionou-o em 16 de dezembro — prazo rápido para objeto de tal complexidade e relevância.

O Código Criminal era longo, de 313 artigos. Vários países europeus e americanos ainda não haviam feito o seu. Se o texto de 1824 podia ser visto como liberal — com as limitações da época —, mais notável é o avanço do liberalismo no texto de 1830. Se não era perfeito, era digno de admiração e foi mantido, com pequenas alterações, durante sessenta anos — até 1890. Tinha em conta a utilidade pública, não via a pena como vingança ou castigo. Inspirava-se muito em Bentham. Admitia a pena de morte, mas sem mutilações ou rigores na execução. Na verdade, quase não foi aplicada, substituída por prisão. A pena de galés ou açoites também é pouco usada, restrita aos escravos. Comparado ao Livro V do Código Filipino, o Criminal de 1830 é avanço considerável, embora passível ainda de reparos, por conservar traços do direito tradicional, agravados no Brasil por ser uma sociedade muito hierarquizada e discriminadora. Adotava princípios de liberdade e igualdade mais na teoria que na prática, como se comprova com a sobrevivência do escravismo até quase o fim do século e com os reais privilégios sempre havidos na aplicação da lei.

4
SEGUNDO REINADO, PRIMEIRA FASE: REGÊNCIA

AMADURECIMENTO DO SENTIDO NACIONAL

A renúncia de dom Pedro pode ser vista como a consolidação da Independência. Como afirmou Joaquim Nabuco, "a revolução de 7 de abril foi um desquite amigável entre o imperador e a nação, entendendo-se por nação a minoria política que a representa". E mais adiante: "Em certo sentido o 7 de abril é uma repetição, uma consolidação do 7 de setembro". O Brasil fica emancipado de Portugal, corta os laços antigos. O imperador era português: dos 36 anos de sua existência, passou doze lá e 24 aqui. Apesar de tudo, nunca deixou de ser um adotivo.[16]

Como o pai trouxera a máquina estatal inteiramente montada, o príncipe herda-a, com mínima alteração. A data de 1822 não significou ruptura com o passado: havia um Estado em funcionamento, ele continua. Em livro de caráter lusófobo, publicado sem eco em 1865, quase anonimamente, apontava-se no período de dom João a origem da pobreza nacional. O autor fustigava o liberalismo econômico, certa importação de idéias nocivas à nacionalidade: um protecionista, tocando em notas depois muito repetidas. A crítica reapareceria em Azevedo Amaral: "Em 1808 começamos a descida aos infernos, onde até hoje nos encontramos".[17] É uma visão negativa dos anos de transição de 1808 a 1821, em geral vistos favoravelmente pela historiografia.

Não houve aqui a ruptura verificada nas colônias inglesas da América do Norte ou das espanholas da América Latina. Se as inglesas conheciam certa ordem a ser mantida, têm de renunciar às suas prerrogativas — eram pequenas colônias, pequenos Estados: para sobreviver têm de criar uma confederação, na qual abjuram muitos de seus privilégios, para formar uma nação forte. Na América Latina havia vários governos, ligados à Metrópole, pois as colônias não se comunicavam. Os levantes começam em 1809. No ano seguinte explodem os protestos, já com palavras de ordem e governos formados com os nativos. O movimento desenvolve-se entre 1810 e 1825, em linhas gerais. De 1810 a 1814 é frouxa a presença espanhola, quase nula a administração, entregue a milícias e juntas *criollas*. Quando Fernando VII se afirma como rei tem problemas internos a resolver, pouco pode tentar na recolonização. E aos poucos se verificam as independências, da Argentina ao México. Alguns se proclamam livres mais de uma vez. Não houve um plano, mas ações isoladas, contínuas, vitoriosas ou malogradas. Daí ser difícil fixar o processo ou mesmo as datas. Não havia sentimento nacional, mas localismos.

É diverso o caso brasileiro, por causa da unidade mantida na enorme colônia. Não se verificou a fragmentação em várias partes devido às diferenças das colonizações espanholas e portuguesa, como se assinalou mais de uma vez. Se se preservou a unidade, decerto não havia sentimento nacional, mas o apego às várias regiões. Das lutas do Primeiro Reinado e da Regência vai surgir o sentimento nacional, nítido só depois de 1840. A máquina político-administrativa estava pronta e é posta a funcionar. A nação herdara um arcabouço nem sempre eficiente. Havia muito de rançoso e obsoleto no Estado português, feito para atender a uma nobreza parasitária e sem papel positivo, com repartições inúteis, enquanto faltavam serviços indispensáveis. Velha máquina, ineficiente e emperrada, instala-se no Rio de Janeiro e vai continuar freando o desenvolvimento nacional, como freara e pervertera o metropolitano.

Se dom Pedro I teve *élan* criativo nos primeiros anos, aos poucos este lhe faltou. Pelo estilo autoritário foi logo indispondo-se com os nativos, como se viu com a dissolução da Constituinte, que, além do desencanto geral, provocou movimento armado em Pernambuco — a Confederação do Equador, de 1824. A herança do trono português, em 1826, ainda mais ajudou no enfraquecimento de sua imagem: hesitou, tendeu a restaurar o Reino Unido, só não o fazendo por total inviabilidade. Mesmo no plano interno cerca-se demasiado de portugueses, para indignação dos brasileiros, denunciada a ligação no Parlamento e na imprensa. A abdicação era fatal, o 7 de abril viria.

Começa a Regência, nova fase na vida nacional, a mais agitada e fascinante, quando se assistem a choques de todo tipo. Através deles, arma-se a estrutura da nação. Da luta entre os grupos ou facções surgem os partidos; das explosões populares, que chegam a assustar com o separatismo de algumas partes, sairá a verdadeira unidade, livre de perigos ou riscos. A ideologia política vai ganhar contornos nítidos, com a definição de liberais e conservadores. No entender de Joaquim Nabuco, "de 1831 a 1840 a República foi experimentada em nosso país. [...] A Regência foi a República de fato, a República provisória ".[18] Através dos choques do período as províncias vão aos poucos adquirindo o sentido da nacionalidade, na superação dos regionalismos que as marcavam.

GOVERNOS REGENCIAIS

A abdicação de dom Pedro cria problemas para o governo: o sucessor é o filho, imediatamente aclamado imperador como dom Pedro II, com a idade de cinco anos e quatro meses. Ora, de acordo com a Constituição, ele só pode assumir o posto com dezoito anos de idade. Impõe-se pois a Regência. Pela Constituição, devia ser regente alguém da casa imperial, e nesta não havia ninguém com 25 anos de idade — suas irmãs eram ainda menores. O 7 de abril representa momento de euforia; a cidade do Rio de Janeiro, termômetro político, vê na renúncia a vitória liberal, golpe no absolutismo, fim do domínio português. Lá se verificavam sucessivos levantes populares, com protestos públicos contra o imperador, seus ministros, contra os detentores do melhor comércio, na quase totalidade portugueses — e esses protestos continuam depois do 7 de abril. A cidade é agitada, inquieta, contestadora. Havia também os levantes de militares por causa da falta de pagamento dos soldos.

Impunha-se pois organizar de imediato a nação, para não haver um vácuo no poder. A Câmara dos Deputados e o Senado em férias, era difícil a reunião para eleger a Regência Trina — seria, de acordo com a Constituição, de três membros, presididos pelo mais velho. Os senadores e deputados presentes na capital reuniram-se no mesmo dia 7 para essa eleição, em caráter provisório. É constituída por dois senadores — José Joaquim Carneiro de Campos, o marquês de Caravelas (fora o principal redator da Constituição) e Nicolau Pereira de Campos Vergueiro (português bem adaptado às condições da vida brasileira e já com participação política) — e um militar, o brigadeiro Francisco de Lima e Silva. Para impor a ordem na cidade e atender o pedido mais imediato, que era a reposição do ministério de 19 de março a 5 de abril, este foi chamado ao poder. Os mercenários são dispensados, pede-se a disciplina nos quartéis. Na verdade o clima de insatisfação e protestos continua na capital e nas províncias.

A luta é feita através das facções — não há ainda partidos organizados: os exaltados, pregadores de um liberalismo radical (conhecidos por farroupilhas e jurujubas); os moderados, que ascendem às chefias (conhecidos por chimangos); e os restauradores, desejosos da volta de dom Pedro (conhecidos por caramurus). Era difícil conciliar essas correntes; os exaltados negavam o passado, tinham desconfiança da Câmara e recusavam o Senado, visto como obscurantista; os restauradores eram ainda mais estranhos, pois dom Pedro renunciara voluntariamente e já estava em viagem para a Europa. Ser moderado era difícil, mas a única maneira de conservar o país em suas instituições e com a unidade garantida. Cada facção tinha o seu clube ou associação, a principal das quais era a Sociedade Defensora da Liberdade e Independência Nacional, dos moderados; os exaltados tinham a Sociedade Federal e os restauradores a Sociedade Militar. Os liberais fizeram o 7 de abril, para logo depois se dividirem em exaltados e moderados. Como escreveu Joaquim Nabuco, "a fatalidade das revoluções é que sem os exaltados não é possível fazê-las e com eles é impossível governar".[19]

Iniciada a sessão legislativa de 1831, é eleita a Regência Trina Permanente: conserva o brigadeiro Francisco de Lima e Silva e escolhe os deputados João Bráulio Muniz e José da Costa Carvalho. Esta faz outro gabinete. Para o Ministério da Justiça nomeia Diogo Antônio Feijó, que reprimiu com vigor possível as contestações. A nova ordem já tem os seus nomes, a marcarem novos rumos. A Assembléia Geral — Câmara e Senado — fixara normas para o exercício do governo: ele não exerceria em plenitude o Poder Moderador. Feijó, se era liberal (mais ainda, abolicionista), na prática foi enérgico e reprimiu os protestos. Tramou-se golpe de Estado para afastamento de José Bonifácio do posto de tutor, com aprovação da Câmara e de Feijó. A Câmara se declararia Assembléia Nacional, impondo outra Constituição. O golpe falhou, Feijó se afasta. Os tumultos continuavam, ora de exaltados, ora de restauradores. Daí, em dezembro de 1833, a destituição de José Bonifácio da função de tutor, há muito pretendida pelos moderados. O marquês de Itanhaém deve substituí-lo.

Para garantir a ordem, ante a suspeita da força militar existente, responsável por muita agitação, é criada a Guarda Nacional, ou milícia cidadã, com expressão em todo o país, cumprindo certo papel em seus primeiros anos, até tornar-se um corpo sem importância com o tempo, acusada de servir aos interesses dos grandes latifundiários, que a integravam e a constituíam com os seus, colocando-a na defesa dos próprios interesses.

Entre os atos notáveis do período está a votação do Código do Processo Criminal e a do Ato Adicional, única reforma feita à Constituição. Este atende em parte a antiga aspiração liberal, com a descentralização política e administrativa. Com ele, atingem os exaltados a sua maior reivindicação. Os levantes, contudo, prosseguem em todo o país. O Ato Adicional substitui a Regência Trina pela Regência Una — havia a dificuldade em harmonizar as vontades de três. Em decorrência, é feita eleição para o cargo de regente. Disputado pelo paulista Diogo Antônio Feijó e pelo pernambucano Holanda Cavalcanti, Feijó é eleito, por vantagem pequena, uma vez que se manifesta aí a disputa entre o Sudeste e o Nordeste, de caráter econômico, pela decadência nordestina.

Não foi fácil seu governo, pois o regente era personalidade forte, com algo a lembrar dom Pedro I. De simples tumultos no Rio de Janeiro e outras cidades, passa-se a rebeliões mais sérias em várias partes do país, das quais, pela sua importância, se falará adiante. Feijó governou de 12 de outubro de 1835 a 18 de dezembro de 1837. Não se harmonizando com o Legislativo e impotente ante as revoltas, prefere renunciar. Para compor a situação, nomeia ministro do Império o senador pernambucano Pedro de Araújo Lima, seu adversário político, entranhado conservador. Com a renúncia, este passa a regente, até nova eleição. Esta é em abril do ano seguinte e Pedro de Araújo Lima é eleito, com larga vantagem sobre o outro concorrente — o mesmo Holanda Cavalcanti, que disputara antes e perdera. Explica-se a enorme vantagem de votos do escolhido agora, pois os dois são pernambucanos; a disputa entre o Nordeste açucareiro e o Sudeste, já cafeeiro, não existe na segunda eleição. As duas atestam a mínima participação no processo: na de Feijó votam 5075 homens (somados os votos dos dois candidatos), na de Araújo Lima 6289, em um país contando pouco menos de 5 milhões de habitantes, ou seja, 0,12578% na segunda eleição, de 1214 eleitores a mais, prova de mínimo exercício da cidadania.

Araújo Lima é de outro feitio: conservador, evita os atritos e consegue sobrepor-se às contestações. Fará longa carreira no Segundo Reinado, exatamente por essa característica, ministro e chefe de gabinete várias vezes. Era o oposto de Feijó, homem de luta, não de acordos. Os choques parlamentares e os mais sérios, com explosão em várias províncias, continuam. Se alguns são contidos, outros têm cunho radical e custam a ser debelados. Araújo Lima estabelece aos poucos o domínio conservador. Contra a situação, os liberais — é quando se definem os partidos, como se verá adiante — armam o golpe parlamentar da Maioridade, ou seja, fazem dom Pedro assumir o governo, embora menor. É um golpe, pois a Constituição exigia tivesse dezoito anos, enquanto tem menos de quinze.

Já desde 1835 se cogitava do assunto, com projetos de antecipação da data de 1843, quando dom Pedro II atingiria a idade exigida. Em 1840 é criado o Clube da Maioridade, atraindo os radicais. Chegou-se a pensar na reforma da Constituição para diminuir a idade exigida — o processo seria demorado. Ante nova proposta de maioridade, agora por Antônio Carlos, o líder da idéia, o próprio governo pensou em apresentar projeto para dom Pedro II ser declarado maior no dia 2 de dezembro de 1840, quando completaria quinze anos. Os liberais pensam então no golpe: deputados vão ao Senado pedir apoio para uma visita de comissão das duas casas a dom Pedro, pedindo-lhe concordar com a idéia de assumir logo o poder. Ele ouve pessoas de sua confiança e resolve aceitar. No dia 23 de julho de 1840 cumpre o compromisso constitucional e começa a governar. Nessa data tinha catorze anos, sete meses e 21 dias de idade. Como se vê, repete-se aqui o havido em Portugal, quando dona Maria da Glória, irmã de dom Pedro II, ocupante do trono por designação de dom Pedro IV, seu pai, tem o poder usurpado pelo tio dom Miguel, gerando guerra civil, de 1832 a 1834; a causa vitoriosa, ela assume como rainha, em 1834 — é dona Maria II —, também menor, com quinze anos. A maioridade fora imposta, como se dará alguns anos depois com o irmão no Brasil.

Terminara a Regência, fase tumultuada, mas fecunda, de muitas crises, algumas altamente criativas. Durara nove anos e pouco mais de três meses. Nesse período houve treze gabinetes. Apesar do caráter antiportuguês da fase, sobretudo em seu início, houve ministros portugueses em vários gabinetes. De seus aspectos essenciais — a ordem jurídica, a definição do quadro político com os partidos, as rebeliões sacudindo o país, com intensa participação popular, que configuram o quadro político e fazem seja visto como um dos mais ricos — senão o mais — da trajetória política, trata-se nos três itens seguintes.

ORDEM JURÍDICA

Se o país dispunha de Constituição e Código Criminal, a primeira foi objeto de críticas desde o primeiro instante, por seu caráter unitário, eminentemente centralizador. Se a outorga lhe tirava o sentido democrático, de documento não votado pelo povo, a centralização confirmava o cunho autoritário, tudo concedendo ao governo central e nada às províncias. Falou-se desde o princípio até em federalismo. A facção dos exaltados em 1831 tinha a sua Sociedade Federal. Com o fim do Primeiro Reinado houve a maré liberal. A medida mais pregada por essa onda foi a de rever o sistema, tirando o poder excessivo do centro em favor de certo poder à periferia, do governo central às províncias, com autoridades eleitas — os presidentes eram nomeados pelo Rio de Janeiro —, com melhor distribuição de rendas entre o governo imperial, os provinciais e os municipais, fim do Conselho de Estado e da vitaliciedade do Senado, vistos como instrumentos do Poder Moderador. Com a pregação dessas idéias, em clima de exaltado louvor da liberdade, animam-se os grupos e há uma revisão da ordem jurídica em dois documentos votados logo no começo da Regência: o Código do Processo Criminal e o Ato Adicional.

Código do Processo Criminal, 1832

É um complemento indispensável do Código Criminal de 1830. Este era liberal; o do Processo, lei adjetiva, é revolucionário. A crença na vontade popular e em seu poder explica as medidas adotadas de fortalecimento do município e de prestígio dos chefes locais, com a reforma do sistema de justiça que confere poderes extraordinários aos juízes de paz. O voto popular escolhe esses juízes. Com a nova lei desaparece muito do subsistente das Ordenações do Reino, já atingidas pela Constituição e pelo Código Criminal. Colocando-se entre os países adiantados, o documento reconhece o direito ao *habeas-corpus* e à justiça feita pelo povo através do júri. Tem-se a atribuição ao povo de prerrogativas antes inimagináveis, como a justiça eleita e instituições só adotadas por países bem estruturados, que suprimiram os restos do mundo antigo ou feudal, na consagração dos valores do Iluminismo. Eram considerados padrões nesse caso a Inglaterra e os Estados Unidos.

O Código do Processo começou a ser feito ainda no Primeiro Reinado, quando o ministro da Justiça Lúcio Soares Teixeira de Gouveia apresentou seu projeto à Câmara em 20 de maio de 1829, no fecundo ministério autor, entre outras coisas no campo jurídico, da lei de 18 de setembro de 1828, organizadora do Supremo Tribunal de Justiça; outra lei extingue, poucos dias depois, os Tribunais das Mesas do Desembargo do Paço e de Consciência e Ordens, sobrevivências coloniais. Lei de 1º de outubro de 1828 dá nova forma às Câmaras Municipais.

Apresentado o projeto, no mesmo dia a Câmara designa comissão para dar parecer, feito em menos de um mês. O ano de 1829 e o seguinte decorrem sem nada de importante no andamento, fato compreensível pela agitação política do fim do reinado de Pedro I, que não permite estudo e debate de matéria de tal magnitude. Só depois da abdicação, em julho de 1831, Manuel Alves Branco, como relator, dá seu parecer. Em setembro há encaminhamento ao Senado. É já a Regência e a lei é sancionada em 29 de novembro de 1832.

O Código era dividido em duas partes. Na primeira, sobre a organização judiciária, há a divisão das províncias em comarcas, termos e distritos de paz. O distrito supõe um grupo de pelo menos 75 casas. O juiz de paz conta com um escrivão e inspetores de quarteirão, conforme o tamanho do distrito. No termo há um juiz municipal, um promotor público, um conselho de jurados. Na comarca há o juiz de direito. Desaparecem os cargos de ouvidores, juízes ordinários, juízes de fora, da organização portuguesa. Por sua vez, os tribunais eclesiásticos ficam restritos a assuntos religiosos. O juiz de paz é novidade, dando nota de presença popular: tem jurisdição sobre pequeno território, trata só de certas questões e é eleito, de modo a ser uma projeção da vontade popular para o trato de seus problemas imediatos, que melhor ainda aparecem na figura do inspetor de quarteirão. Eles vigiam uma área, sabem quem vai e quem vem e exigem dos suspeitos — vadios, mendigos, bêbados, marginais — a assinatura do "termo de bem viver". Os juízes municipais seriam escolhidos pelos presidentes da província, em lista tríplice oferecida pelas Câmaras. Também assim seriam escolhidos os promotores. Os juízes de direito eram de nomeação imperial. Os jurados seriam escolhidos entre possíveis eleitores, reconhecidos pela comunidade como probos e sensatos. As listas de jurados eram feitas por um juiz de paz, um pároco, o presidente da Câmara Municipal.

Se a primeira parte do Código trata da organização judiciária, a segunda trata da forma do processo. O principal aí é o *habeas-corpus*. O importante é a superação do arcaísmo das Ordenações, autoritárias em tudo, para uma justiça racional e aplicada na maior parte por autoridades eleitas. Como teoria, é de admirável liberalismo. A prática, porém, levou a sérios desvirtuamentos, pois as eleições são controladas por chefes locais, em geral proprietários de terras, que impõem suas vontades, fazem e desfazem autoridades. Em país de dimensões continentais, fica difícil a fiscalização e os maiores arbítrios se cometem. Assinale-se sua novidade, a ser festejada como vitória sobre o autoritarismo tradicional.

Ato Adicional

A queixa mais constante provocada pela Constituição de 1824 era o sentido unitário, centralização excessiva. Pedia-se menos rigor, com certas concessões às províncias. A maré liberal não podia deixar a oportunidade e tentar a reforma do texto. Só assim se afrouxaria o unitarismo imposto. Os radicais queriam mesmo um federalismo à maneira norte-americana. A reforma constitucional exigiu processo moroso: a Câmara e o Senado deveriam fixar os pontos a serem tocados; chegou-se a acordo e uma lei de 1832 enumerou os artigos passíveis de mudança, para que a legislatura seguinte, a começar em 1834, ficasse autorizada. A votação foi pela Câmara — o Senado estava fora, pois só a Câmara recebera autorização para o trabalho. O Senado hesitou muito, mas, com sua natural prudência, aceitou o que a outra casa fizera, embora não concordasse.

Da votação resultou um texto de 25 artigos, aprovado em 12 de agosto de 1834, chamado Ato Adicional (reminiscência do Ato Adicional à Constituição francesa de 1814, a da Restauração, ato redigido por Benjamin Constant). Documento liberal, fez concessões importantes, mas cauteloso, não atendendo a todas as reivindicações. Por ele, são criadas as Assembléias Legislativas Provinciais, passo descentralizador, em substituição aos Conselhos Gerais referidos na Constituição. Para que o objetivo fosse atingido com eficácia era preciso conceder mais prerrogativas às Assembléias: de fato, as mais importantes continuam com o poder central, vetadas ao novo organismo. A reforma não especificou com rigor competências, embora o devesse, pois a Constituição era lacônica: o título III, sobre administração e economia das províncias, tem três capítulos curtos, de poucos artigos, de modo a deixar tudo pouco claro, seja em matéria de atribuições, seja em matéria financeira. Se o Código do Processo foi a vitória do município, a nova lei é a das províncias. São vitórias frágeis, pois essas leis vão ser responsabilizadas pelas dificuldades do país e logo reformadas, em sentido contrário ao essencial das aparentes conquistas.

O Ato criou um Legislativo regional, mas não estabeleceu a eleição dos presidentes das províncias; estes continuam a ser nomeados para fazer a política do ministério no poder. Suprimiu o Conselho de Estado, mas manteve a vitaliciedade dos senadores. Quanto à Regência, substituiu a de três por um só. Em síntese, uma lei ambígua, cuja imprecisão a tornou inexeqüível. Em vez de resolver as dúvidas existentes, criou outras, de modo a tornar a administração um emaranhado de dificuldades. Não é ousadia reconhecer nessa forma um propósito de alguns de seus principais elaboradores; as suspeitas e até o medo, em choque com as reivindicações perigosas dos exaltados, explicam a inconsistência técnica do documento. Bernardo Pereira de Vasconcelos exprimiu bem essa realidade ao dizer que era preciso "parar o carro revolucionário" ou ao chamar o texto de "código da anarquia". Ele, antes liberal intransigente, agora teme o andamento do processo e tudo faz para detê-lo. De liberal que era, é um conservador, e, como contribuíra para fazer o Partido Liberal, agora contribui para criar o Partido Conservador, do qual será um dos expoentes.

No próprio texto estava a saída para o futuro; seu último artigo (número 25) diz: "No caso de dúvida sobre a inteligência de algum artigo desta reforma, ao Poder Legislativo Geral compete interpretá-lo". Assim o Ato — a única reforma expressa da Constituição — resolve a difícil situação política do momento, para satisfazer aos liberais e ao mesmo tempo prepara o caminho para o conservadorismo, nota mais constante na vida brasileira.

Reforma das duas leis

O Código do Processo e o Ato Adicional representam o ponto mais alto da onda liberal, na verdade terminada com eles. Como o país se vê perturbado por tumultos, agravados no ano seguinte com rebeliões perigosas em províncias, pondo em risco até a unidade, a consciência conservadora se acende. A falta do imperador no comando da vida pública torna o ambiente mais carregado. Em 1835 é eleito regente Diogo Antônio Feijó. Era uma espécie de presidente da República, avivando mais ainda a chamada experiência republicana da década de 1830. Enérgico e pouco conciliador, não vai durar o seu governo, renunciando antes de completar o mandato de quatro anos, como se viu no item anterior, entregando-o aos conservadores. Feijó temia a desordem ou anarquia, mas sustentava suas idéias liberais, ao contrário de muitos companheiros que se tornaram antiliberais, entranhadamente conservadores.

A interpretação do Ato Adicional, em sentido desvirtuador, não se fez esperar. Já se cumpre o previsto no artigo final da lei, ou seja, a sua interpretação. A prudência e os interesses levam à lei 105, de 12 de maio de 1840, interpretação de alguns dos artigos. Vai-se além da interpretação, pois o novo texto, na simplicidade de seus poucos artigos, à primeira vista enigmáticos, é verdadeira reforma, pois reduz a nada algumas de suas conquistas básicas. Perdia-se aí muito da essência da reforma liberal. Tratava-se de interpretar a lei, a interpretação de alguns poucos artigos girando mais em torno de palavras, como "geral" ou "polícia". O Ato fora feito na maré liberal, sua interpretação se faz na maré conservadora. Sempre com sentido centralista, reforçando mais ainda o caráter unitário e centralizador não só do Ato mas até da Constituição, da qual é complemento.

Volta-se à centralização plena, de fato abalada com o Ato Adicional. As "franquezas provinciais", novas e nem sequer experimentadas, sofriam golpe. Para os cautelosos, as concessões eram responsáveis pelas rebeliões verificadas em vários pontos. Feito em 1834, já no ano seguinte o Senado tentou a sua reforma. O projeto vitorioso foi apresentado à Câmara em julho de 1837. Logo aprovado, passa-se a discutir a redação, mais lenta que a do conteúdo. A discussão será viva no Senado, com o começo em julho de 1839. Para abreviar, convoca-se a Assembléia Geral, com o debate de deputados e senadores. Este se acelerou em 1840, chegando-se à famosa lei de reforma do Ato Adicional: 12 de maio de 1840, véspera da maioridade. Os ânimos estavam mais empenhados em dar o poder a dom Pedro II que em uma lei.

Cabe agora apressar a reforma do Código do Processo de 1832. Já vinha de longe a idéia. Ela ganha corpo em 1838, quando Bernardo Pereira de Vasconcelos expõe à Câmara a necessidade de retirar do Poder Judiciário as funções de polícia que o Código lhe atribuía, bem como a reforma da legislação criminal e das funções do júri. Com tais providências, anulava-se a lei no mais característico e básico. Vasconcelos, desde setembro de 1838 senador, toma a decisão da reforma, a seu ver indispensável para fortalecer a autoridade, desvirtuada pelos excessos. A força conservadora dita a pretendida reforma, feita na lei 261, de 3 de dezembro de 1841. Se no Código a grande figura é o juiz de paz, agora é o chefe de polícia.

Arma-se uma estrutura sólida, máquina de repressão que vai da autoridade local ao ministro da Justiça. Não é uma reforma, é muito mais, pois é a inversão de sentido: se no Código a autoridade da Justiça tem poder policial, agora a autoridade policial chega a ter poder na justiça. Para quem o reformou, essa era a única possibilidade de sobrevivência do país, enquanto para os autores do Código era a manifestação completa do despotismo.

As duas reformas destroem a obra do liberalismo e reforçam em toda a linha o centralismo da Constituição. Elas constituem a base e a razão da relativa paz do reinado de Pedro II. A reforma já é feita com ele no poder, ao qual o eleva o golpe da maioridade. Dois outros documentos completam o quadro, votados entre as duas reformas — a de 1840 e a de 1841: o decreto 207, de 19 de setembro de 1840, fixa a nomeação dos vice-presidentes das províncias também pelo governo central, sem indicação das Assembléias, e a lei 234, de 23 de novembro de 1841, "criando um Conselho d'Estado". Na verdade o restabelece, pois a Constituição o criara e o Ato Adicional o extinguira. Esse Conselho sempre foi visto como o responsável pelos atos de dom Pedro I, antes, como o será de novo agora, um instrumento pessoal do imperador. Em síntese, todo o trabalho liberal traduzido no Código e no Ato Adicional é revogado em 1840 e 1841. Estará aí a base da segurança do Segundo Reinado em sua segunda fase: a primeira foi a Regência, a segunda é o imperador no comando pessoal da vida pública.

DEFINIÇÃO DE RUMOS

A década de 1830 decide os rumos nacionais do século XIX. Com a abdicação, impõe-se o liberalismo, que em parte a provocara. Não se pense, contudo, na teoria liberal, na verdade nunca plenamente realizada. O liberal era contra o autoritarismo, queria eleições freqüentes, livre expressão. Admitia, contudo, o sistema escravista de trabalho, em flagrante incoerência. Esta não era exclusividade nossa: existia também nos Estados Unidos. A possibilidade de renovar, propiciada pela renúncia, permite algumas novidades na convencionada maré liberal, traduzida no Código do Processo e no Ato Adicional.

Havia graves problemas no país, que provocam tumultos nas cidades e rebeliões em algumas províncias, provando algo além do simples desejo de escolher os chefes ou representantes: provando as contradições de uma sociedade ainda nova e sem consciência bem determinada de seu papel. Na qual há senhores e escravos, mas também há um esboço de classe média, com funcionários, comerciantes, artesãos, trabalhadores livres e grande número de marginais, alijados de qualquer processo produtivo e sem papel social. Ante essas explosões do povo, às vezes desarticuladas, mas violentas, o grupo dominante se apavora e teme a anarquia. Os mais cautelosos alinham-se entre os moderados, defendem a Monarquia constitucional, temerosos de qualquer aventura. Eles fazem uma lei como o Ato Adicional, cheia de ambigüidades. Bernardo Pereira de Vasconcelos é o mais representativo, na denúncia da revolução, cujo caminho é preciso deter. Alguns dos liberais de 1831, de exaltados ou moderados, passam a conservadores intransigentes. E fazem as reformas das leis avançadas, como se viu.

Pode-se datar da eleição de Feijó, em 1835, o amadurecimento do conservadorismo, como reação aos avanços realizados, conduzindo à filosofia então chamada de regressista. Contra o Progresso, tão pregado no Oitocentos, querem o Regresso. E o regressismo ganha cada dia mais corpo e chega ao poder com a renúncia de Feijó ao posto de regente. Feijó passa-o exatamente a um conservador: liberal, nomeia ministro da Justiça a Pedro de Araújo Lima, na Regência até nova eleição. Na qual é candidato e vence. Os regressistas fazem a virada do fim da década, batendo o liberalismo.

Há, pois, uma definição de rumos. Passa-se das simples facções políticas que se entrechocam aos partidos. Os restauradores perdem a razão de ser, com a morte de dom Pedro I em 1834. A designação de partido para esses grupos atuantes, nas câmaras ou fora, tem algo forçado, pois nenhum deles em certo momento da década de 1830 se define como tal: dizem-se liberais ou conservadores, apenas. Nem podia ser de outro modo, se na Inglaterra, mesmo depois da Revolução Gloriosa, quando se afirma o Parlamento, há correntes com um ou outro pensamento, não propriamente partidos. Só no século XIX, sobretudo depois do Reform Bill de 1832, há definição clara. Antes, *whigs* e *tories* eram mais correntes de opinião. Nos Estados Unidos, ainda no século XVIII, em torno da centralização e descentralização, fala-se em republicanos e federalistas (origem dos partidos Democrático e Republicano), com existência tímida. Enfim, o partido político é prática oitocentista, antes uma idéia da qual só a Inglaterra e os Estados Unidos se aproximam. Querer encontrá-lo no Brasil no princípio da Monarquia é exagero. Não se pensa neles então, se nem mesmo as leis eleitorais os referem.

Com esse sentido do relativo, o primeiro a surgir é o Liberal, no começo da década, quando se reivindicam questões de liberdade, de cidadania. As explosões revolucionárias alertam os temerosos da perda de posição e eles se organizam na defesa de seus interesses. E surge o Partido Conservador, a ser datado talvez de 1837, com a renúncia de Feijó. As duas entidades começam a adquirir expressão na década seguinte e moldam a política nacional. A procura de um programa para esses partidos, de ideologia definida, é tarefa inútil. Pode-se apenas esboçar um quadro com as divergências entre um e outro. Os nomes recordam as duas grandes correntes da vida da Inglaterra, com liberais e conservadores, ou *whigs* e *tories*. Em nação bem estruturada e de objetivos claros, eles existem realmente com diferenças assinaláveis, não aqui.

Muito do visto como partido não passa de ajuntamento de pessoas ligadas mais por simpatia, motivos episódicos, que por propostas nítidas de caráter social e político. Assim tinha de ser, se poucos participam da vida pública com a consciência de seu papel. Os tais partidos nem sequer fazem programas. Estes só aparecem mais tarde, já sob dom Pedro II, no desenrolar de seu governo. Formam-se então cisões, alas, com a passagem de uma para outra, sem qualquer problema. No poder, os dois se igualam. Com a maioridade, revezam-se, convocados pelo imperador, em revezamento contínuo. Há pausas na disputa, como a chamada Conciliação de 1853, sob a égide dos conservadores, como na década de 1860 há a Liga Progressista sob a égide dos liberais. Ante a questão fundamental da época — o sistema escravista — não há posição nítida: há escravistas em um e outro, como há abolicionistas em um e outro. As chamadas "leis reacionárias" são mantidas, seja sob a direção de ministérios liberais ou conservadores. O assunto ficará mais claro quando se acompanhar a política de 1840 em diante. Voltar-se-á então a eles, mais adiante.

REBELIÕES POPULARES

Falou-se várias vezes nos tumultos nas cidades. Mais expressivas são contestações armadas em várias províncias, contra autoridades nomeadas pelo governo central e não aceitas, contra monopólios de comércio pelos portugueses, reivindicações de propriedade de terra. Houve também movimentos messiânicos, de caráter religioso tosco, com repetições até do sebastianismo. As várias camadas da população buscam um lugar, reivindicam, contestam, como não se fizera ainda com tal intensidade. Esses movimentos, sobretudo, exprimem o vigor do período. São muitos e de diferente natureza. Deles participam gente da cidade e gente do campo, senhores, comerciantes, padres, funcionários públicos, profissionais liberais, escravos ou ex-escravos, brancos, negros, índios, mestiços. Em alguns — como no Pará e no Maranhão — há explosões no que o povo tem de mais humilde, com manifestações de violência e até extrema rudeza. Em seu estudo se comprazeria um grande estudioso de episódios do gênero — o historiador inglês Eric J. Hobsbawm, aí encontrando exemplos e ilustrações de sua preocupação com os rebeldes primitivos.

As lutas até armadas dos primeiros anos perdem em significado e vigor ante essas que se verificam a contar de 1835. Se houve motins ou levantes no Rio de Janeiro em 1831-32, também se verificaram, até mais perigosos, nos mesmos anos, no Pará e no Maranhão, no Ceará, em Pernambuco, em Alagoas, na Bahia. Em 1833 houve um de caráter restaurador, em Minas Gerais, como no ano anterior em Pernambuco: este conhecido de *abrilada*, aquele como *revolta do ano da fumaça*. Impossível falar de todos eles, destaque-se que traduzem estado de insatisfação ante o poder e as negativas condições de vida. Não fiquem sem realce, contudo, os mais duradouros e menos episódicos na sua motivação.

Caso da Cabanagem, no Pará, de 1835 a 1840. Havia tradição de governo próprio, desde o antigo estado do Maranhão e Grão-Pará. A luta foi travada em Belém e ramifica-se pelo interior. Se era a recusa de autoridades nomeadas pelo Rio de Janeiro, não houve acordo entre os seus promotores e os combates vão para o interior, envolvendo índios e mestiços. Torna-se feroz, com a participação intensa de pessoas que pegavam em armas sem saber por que e para quê. O clima de confusão e rebeldia desperta no povo o desejo de combater, deixando extravasar o sentimento sempre reprimido pela espoliação, em atrito de despossuídos contra possuidores. A nomeação de uma autoridade forte e de origem local estabelece a paz em Belém, mas as contestações continuam, com guerrilhas, ajudadas pela hidrografia e pela floresta, na pujança da natureza da Amazônia, confundindo ou perdendo os de fora, desconhecedores das condições locais. Foi o episódio popular mais intenso, no qual teriam morrido 30 mil pessoas. Não é de fácil análise, pelas dubiedades de alguns chefes, pelas lideranças humildes de índios e mestiços. Tudo acabou com o emprego da violência do governo central, usando armas superiores para repor a ordem.

A Balaiada tem lugar no Maranhão, de 1838 a 1841. A instabilidade leva à recusa dos agentes designados pela Regência, com apoio geral pela miséria dominante. Também seus líderes são mestiços, pretos, ex-escravos, como se vê pela simples citação de seus nomes: Cara Preta, Raio, Andorinha, Tigre e o famoso Francisco dos Anjos Ferreira, o Balaio. A feição comum é a de banditismo sertanejo — o Balaio, por exemplo, teria entrado para vingar a honra da filha. Os ataques às propriedades particulares resultam da pobreza, mestiços e ex-escravos sem qualquer participação social, em contraste com certos potentados de São Luís, Alcântara, Caxias. A forma foi a guerrilha, na qual o povo estava habituado, pelas lutas da época da independência — o Maranhão e o Piauí, bem como o Pará, foram áreas de hostilidade à idéia emancipadora, pela presença de muitos portugueses em postos de evidência. Afinal, as forças imperiais desalojaram os rebeldes da vila de Caxias (daí o comandante da repressão — Luís Alves de Lima — tiraria o seu nome para o título nobiliárquico). Como a Cabanagem, é de características rudemente primitivas.

Lembre-se a Sabinada, na Bahia, de 1837 a 1838. Mais interessante e consistente que entreveros em Pernambuco, também conhecidos como Cabanada. A Bahia teve mais experiências guerreiras depois da emancipação, em 1822 e no ano seguinte, por sua apreciável população portuguesa. O protesto armado agora alastra-se pelo interior, para fazer a República Baiense, enquanto durasse a menoridade. Tentou-se a articulação com os farrapos, do Sul, mas sem êxito, pela distância. Houve mais de 2 mil mortos e 3 mil presos. O chefe foi o cirurgião doutor Francisco Sabino, com o apoio da massa, reivindicadora de melhor situação. A província contava com enorme população negra; era recente a luta sustentada em 1835, no episódio conhecido por Guerra dos Malês, em que se empenharam ex-escravos ou escravos, lembrando a famosa conjuração dos soldados ou dos alfaiates, de 1798.

O principal movimento de então é o dos farrapos, ou Guerra Farroupilha, no Rio Grande do Sul, de 1835 a 1845. Foi o mais longo e intenso. A posição de fronteira criara o gosto de luta, acrescido pelo tipo de civilização do gaúcho, de amplas afinidades com o caudilhismo platino. A região fora no início de sua história objeto de conquista militar; depois, com as descidas dos bandeirantes, para apresar índios, continuou cenário de lutas. Havia dois interesses:

o econômico, defesa do gado; o político, expansão para o Prata. A contestação foi aí mais intensa por contar com direções bem treinadas e experientes em política e combates. Se houve muita violência, não houve a rusticidade verificada no Pará e no Maranhão e mesmo na Bahia. A luta foi menos primitiva.

O episódio sulino distingue-se em muito dos demais. Os motivos econômicos terão sido mais fortes que os políticos. As lutas constantes na área das fronteiras impediam o crescimento. A tecnologia pobre da produção impede à unidade participar da economia colonial típica, exportadora. Não podia concorrer com a produção do Vice-Reinado do Prata, de nível superior. A solução é exportar para o norte do país, carente do que ele tem para dar — o gado para alimento ou para transporte e seus derivados, como o couro. Com a independência, a província queixa-se de abandono por parte do governo imperial, como antes se queixava do colonial: alega falta de apoio à criação com impostos incentivadores, de modo que ela perde para a concorrência platina, de melhor qualidade. Na luta, o presidente da República Rio-grandense — autoridade improvisada — denuncia em manifesto a falta de proteção do governo central para a carne, o couro, o sebo, as graxas. Os gaúchos atribuem os males aos tributos, esquecidos de uma das razões da superioridade platina ser o trabalho assalariado, enquanto eles se fundam em parte no escravo (a província, como as demais do Sul, conta com população negra ou escrava menor que a de outras áreas — houve e há o predomínio do branco, do português, do ilhéu e do imigrante).

Do ângulo político, os farrapos inspiram-se no liberalismo federativo, querem prerrogativas provinciais. Daí a República Piratini, de 1836, com providências de amparo ao produtor; a República Rio-grandense ou a Juliana, em Santa Catarina. Como em outras províncias, recusam as autoridades nomeadas pelo governo central. É o mais longo dos episódios. No início do governo de dom Pedro II há empenho no término do conflito, perigoso pelo temor separatista ou pelos possíveis contatos com os vizinhos. Ao fim de alguns anos as forças se compõem. O governo imperial envia seus recursos em gente e armas para estabelecer a paz. Só em 1845 a unidade nacional está assegurada, quando se apaga o último intento de escapar do governo do Rio de Janeiro.

Em síntese, o importante nesses episódios é a manifestação do povo, levantando-se em defesa de melhor situação. Explica-se assim o êxito dos líderes rústicos, recrutando o apoio de gente simples. A prova está nos nomes plebeus dos movimentos: Cabanagem,

Balaiada, Farrapos, característicos da rebeldia primitiva. A crise social e a miséria os provocam. O político da Corte, dos grupos dominantes, vê aí apenas a desordem e a ameaça à unidade. Perigo de separatismo só havia na Guerra Farroupilha, pela condição fronteiriça do Rio Grande do Sul. Nem se ameaçava a Monarquia, sistema estabelecido, embora se falasse em República, como na Sabinada e na Farroupilha. A idéia de Monarquia federativa, sugerida na votação da lei de 1834, não teve acolhimento. O projeto de República, apresentado à Câmara pelo deputado Ferreira França, em 1835, não ecoou, caindo no vazio. O político no poder, sempre cauteloso e raramente sensível, atribui tudo ao enfraquecimento das instituições, agravado pelas leis liberais, como o Código do Processo e o Ato Adicional, cuidando então de reformá-los. Faz as mudanças consideradas úteis em textos julgados federalistas e com concessões excessivas ao povo. Assim, arma-se o poder central, agora vitorioso em tudo, sem atentar para a realidade profunda, a verdadeira provocadora das crises e que leva às contestações.

5

O SEGUNDO IMPERADOR

ESPERANÇAS E ÚLTIMAS CONTESTAÇÕES

O Golpe da Maioridade encerra uma fase na vida brasileira. Se a independência fora obra de um grupo, com o sacrifício do povo em processo de pelo menos três séculos, ela se consolida com a abdicação de dom Pedro I, em 1831. Parecia a derrota definitiva dos portugueses — ainda em grande número em postos de relevo — ou do absolutismo, apesar de alguns aspectos liberais do contraditório primeiro imperador. Com a Regência, viu-se que a organização do Estado não era fácil. Agora os brasileiros são os responsáveis pela tarefa, hesitantes entre a ordem e o perigo da anarquia. Definem-se os rumos, como se viu. À maré liberal, segue-se a conservadora, ou, ao momento progressista, o regressista. Eles realizam os seus programas através de leis como o Código do Processo de 1832 e o Ato Adicional de 1834, logo revistos pelas suas reformas — este já em 1840, aquele em 1841.

Impõe-se então o sentido moderado ou conservador, constante da vida nacional. Com seu trabalho, de admirável coerência, o governo de dom Pedro II começa sob o rígido sistema legal, unitário e centralizador: o da Constituição de 1824, revigorado pelas leis de 1840 e 1841. Se dom Pedro II ascende ao trono por um golpe dos liberais, com eles começa o seu governo. Não durará muito esse domínio, pois logo no ano seguinte os liberais são afastados e o poder se compõe com os conservadores, convocados para o ministério. É o início da alternância de uns e outros no comando da política, marca da longa história dos 49 anos do Segundo Reinado. Se essas mudanças na maior parte das vezes são feitas sem ressonância, algumas delas provocaram comoções e até traumas, como se verá.

Essa primeira, por exemplo, com o Partido Liberal — usem-se os termos consagrados, embora o uso da expressão "partido" seja exagerado —, autor do golpe, substituído pelos conservadores. O primeiro gabinete durou menos de um ano, de 24 de julho de 1840 a 23 de março de 1841; despontam agora algumas figuras exponenciais dos conservadores, como naquele dos liberais. Curiosamente, em um e outro havia portugueses: no primeiro, Antônio Paulino Limpo de Abreu, na Justiça; neste, José Clemente Pereira, na Guerra. Confirma-se a estrutura conservadora com dois atos do segundo ministério: a criação do Conselho de Estado — sua restauração, como se viu —, seguida, dez dias depois, pela reforma do Código do Processo Criminal. Pela primeira vez o imperador usa da prerrogativa constitucional de dissolver a Câmara dos Deputados. Dom Pedro I não a usou — a dissolução da Constituinte de 1823 é de outro gênero —, a Regência não podia usá-la.

Dom Pedro II o fará várias vezes, a primeira logo em 1842, sob a alegação de irregularidades nas eleições de 1840, feitas sob o ministério liberal e que levaram a uma Câmara com folgada maioria. Devia reunir-se em maio e foi dissolvida antes do começo das sessões regulares. A situação conservadora também não será longa — pouco menos de três anos. De 1844 a 1848 decorre o predomínio liberal, substituído pelos conservadores, na dança normal. A dissolução de 1842 surpreendeu e provocou protestos armados dos depostos. Contra ela, bem como contra as leis regressistas, levantaram-se as províncias de São Paulo e de Minas Gerais no episódio conhecido como Revolução Liberal de 1842. Houve luta armada violenta, requerendo providências repressoras do governo central. Este conseguiu vitórias em São Paulo, que logo abafaram o movimento, mais demorado em Minas, mas também subjugado na batalha de Santa Luzia. O episódio foi alimentado mais por interesses contrariados que pela defesa de princípios, mas contribuiu para amargar os ânimos liberais e valeu como prenúncio de constante disputa política.

Ainda na década de 1840 haverá outra luta armada, esta em Pernambuco, em 1848, conhecida como Revolução Praieira, nome originário do jornal mantido pelos liberais na rua da Praia, no Recife. Mais um pronunciamento rebelde pernambucano. Provocou-o, de imediato, a substituição dos liberais pelos conservadores em 1848. Pernambuco era província dominada por uma oligarquia — a dos Cavalcanti, donos de grande parte das terras e de postos administrativos. Contra ela ecoavam campanhas até radicais, por ver como excessivo um reduzido grupo. O movimento é um pouco projeção do episódio francês do mesmo ano de 1848, tão fértil em feitos políticos transcendentais, como o *Manifesto comunista*, do qual, evidentemente, não se teve notícia aqui. Revolução na França, revolução no Brasil, justificando que "todas as nossas revoluções foram, dir-se-ia, ondulações começadas em Paris", na afirmativa de Joaquim Nabuco.[20]

A Praieira tem mais interesse que a de 1842 por apresentar um elenco de reivindicações muito rico: aí era vivo o sentimento antiportuguês, pelo domínio feito por eles sobre o comércio e sobre as propriedades canavieiras — maior riqueza local, embora em decadência, no plano da nação, por causa do começo do predomínio do café. Demais, no preparo dos ânimos para a luta, contou um motivo até aí pouco presente — a reivindicação social em tom de pregação socialista, feita sobretudo pela imprensa, na revista *O Progresso* (1846-48), do ideólogo Antônio Pedro Figueiredo, sob a influência do francês Louis Léger Vauthier, engenheiro contratado para grandes construções no Recife e seguidor do socialismo francês da época, romântico e utópico. Joaquim Nabuco escreveu com justeza: "A política complicava-se com um fermento socialista".[21] A Praieira durou de novembro de 1848 a 1850 e fez muitas vítimas, devendo ser realçada sobretudo pelo fato de não ter um programa só político, mas também social e até avançado, pedindo outra distribuição de terras e a nacionalização do comércio — teses ousadas para o país na época. Com ela, encerra-se o ciclo das chamadas sedições populares. Antes, em 1841, terminara a Balaiada, do Maranhão, como, em 1845, a Guerra Farroupilha.

O restante do período imperial será de relativa paz, com protestos menos expressivos, de caráter meramente local e episódico — exceção da campanha antiescravista, a primeira de âmbito nacional e aglutinador do povo. O Brasil, a contar da década de 1850, conhece não só relativa paz como um surto de iniciativas que fazem da década a de esplendor do Império, pelo início de grandes realizações econômicas: novo impulso à industrialização — o primeiro fora sob dom João, com a liberdade para a indústria e certas providências de vulto —, menos luta partidária pela chamada conciliação e pelo fato de o imperador já ser adulto e estar na plenitude de suas forças. Era uma paz e ordem mais de superfície, como se verá, pois as contradições da sociedade continuam e mesmo se agravam, com o avanço da idéia de fim da escravidão e política externa que chega até a guerras, como a do Paraguai.

VIDA POLÍTICA

Em torno do imperador gira a vida política. Pela Constituição, ele é o Poder Moderador e este é a chave, "como chefe supremo da nação e seu primeiro representante". Não que fosse autoritário e desejasse impor-se sobre tudo mais: se dom Pedro I em parte era, dom Pedro II realmente não era. O fato resultava do caráter unitário e centralista da Constituição outorgada, que lhe atribuía imensa força, fora e acima de qualquer outra. Ele fazia e desfazia ministérios. Era ainda o chefe do Poder Executivo, exercitando-o por intermédio dos ministros de Estado, de sua livre escolha. Como os ministérios faziam as eleições, o Legislativo era projeção de seus desejos. O Judiciário, também composto pelo Executivo, se não havia concursos para acesso aos cargos — esta é uma idéia moderna —, acabava por ser também seu agente, pois seus membros podiam ser suspensos.

Com tais prerrogativas e exercendo-as, não se aplicava ao Brasil o princípio segundo o qual o rei reina, mas não governa, e sim o oposto, ou seja, o rei reina, governa e administra. Sem formulação muito nítida e contínua — pois variou no tempo —, a primeira podia ser vista como o lema dos liberais, enquanto a segunda, de modo mais explícito e rígido, o lema conservador. As forças políticas, agrupadas nos partidos, queriam as graças imperiais, pois o chefe do Estado chamava um ou outro para direção dos negócios públicos. Dizer que tinham programa era forçar a nota, pois tinham comportamentos idênticos quando no exercício do domínio. Decerto os liberais pregavam a descentralização, autonomia às províncias e liberdade às pessoas, eram mais contrários ao trabalho escravo, mas em tese: no governo quase se identificavam aos conservadores. Daí a célebre frase de Holanda Cavalcanti: "Nada mais igual a um Saquarema do que um Luzia no poder" (*Saquarema* era o nome comum dos conservadores, da região fluminense de um dos mais poderosos chefes dessa corrente; *Luzia* era o nome comum dos liberais, após a batalha de Santa Luzia, em 1842, quando da revolução liberal em Minas Gerais).

Como as eleições eram viciadas na prática e difíceis mesmo em teoria, por serem em dois graus e com muita discriminação, seus resultados eram inexpressivos. Dom Pedro II, dominado pelo desejo de acertar, deplorava o processo e tratou de corrigi-lo, mas com pouco êxito. Comprova-se o fato com as sucessivas reformas eleitorais. A primeira lei aprimoradora é de 1846, com mais rigor no alistamento, impedindo o voto por procuração e certo rigor dos fiscais durante o ato, de modo a evitar ou diminuir fraudes. Em 1853, no gabinete da Conciliação, introduziu-se a eleição por círculos de um deputado. Dividida a província em círculos de um — antes eram três —, com vistas a apurar a escolha: o círculo, unidade pequena, permitia ao eleitor conhecer os candidatos. Na verdade, pouco melhorou o processo, pois o fator decisivo era o ministério em exercício, que manipulava os chefes locais através do presidente da província. E o círculo, evidentemente, aumenta o poder do chefe local, o que o torna arma ainda mais eficiente para subjugação do eleitor comum.

Outro aspecto da lei é que ela baixava o nível dos sufragados nas urnas: se os nomes dos candidatos eram de círculo delimitado, até pequeno e de mínima população, votava-se no nome conhecido, em geral de pessoa amiga — o padre, o médico, o professor, figura local, às vezes destituída de experiência e de poucas luzes intelectuais, levando para o Legislativo mediocridades extremas. A lei teria baixado o nível das representações, com nomes de nula ou mínima lucidez, afeitos só a pequenas questões, sem entendimento global da política. O círculo de um é breve, com a volta, já em 1860, do círculo de três.

No intuito aprimorador, outro passo foi a reforma eleitoral de 1881, estabelecendo a eleição direta. Por lei comum, de modo irregular, pois só podia ser feita por uma reforma constitucional. Se simplificava a forma, esta não garantia a desejada verdade das urnas. Demais, não foi elogiável em tudo: se cria o título de eleitor, diminuindo o arbítrio das mesas eleitorais, com o princípio de justiça para realização dos pleitos, exige votante alfabetizado, para assinar os documentos. Ora, o Brasil era de maioria quase absoluta de analfabetos, o que eliminava do quadro a maioria da população. Se amplia a participação, admitindo o direito de voto dos não-católicos e libertos, o impedimento desse direito aos analfabetos representa diminuição de participantes.

Fala-se em parlamentarismo; ora, a Constituição não o referia, nem qualquer lei ordinária. Dá certa fisionomia parlamentarista a lei de 1847, criadora do posto de presidente do Conselho de Ministros, ou um primeiro-ministro. O imperador escolhe o chefe de gabinete livremente, cabendo a este formar o ministério, escolhendo os nomes a seu ver melhores. Os gabinetes, do chefe do Conselho aos demais, saíam em geral do Legislativo ou do Conselho de Estado. Daí mais uma razão para tanto se falar em parlamentarismo, quando há nesse dado apenas um aspecto do problema. A necessidade de confiança no gabinete por parte do Legislativo dizia respeito só à Câmara dos Deputados, pois estes eram escolhidos para um mandato, exprimindo as oscilações da opinião pública. O Senado ficava de fora, pois, de acordo com princípio assente, ele não fazia política, por ser vitalício. Era a casa dos velhos, intocáveis, mais propensos à ordem estabelecida que os deputados, naturalmente mais vivos e contestadores.

Para haver o sistema, era preciso eleição expressiva: elas não o eram, pelo número insignificante de eleitores, pelos vícios da prática, com falsificações de todo tipo. O sistema parlamentar requer processo eleitoral correto e partidos políticos programáticos, coisa que sempre faltou, ao longo de todo o período, não obstante as tentativas de leis corretivas. As dissoluções da Câmara eram legais, previstas na lei básica. Dom Pedro II exercitou a prerrogativa onze vezes. Fazendo-o, em vez de afetar a natureza democrática do regime, na verdade era um modo de corrigir abusos. Sem essa providência, em geral contestada e vista como excesso, quem estava no poder se perpetuaria nele, pois manipulava as eleições, tendo o controle da situação. Mudando gabinetes e, sobretudo, com a dissolução, quando a ordem se alterava, saindo um partido e vindo outro, esse revezamento dava oportunidade a todos.

Nesse jogo contínuo de mudanças a presença de liberais e conservadores é quase a mesma, com ligeira vantagem conservadora. A contar da segunda metade do século, o quadro fica um pouco mais confuso, com a busca da paz e o fim das lutas partidárias. Tudo parte do desejo de conciliação, para o bem geral: estabeleceu-a em 1853 o gabinete do mineiro Honório Hermeto Carneiro Leão — então visconde do Paraná —, mas com pequena duração. Era uma relativa trégua, paz armada que não perduraria. Abreviou-a mais ainda a morte de Paraná, dois anos depois. A Conciliação de 1853 realizou-se sob a direção conservadora, com a convocação de liberais até para cargos importantes. Na década seguinte, tenta-se outra — a Liga Progressista —, feita também sob um gabinete conservador, mas realizada mais por liberais: gabinetes com uns e outros, sem exclusivismo partidário, embora com predomínio liberal e de conservadores moderados.

Já eram visíveis as dissidências internas entre eles. Os liberais são os mais dados a cisões: há os históricos e os adesistas, como há os progressistas, que se batem por maior pureza dos princípios. Verificam-se então muitas trocas de bandeiras — liberais passando a conservadores, conservadores a liberais, na conhecida figura do trânsfuga, quase sempre malsinada. Mesmo alguns conservadores, desejosos do aprimoramento das instituições, aderem ao programa progressista, de modo a haver certo remanejamento das filiações partidárias. O país enfrenta um momento difícil e grave, com a Guerra do Paraguai. A existência de um inimigo externo conduz os menos exaltados ou intransigentes à composição. Esta funcionou, mas por pouco tempo.

Em plena guerra, uma substituição de gabinete em 1868 provocou a mais séria crise de todas as crises ministeriais: na chefia do ministério estava um liberal progressista — Zacarias de Góis e Vasconcelos — e dom Pedro o troca por um conservador típico — o visconde de Itaboraí —, gerando crise política sem precedentes e em hora inoportuna. Foi o golpe mais enérgico e menos hábil do imperador, pois muitos políticos, sinceramente monarquistas, passam a não confiar mais no trono. Com a mudança do gabinete vem a dissolução da Câmara, e, de acordo com o mau figurino, a uma representação predominantemente liberal segue-se outra quase toda conservadora.

A nova situação vai de 1868 a 1878, com os liberais afastados do mando. O ressentimento e a pregação de novas idéias — já republicanas — e uma série de eventos impopularizam o governo. Mais grave: não um gabinete, mas a própria idéia monárquica. Em 1870 surge o Partido Republicano: se não tem um programa de radicalismo no campo social — basta lembrar sua indefinição ante o escravismo —, é o fim da Monarquia. Mudança, pelo menos no aspecto externo, radical.

Havia relativa estabilidade administrativa, pois a mudança de gabinete nem sempre tinha significado. Contava muito a mudança de situação, quando o domínio de um partido era substituído por outro. Estas substituições foram em número pequeno, enquanto a de gabinetes era freqüente: na mesma situação pode ter havido dois, três ou quatro. A troca não exprimia muito. Já a de situação implicava verdadeira reviravolta administrativa, pois se verificavam as famosas *derrubadas*: trocavam-se os ministros e naturalmente os presidentes de província. Nas derrubadas verificava-se a demissão de funcionários, troca de juízes, com alterações na Justiça; de fiscais e outros, nova fisionomia na área financeira, as professoras e mais funcionários públicos. Da capital às províncias e aos municípios era uma comoção geral, pelas novas administrações surgidas. Mudança de situações provoca insegurança, temor geral, não verificável em regra com a de gabinetes.

Quanto a gabinetes, ao longo dos 49 anos do Segundo Reinado, sob dom Pedro II, houve 48, o que dá a média de quase um por ano. Se for feita a lembrança de que o Segundo Reinado é a Regência e o governo do imperador, tem-se que houve treze na Regência ou em nove anos e 35 em 49 anos. O gabinete mais longo foi o vigésimo quinto, sob a presidência de José Maria da Silva Paranhos, o visconde do Rio Branco — de quatro anos e três meses. Dom Pedro II começou a governar com os liberais (um ministério de quase oito meses) e terminou também com eles, em um ministério de pouco mais de cinco meses.

A política pouco muda em sua essência ao longo das décadas monárquicas. Nem podia ser de outro modo, pois a sociedade é rigidamente estratificada, hierárquica, discriminadora. Defende o *status quo*. A razão principal é o escravismo, base da vida econômica. É sociedade com muito de patriarcalismo, herança colonial longe de ser superada. Em torno do senhor de terras gira a ordem social, e, conseqüentemente, a política. Há nessa figura algo do patriarca de outras sociedades conhecidas na história, da Antiguidade aos nossos dias, quando o chefe ou patriarca é tudo, detém em sua pessoa todas as feições: é chefe político — decide quem dirige, quem pode ser eleito e até quem pode ser eleitor; é chefe econômico, pois as principais iniciativas são suas, como a da grande produção agrícola para o mercado exportador — e aí está a chave da economia. O que lhe escapa, como o comerciante urbano, das cidades ou portos, os artesãos e manufatureiros, como até os funcionários públicos e outras expressões do segmento que se poderia chamar de classe média, se lhe escapam, nem sempre escapam, pois os presidentes de província ou os ministros são sensíveis aos potentados locais e costumam atender a suas recomendações.

Já para meados do século, a situação apresenta sinais de mudança, em decorrência do crescimento demográfico e urbanização. A sucessiva perda da força rural afrouxa o patriarcalismo. Já se está distante daquele esquema severo de sociedade em que a família é simples projeção dos desejos de mando do chefe ou patriarca, como era de fato na Colônia, naquele modelo de família que Capistrano de Abreu sintetizou na fórmula — "pai soturno, mulher submissa, filhos aterrados".[22] A urbanização, a fuga do campo, certo ensino e busca de novas atividades levam aos poucos a outra sociedade, da base da família a expressões mais amplas e complexas.

A política externa merece referência especial. Os interlocutores principais são os Estados americanos, notadamente os da região platina, a Grã-Bretanha, os Estados Unidos e a França. Os pontos a serem referidos com outros são menos relevantes. Como se viu, com a independência, o primeiro problema foi o do seu reconhecimento. Desnecessário, pois ele fora conquista do próprio povo: partindo a iniciativa do governo, este ficou enfraquecido, tendo de ceder em favores excessivos. A República dos Estados Unidos, a primeira a fazê-lo, em 1824, não impôs condições. Nesse processo, o governo foi obrigado a fazer concessões, como se viu com Portugal: só a reconheceu em 1825, pela interveniência inglesa. Além de títulos, impôs o pagamento de 2 milhões de libras. A Grã-Bretanha exigiu privilégios tarifários e direitos de extraterritorialidade, com juízes ingleses atuando aqui, em verdadeira diminuição de soberania. O Brasil herdara o tratado feito por aquela potência em Portugal, em 1810. Essas cláusulas vigoraram até 1844, quando, caducando o estabelecido, o Brasil não o renovou, o que lhe valeu represálias daquela, força dominante no mundo, com o Bill Aberdeen, de 1845, do qual se falará em outro item.

A França também impôs demais, a ponto de violentar nossa soberania, com a exigência de tratamento tarifário privilegiado, direito de ter juízes seus no caso em que se envolvessem cidadãos franceses — seus cônsules teriam autoridade para decidir heranças e outras particularidades. Sintomaticamente, o reconhecimento francês de janeiro de 1826 é um tratado de amizade, navegação e comércio.

Dado expressivo de certa incorreção é dizer que são direitos recíprocos, quando não há nenhuma reciprocidade. Franceses, ingleses e outros tinham o que reivindicar aqui, enquanto o Brasil não tinha reivindicações lá, pois não havia brasileiros residentes na Europa, com interesses definidos. A jovem nação sofreu exigências, imposições, humilhações. Aos poucos, conseguiu livrar-se delas. As questões surgidas de cláusulas desses tratados de reconhecimento causaram dissabores, mas não levaram a nenhuma ruptura e, já na segunda metade do século, não se repetiram, embora surgissem outras, de diversa natureza, sobretudo com a Grã-Bretanha. Foram comuns nesses tratados concessões de tarifas muito baixas: 16% ou 15%. A nação ficava desprotegida em seus interesses. Tão generalizado foi o benefício que o Legislativo brasileiro votou a lei de 24 de setembro de 1828, estabelecendo 15% para todas as nações na importação de gêneros estrangeiros. O Brasil não começava a sua existência protegido como a República dos Estados Unidos.

No exercício de suas atribuições, a diplomacia foi movida por duas metas — a segurança nacional e os interesses econômicos, obtendo mais êxito naquela que nestes. Com a Grã-Bretanha houve acordos para o fim do tráfico de escravos africanos, dos quais se falará no item próprio.

Houve outra causa de atrito, a Questão Christie, provocada pela arbitrariedade do ministro inglês no Rio de Janeiro, William Dougal Christie. Devido a leves incidentes chegou-se ao rompimento. Um foi a carga de uma embarcação inglesa naufragada no litoral do Rio Grande do Sul em 1861, desaparecida pela pilhagem. Embora as autoridades brasileiras tomassem providências, o diplomata inglês criou caso, com ameaças. Pior foi o verificado na própria cidade do Rio de Janeiro, no ano seguinte, quando dois oficiais da Marinha inglesa, sem farda e embriagados, desacataram a autoridade policial e foram detidos. Embora logo libertados, Christie uniu os dois episódios, exigindo indenização no caso sulino e punição dos policiais no segundo incidente, mera ocorrência policial.

Ante a negativa do governo brasileiro, alguns navios mercantes nacionais foram apresados. O acontecido teve exploração da imprensa e emocionou a população da capital. O imperador ordenou o pagamento da indenização, embora com protesto, exigindo satisfações do governo inglês pela atuação de seu ministro, logo removido. Dom Pedro II julgou insuficientes as satisfações e houve rompimento entre as duas nações, com o abandono dos dois países por seus representantes. Submetido o caso a arbitramento, o parecer do rei Leopoldo I, da Bélgica, foi favorável ao Brasil. O governo britânico percebeu a futilidade dos fatos e a insolência de seu ministro, enviando um agente para reatar as relações. Este encontrou-se com dom Pedro II, que estava em Uruguaiana, em 1865 — era a guerra com o Paraguai — e o incidente terminou, com a volta das representações e a harmonia entre os dois Estados. A chamada Questão Christie não diz respeito à segurança nem a interesses econômicos: foi apenas o resultado do mau comportamento do despreparado agente inglês.

Já relativas à segurança são as principais questões platinas, que ressurgem no Império, monótonas e por vezes perigosas, como no período colonial. Se então foram resolvidas por tratados, agora o serão também por entendimentos, mas por vezes pelo recurso das armas. As questões platinas imperiais são ecos das disputas entre as coroas de Espanha e Portugal em suas colônias americanas: voltam com veemência, provocadas sobretudo pelo desejo argentino de refazer o Vice-Reinado do Prata, unindo, sob a égide da Argentina, o Paraguai e o Uruguai. Se a Grã-Bretanha era contrária à idéia, o Brasil também era. Houve mesmo uma guerra entre o Brasil e a

Argentina, por causa da Banda Oriental, em 1826, terminando com o reconhecimento pelas duas partes de novo Estado — o Uruguai, em 1828.

A situação política do Uruguai era excessivamente instável, com choques freqüentes entre duas forças — os *blancos* e os *colorados*, em parte pelo incentivo da Argentina. Desses entreveros resultavam invasões do território do Rio Grande do Sul. Os partidos apelavam ora para a Argentina, ora para o Brasil. Dominava a Argentina o ditador Juan Manuel Rosas, pensando em reconstituir o Vice-Reinado. Com muitos adversários internos, severamente castigados pelo caudilho, eles se refugiavam no Uruguai, aumentando o clima tenso do novo país. As lutas na Argentina levaram a intervenções inglesas e francesas. Para o Brasil era importante assegurar a continuidade do Uruguai e Paraguai.

Sua segurança exigia a livre navegação dos rios Uruguai e Paraguai, garantia para chegar à província interior do Mato Grosso. Forças brasileiras invadem o Uruguai para coibir as invasões do Rio Grande do Sul, com acusações ao caudilho uruguaio Oribe, contando o Brasil com o apoio de Montevidéu e da província argentina de Entre Rios, em rebeldia com a política de Rosas. Também a província de Corrientes adere, em um acordo das três partes com o Brasil, em 1851, que leva à invasão brasileira. Rosas declara guerra ao Brasil, as três partes estão unidas contra o chefe argentino. Oribe entrega-se a Urquiza, governador de Entre Rios. Recomeça a luta armada, o Brasil atravessa o rio Paraná e, na célebre batalha de Monte Caseros, de 1852, os aliados vencem e a ditadura de Rosas é abatida. Forma-se lá outro governo, agora sob a direção de Urquiza, que conta com o apoio do Brasil. Pouco depois, em 1856, o Brasil e a Argentina firmam o Tratado da Amizade, Comércio e Navegação. O Uruguai, no entanto, não se estabiliza. Agora conta com o apoio do Paraguai, que o instiga contra o Brasil. Ao rompimento entre o Uruguai e o Brasil, segue-se nova entrada brasileira em terras uruguaias.

O pior estava para acontecer, pois o Paraguai se apresta para uma guerra maior. O Brasil e o Paraguai viviam em paz, desde sua independência, primeiramente reconhecida pelo Brasil, contra as pretensões das Províncias Unidas do Rio da Prata e depois da Confederação Argentina. O Brasil só desejava liberdade para seus navios usarem o rio Paraguai para atingir o Mato Grosso. A história daquele país é estranha: livre em 1811, fechou-se ao contato com o mundo. Firmou-se ali uma autocracia, em povo pobre e simples, já marcado pela disciplina severa imposta pelos jesuítas em seu domínio de outros tempos. O primeiro chefe, o soturno José Gaspar Rodríguez Francia, El Supremo, governou de 1814 a 1840; o sucessor Carlos Antonio López manteve o isolamento, no poder de 1840 a 1862, quando é sucedido pelo filho Francisco Solano López: este conheceu a Inglaterra, preparou-se militarmente e armou o seu Exército, o mais amplo e equipado da América do Sul. Ante o apelo de políticos uruguaios contrários ao presidente Venancio Flores, Solano López viu chegada a sua vez de intervir nos conflitos sulinos. López supunha-se suficientemente forte para enfrentar o Brasil, contando com a neutralidade argentina. No governo deste país estava Bartolomeu Mitre. López não só ataca o Império, como a Confederação Argentina, invadindo seus territórios, em gesto ousado: apresa navios brasileiros e invade o Mato Grosso em 1855; mais insolitamente ainda a Argentina, no mesmo ano. Forma-se então, em 1º de maio de 1865, a Tríplice Aliança, entre o Uruguai, a Argentina e o Brasil.

Em 1864 começa a guerra, que será a maior envolvendo o Brasil ou mesmo da história da América do Sul. López previa conflito rápido, por seu aparelhamento superior e suas forças armadas: é incrível como país pequeno, de mínima população, conseguiu formar tamanho Exército. Ora, o Brasil tinha precário equipamento e não dispunha em realidade de um Exército. Tem de improvisá-lo, formando batalhões de gente sem preparo, ou Voluntários da Pátria. Era difícil o recrutamento. À primeira vista parecia um choque desigual, de três países — um pequeno, um grande e um muito grande — contra um pequeno. A causa não sensibilizava os brasileiros, como não sensibilizou os argentinos nem os uruguaios. Para o continente e mesmo para a Europa era a luta de Davi contra Golias. Acontece, no entanto, que Davi era o bem armado e o provocador.

O conflito se arrastou além do previsto por López. Teve um transcurso acidentado. Se o comando inicial era do argentino, presidente general Mitre, passa depois para o Brasil, com Caxias e depois o conde d'Eu. Batalhas no rio e em terras brasileiras e paraguaias se sucedem. O Brasil ficou só na luta, que desgasta materialmente. Da defesa ante o invasor, passa ao ataque, invadindo o agressor, em 1866. O Paraguai logo se compenetra da impossibilidade de vitória, mas persiste, com a obstinação de seu chefe, que vê dizimado o seu Exército. Vem a campanha das cordilheiras. A guerra só terminou em 1870, com López recuando cada vez mais, até ser morto por um soldado brasileiro. O país que se deixou levar iludido em um sonho de grandeza de chefe pouco sensato estava reduzido à miséria. Sua população decrescera de modo sensível, ante o genocídio, as finanças arrasadas, todo o processo produtivo destruído — não havia agricultura nem indústria, embora a historiografia antibrasileira falasse em uma poderosa atividade industrial ali, que teria provocado o ciúme e a ambição dos ingleses, que a queriam anulada, servindo-se da guerra para esse resultado. A favor do povo paraguaio, assinale-se a sua fibra, o seu heroísmo, não capitulando quando vê a causa perdida — o que se evidencia logo, como é óbvio.

De fato, a política nacional no Prata tem muito de intervencionista, embora às vezes sua ação fosse solicitada, sobretudo pelo Uruguai. Melhor seria sua ausência, pois o quadro platino era caótico e instável: questões internas no Uruguai, com seus dois partidos sempre em luta envolvendo Brasil e Argentina. Também a Argentina conhecia muitas disputas internas, por causa da indisposição das províncias relativamente a Buenos Aires. O ditador Rosas é o centro das questões. Só justificam a atuação brasileira as invasões de seu território naqueles entreveros constantes e a atitude de Rosas, que pensou em tomar partido na Guerra Farroupilha, no Rio Grande do Sul, em 1838.

O Brasil também perdeu muitos homens na guerra, teve suas finanças abaladas e, pior ainda, foi visto com desdém pelo continente, as repúblicas que o desprezavam como *El Imperio*. Sua participação — a mais importante — na guerra não lhe valeu nenhuma glória nem qualquer vantagem material, pois não manteve as terras que ocupara. Demais, a guerra gerou crises internas, marcando o início da queda da Monarquia e o início da atuação do militar como agente político, o que até então não se verificava.

Relativamente aos Estados Unidos, as relações com o Brasil foram sempre mantidas em bom nível, com ligeiros momentos de perturbação. Os vários ministros dos Estrangeiros sustentaram um clima cordial com aquela República. Esta interveio várias vezes, de modo agressivo e até ignominioso, em partes da América. Além de guerras, como com o México, problemas com a Venezuela, houve as invasões de *marines*, contrariando o princípio subjacente à Doutrina Monroe. Tais agressões só se tornaram freqüentes na última década do Oitocentos e no século seguinte, quando atingem o ápice e se tornam intoleráveis, na política de *big stick* ou da *diplomacia do dólar*.

A principal questão com aquela República foi seu desejo de ocupação de áreas na Amazônia. Os Estados Unidos desejavam a livre navegação do grande rio, no que eram contrariados pelo governo brasileiro. Este achava que só devia fazer convênios com os países ribeirinhos — Venezuela, Colômbia, Peru, Bolívia. A atitude brasileira era discutida e discutível, pois se se empenhava — e conseguiu — a internacionalização do rio da Prata, o seu uso dos rios Uruguai e Paraguai, que desembocam no estuário do Prata mas têm nascentes no Brasil. Não podia ser intransigente quanto ao rio Amazonas. E de fato a intransigência era só com os Estados Unidos, pois com os países vizinhos fez os devidos acordos.

A diplomacia brasileira foi altiva ante a República do Norte, sobretudo depois do engenhoso e falso problema criado por Matthey F. Maury, curiosa figura de estudioso das correntes marítimas, visto como um dos fundadores da oceanografia. De acordo com Maury, as terras imensas e desérticas da Amazônia deviam ser ocupadas e as águas do grande rio internacionalizadas. Maury, ligado à política sulina, pensou em levar os negros dos Estados Unidos para a Amazônia, com o que povoaria a imensa região e resolveria os conflitos raciais no seu país. A estranha idéia chegou a ser encampada por um presidente da República, mas não teve ressonância, pela sua insanidade. Não passou de fantasia do seu autor, um cientista com algo de delirante. O governo brasileiro não podia aceitar o projeto, pois via seu alcance perigoso para a segurança nacional. Pela lógica, no entanto, como defendia a internacionalização do rio da Prata, devia internacionalizar o Amazonas. O que é feito, depois de afastada a sugestão desmedida, em dezembro de 1867.

No mais, houve pequenas disputas com a Santa Sé. A Constituição de 1824 estabelecia o catolicismo como religião oficial. O Brasil herdou de Portugal o regime do Padroado, segundo o qual caberia ao governo indicar as autoridades eclesiásticas, origem de pequenas disputas. O mais grave foi a chamada Questão Religiosa, quando dois bispos entram em choque com o governo: haviam feito ataques à maçonaria, proibindo uma solenidade religiosa em defesa daquela sociedade secreta, na Europa inimiga da Igreja e no Brasil muito divulgada, contando com políticos e até padres. O governo não aceitou a atitude dos bispos, processando-os, pois os padres eram uma espécie de funcionários públicos, subordinados ao Ministério da Justiça. Julgados, foram condenados e presos. A questão arrastou-se de 1872 a 1875, quando, com a nomeação de outro ministério, foi dada anistia aos bispos. Terminava a questão, mas deixando mais um sinal de impopularidade da Monarquia, pois esta vê fugir o apoio até aí dado pela Igreja ao trono.

Os republicanos não deixariam de tirar proveito do caso e do desgaste por ele provocado.

O comum foram os tratados com os países vizinhos para acertos de fixação de fronteiras. Como se disse no estudo da política externa colonial, já quase no fim do século XVIII, as linhas do mapa brasileiro estavam, no geral, fixadas. Alguns acertos, no entanto, se impunham. Muitos foram feitos no Segundo Reinado, ficando os últimos para os dois primeiros decênios da República.

O TEMA PRINCIPAL: ESCRAVIDÃO

Como não podia deixar de ser, o escravismo foi o tema fundamental da história até 1888, ao longo da Colônia e do Império. Base da economia, cujo desenvolvimento seria muito menor sem ele, teve papel notável também na formação étnica, uma vez que o país recebeu milhões de africanos, de meados do século XVI até 1854. O escravo marcou o trabalho e a sociedade, moldando o homem, seja pela cor, por técnicas aqui desconhecidas, pelo modo de ser e traços culturais, como os culinários, religiosos, lingüísticos, artísticos — na música e na dança —, por certos traços psicológicos. Quando se fala em negro, note-se que em sua transplantação para o Novo Mundo deve ser observado, logo de saída, que ele vai contar menos pela cor ou suas características étnicas que por sua condição de escravo. O agente foi o negro escravizado, não apenas o homem procedente da África, que os havia de todos os tipos, físicos ou culturalmente diversos, mas, submetidos pela violência — comprados nas terras de origem —, não dão sua exata medida. Como escreveu Joaquim Nabuco em 1883, em *O abolicionismo*, "o mau elemento da população não foi a raça negra, mas essa raça reduzida ao cativeiro".[23]

Não é fácil ou talvez impossível fixar o número deles e sua participação na etnia nacional: pode-se, contudo, proclamar sua decisiva importância. A presença do negro é a principal responsável pela ampla mestiçagem aqui verificada. Do intercurso sexual dele com o branco resulta o mulato, tipo por excelência brasileiro. Do negro com o índio, o cafuzo, bem mais raro. Do índio com o branco, o mameluco ou o caboclo. Determinar com rigor o que é cada um desses tipos nem sempre é fácil. A variedade de etnias faz do país o ideal para estudos antropológicos.

Na configuração do tipo humano contou de modo predominante o branco — o português colonizador nos trezentos anos de domínio e mesmo na Monarquia: a jovem nação recebeu muitos, sobretudo depois de 1840, quando se afrouxa a xenofobia e ele passa a vir em números expressivos, no Império e mesmo no começo da República. Além do português, outros europeus, notadamente depois de liberada a sua vinda, a contar de 1808 — espanhóis, italianos, alemães e outros em números reduzidos. O branco foi a cultura dominante, a de maior influência. Segue-se-lhe o negro, pelo número e seu nível técnico, superior ao índio. O estudo da escravidão deve ser visto, pois, sob três aspectos: o do trabalho, o da cultura e o da etnia. Seu conhecimento, porém, era pequeno até há pouco. Não se falava dele, pois a escravidão, se era útil, por outros aspectos era em parte ocultada. O dono de escravos tinha a *mauvaise conscience* da exploração que deles fazia.

Formou-se pois uma sociedade dicotômica, de senhores e de escravos, já objeto de estudos de antropólogos e historiadores: o principal, embora passível de muitos reparos, por certa idealização, está na obra do sociólogo Gilberto Freyre — *Casa-grande e senzala*, de 1933, e *Sobrados e mocambos*, de 1936 —, além de muitos mais do mesmo autor e seus discípulos. Depois, trabalhando em linha rigorosa, há as pesquisas de outros, fruto do ensino da ciência social, incrementado a contar de 1931, com a reforma universitária então verificada, cujos frutos mais expressivos começam a aparecer na década de 1950. Contribui também o interesse da UNESCO pelos estudos de relacionamento entre os povos.

Trabalho realizado em vários pontos do país, nele destacou-se a Universidade de São Paulo. Abandonava-se então a idéia de democracia racial, cunhada por Gilberto Freyre, crescia a análise do confronto e da discriminação, de que o negro seria vítima ainda em nossos dias. Lembre-se também o muito publicado em função do centenário do fim do estatuto escravo, em 1989. Até o século passado, o negro era tema evitado. Se aparece na literatura e até em estudos bem conduzidos, é em pequeno número. O romantismo, que mais exprimiu o intelectual oitocentista, fez do índio o seu assunto, valorizando-o e mitificando-o em personagens na poesia e no romance, sem ter muito em conta o negro.

A análise do africano na sociedade deve começar pela consideração da origem de quantos são trazidos. Bem diversificados, alguns têm bom nível técnico, como os iorubas ou sudaneses, do Norte da África de influências islamizadas — os guineano-sudaneses islamizados —, que se localizam sobretudo na Bahia e no litoral nordestino. Os mais comuns, no entanto, são os bantos, de Angola, Congo e Contra-Costa, encontráveis no Nordeste, no Rio de Janeiro e em Minas Gerais. Falar em sudaneses e bantos é demasiada simplificação, pois entre eles há muitas diferenças: entre os primeiros, há os mandingas, os nagôs; entre os segundos, há congos, cabindas, benguelas, angolas. Vinham para a atividade agrária da cana e produção de açúcar, bem como de outros gêneros, para a mineração; para as fazendas de cana das províncias do Rio de Janeiro e São Paulo, açúcar e café.

Já antes da independência aguçou-se o debate com os ingleses por causa do tráfico. A velha nação, que o praticara com intensidade, com seu enriquecimento torna-se no século XIX a campeã na luta contra. Movida menos pelo sentido filantrópico que pela defesa de seus interesses: não admitia a competição de nações fundadas no braço escravo. No Tratado de 1810, entre Portugal e Inglaterra, previa-se o seu fim; para o reconhecimento da independência, em 1826, Inglaterra e Brasil concordavam no tráfico só até 1830. Lei de 1831 declarou livres os escravos aqui desembarcados. São medidas inviáveis, pois no escravismo se baseava a economia. Daí os atritos diplomáticos com a Inglaterra: se as duas nações estavam de acordo quanto à independência, discordavam quanto ao regime de trabalho. De 1845 é o célebre Bill Aberdeen, em que a Inglaterra se avoca o direito de apresar todos os navios suspeitos de conduzirem carga humana, medida arbitrária, afronta ao direito internacional. Decerto ela teve o dom de acelerar o processo. O famigerado *bill* foi a resposta inglesa à negação brasileira de renovar o tratado vencido em 1844, com seus privilégios tarifários e outros.

Entram mais escravos a contar de então pelo receio de estar a prática com os dias contados. As entradas variaram muito: na segunda década do século houve anos com cerca de 56 mil, número muito reduzido depois, voltando a atingir a casa dos 50 mil na década de 1840, sobretudo após o *bill*. Daí o grande debate no Legislativo sobre o projeto de extinção da busca de negros: a nação sofria humilhações seguidas, com navios visitados quase na costa. Era imperioso o fim. Da discussão resultou a lei de 1850, conhecida como Eusébio de Queiroz, nome do ministro mais empenhado em sua aprovação. Depois, poucos africanos entraram. A lei é fundamental não só na política como na economia, pois vai exigir para o pequeno capital disponível outro encaminhamento. Não podendo ser investido no comércio negreiro — o mais rendoso —, vai ser aplicado em atividades industriais ou obras públicas, como estradas de ferro, melhoria de portos e outros, na brilhante década de 1850.

A marcha da campanha antiescravista cresce de vulto. A Guerra do Paraguai, de 1864 a 1870, torna vivo o problema, com a crítica ao uso de escravos nas fileiras do Exército: como o recrutamento era difícil, os proprietários substituem os seus filhos por escravos, seu grande bem depois da terra. Se o Império já era criticado no mundo americano, malvisto pelas repúblicas vizinhas, estas vêm aí outra razão de desprezo. Na verdade, nelas contava pouco a escravidão negra, forte só em Cuba. Na mesma década da Guerra do Paraguai, verifica-se nos Estados Unidos, entre 1861 e 1865, a Guerra da Secessão, entre os estados do Norte e os do Sul, aqueles contra, estes defensores do estatuto escravo.

Finda a campanha do Paraguai, cresce a onda favorável à extinção de escravatura. Dom Pedro II concita ao debate, quando, em sua Fala do Trono de 1867, propõe o assunto, já discutido no Conselho de Estado, no qual o jurista José Antônio Pimenta Bueno, em 1866, redige cinco projetos, a pedido do imperador. O debate na Câmara e no Senado é vivíssimo e dele resultará a chamada Lei do Ventre Livre, declarando livres todos os filhos de escravas a contar de 28 de setembro de 1871, data da lei, com providências sobre a criação de menores — chamados "ingênuos", até oito anos de idade, com o possível uso de seus serviços até 21 anos, como sobre a manumissão anual de escravos, com fundos para financiar a medida, por sorteio dos possíveis beneficiados. É o gabinete do visconde do Rio Branco, o mais longo e um dos mais ativos. A lei parecia a muitos o fim do escravismo, pois sem entrada de negros e sem mais nascimento de escravos, era fatal seu fim.

O movimento de propaganda crescera, há jornais e sociedades abolicionistas; chegam ao trono pedidos de políticos e intelectuais de prestígio do exterior. Dom Pedro II era muito sensível a pronunciamentos do gênero, sobretudo provindos de escritores eminentes. Alguns dos principais políticos são abolicionistas apaixonados. Entre eles, lembre-se o jornalista, escritor e deputado Joaquim Nabuco. Ele dirige a campanha com êxito, em artigos de jornais, discursos na Câmara e em comícios, com seu vigor e brilho. Importante é o livro *O abolicionismo*, de 1883, um dos mais notáveis de sua obra e das mais profundas análises do sistema. A luta abolicionista foi a primeira de cunho popular e de massa, a sacudir uma sociedade amorfa, pouco empenhada.

Os escravistas protelam quanto podem a decisão, a ser tomada por fases: depois do fim do tráfico e com a liberdade dos nascituros, será a liberdade para os idosos. Os gabinetes ministeriais praticamente não cogitaram da escravidão, de 1871 até 1882, quando volta o debate. O governo ficara anestesiado ante a questão com a Lei do Ventre Livre, como se com ela tudo se resolvesse. Deseja-se agora aumento do fundo de emancipação, imposto sobre a venda de escravos e o fim do comércio interprovincial de cativos, então com certa intensidade — as províncias de Sul vão buscá-los no Nordeste. Também longamente debatida, será a lei de 1885 — a Lei dos Sexagenários liberta os de mais de 65 anos, ou lei Saraiva-Cotegipe, nome do ministro que a encampa na fase decisiva e do que a vê aprovada. De fato, a nova lei apenas protelava mais uma vez o regime, em expediente comum entre os políticos.

Então a campanha fica avassaladora. Formam-se sociedades abolicionistas em todos os pontos. Certas províncias, a começar pelo Ceará e Amazonas, chegam a suprimir o estatuto. Problema nacional, passa a ter soluções regionais. Apoio importante é o Clube Militar, que declara ser degradante para o soldado perseguir escravos fugidos. Tinha-se como certa a abolição, esperava-se apenas a hora. O projeto de extinção é ardentemente discutido e aprovado no dia 13 de maio de 1888 — data essencial na história do país. O Brasil era o último Estado americano a fazê-lo: a maior parte, logo nos anos iniciais dessas repúblicas. Cuba, a colônia espanhola de maior população negra, suprimiu o sistema em 1879, mas os ex-escravos teriam de trabalhar até 1888: lei de 1886 terminou com o *patronato*, que subjugava ainda 30 mil ex-escravos. Em 1888 o imperador estava fora, sua filha a princesa Isabel era a regente. Ela assina a lei ante enorme júbilo popular. Pode-se dizer que a abolição foi obra da rebeldia do negro e do empenho da sociedade, da nação no seu todo, mais do que de seus dirigentes.

O país contava com 723 mil escravos, a maior parte — 192 mil — em Minas Gerais. O alto número ainda no fim do século comprova a persistência do sistema. Os ex-escravos tiveram sérias dificuldades; alguns continuaram no mundo rural, outros vieram para as cidades, com embaraços para eles e o país, por despreparados para as atividades urbanas. A culpa era da lei, é claro, não deles, pois não atentou para o caso de modo global. A abolição devia ser completada por uma reforma agrária, configuradora da democracia rural, pedida por André Rebouças e Joaquim Nabuco, providência que não se tomou. Se o proprietário não teve indenização, o ex-escravo também não obteve qualquer ajuda. Foi jogado à própria sorte, enquanto o governo começa a dar terras e outros auxílios ao imigrante, em comportamento incoerente.

Terminava a escravidão, mas a Monarquia era abalada em suas bases, com a recusa de apoio dos grandes proprietários. Eles não se conformam com o fim do sistema sem indenização. Denunciam aí a falta de respeito à propriedade, esteio da ordem social e política do Brasil dito liberal. Conhecida como Lei Áurea, temia-se com ela o abalo da produção agrícola. Que não se verificou, pois o principal centro produtor de café era São Paulo, já preparado para a eventualidade com o trabalho do imigrante. A velha província do Rio de Janeiro, de conservadorismo arraigado e menos visão política, não se preparara e é atingida.

A economia não sofreu o abalo tão denunciado, pois conforme o ensinamento dos economistas, se a escravidão era uma fórmula econômica para um problema econômico, com o tempo acaba por ser antieconômica. O trabalho escravo afasta o do homem livre, não incentiva o progresso tecnológico.

Se não abalou a produção agrícola, como temiam os senhores, abalou profundamente o trono. A Monarquia perde o apoio dos latifundiários, de expressão decisiva na política. O gabinete que referendou a lei com a princesa Isabel, presidido por João Alfredo Corrêa de Oliveira, é substituído em 7 de junho de 1889 por outro, liberal, presidido pelo visconde de Ouro Preto. É para fazer face à terrível crise política, agravada pela Lei Áurea. Era tarde para evitar a avalanche republicana: a Monarquia é derrubada pouco mais de cinco meses depois. Caía o único trono do continente. A América passa a ser, toda ela, republicana.

MOVIMENTO REPUBLICANO

A derrubada da Monarquia em 1889 não é surpresa. O Brasil tinha natural tradição republicana. Como no continente não houve monarquia, era visto como exceção, com suspeitas e até hostilidades. Nos movimentos contestadores da Colônia, como na Conjuração Mineira de 1798, a República era prevista como fatal, pois Monarquia supõe tradição, casa reinante e outras coisas ausentes no país. Explica-a, como se lembrou mais de uma vez, a vinda da família real portuguesa em 1808. Daí a singularidade da independência brasileira e a criação de um Estado monárquico em 1822, o único consistente na América. Vai durar 67 anos.

Durante esse período houve contestações, com a pregação do ideal republicano. Ele aparece em algumas lutas armadas, não em todas: é presente na Sabinada e na Farroupilha. Jornais fizeram propaganda republicana, que a Constituição era liberal nesse particular e dom Pedro II muito tolerante. Os desentendimentos entre os partidos Liberal e Conservador e a acusação do poder pessoal do imperador culminam, em plena Guerra do Paraguai, na mais espetacular queda de gabinete — a de 1868. Muitos liberais descontentes e sem possibilidade de outro funcionamento do sistema aceitam a sua substituição. Aliam-se a republicanos tradicionais e criam o Partido Republicano em 1870, que lança manifesto, em cuja conclusão se diz: "Somos da América e queremos ser americanos. A nossa forma de governo é em sua essência e em sua prática antinômica e hostil ao direito e aos interesses dos Estados americanos". O ano de 1870 assinala ainda a queda do Segundo Império francês, em reforço do antimonarquismo. E a República será feita em 1889, primeiro centenário da Revolução Francesa. Mera coincidência, sem dúvida, mas que pode provocar algum questionamento, pois as datas têm certa eficácia natural.

A década de 1870 assinala a degringolada do regime até aí vigente. Os militares chegados dos campos do Paraguai querem participar da vida pública, da qual estavam de fato distantes. Dom Pedro II não os via com olhos favoráveis: homem mediano, tinha, entre outros preconceitos, o anticlerical e o antimilitar. A seu ver, o padre devia ser mestre-escola e o militar empregado na construção de obras públicas. O grupo vem da guerra com certa arrogância e messianismo, características comuns entre eles não só no Brasil, mas em todo o mundo, até então ausentes ou dissimuladas. Os partidos têm entre suas lideranças militares notórios: se os conservadores tinham Caxias, os liberais exibem Osório. E as questões entre o governo e eles começam a ganhar vigor na década seguinte, contribuindo para enfraquecer o trono.

Lembre-se de vários outros fatores atuantes nessa direção. Logo no começo da década de 1870 verifica-se o choque entre o governo e a Igreja — a chamada Questão Religiosa, à qual se fez referência no item sobre a vida política.

A esse abalo com um segmento social significativo seguem-se outros. Tornam-se comuns os conflitos entre militares e o trono — as chamadas Questões Militares. Pequenos incidentes, se cada um *per se* é insignificante — insubordinação de certos militares a ordens de ministros, entrevistas à imprensa com censuras ou desafios a superiores, quebra de hierarquia, todas elas atividades interditadas aos militares, que passavam sobre os regulamentos ou as leis —, seu conjunto revela estado de hostilidade perigoso. Os conflitos vão de 1883 a 1889.

Se o apoio da Igreja é diminuído, também é o dos militares, de modo até mais incisivo. Demais, na Escola Militar domina a pregação positivista; considera o regime com suspeita e tem inclinações republicanas. O ensino ali ministrado gira cada vez mais em torno de questões políticas que técnicas. Instaura-se o *militarismo*, comum nas repúblicas vizinhas: ele mudará o regime em 1889, com atuação crescente no governo, como se verá na parte seguinte. Começou no Império, no seu final, o conflito entre o soldado e o civil, ou entre o *fardado* e o *casaca*. O positivismo quer a ditadura republicana. Mais uma originalidade brasileira, pois na Europa aquele pensamento não se dá bem com as Forças Armadas, apesar do acento autoritário de Augusto Comte. O ídolo da Escola Militar é o professor Benjamin Constant Botelho de Magalhães, um positivista. Os desentendimentos vão em marcha crescente, culminando com uma festa na Escola Militar, em outubro de 1889, em homenagem a marinheiros de um cruzador chileno no Rio de Janeiro, na qual fala Benjamin Constant, com palavras de defesa do Exército, críticas a ministros e veladas censuras ao trono.

A situação tende a uma ruptura. Havia muitos problemas. Se o Exército é quase republicano, a Marinha é monarquista. As dissensões entre soldados contestadores de diferente graduação e civis ecoaram na Câmara e no Senado, também cenário da luta, como se vê em debates como os dos senadores Cotegipe — chefe conservador — e Pelotas, militar e senador atuante, que defende no plenário as causas e eventuais insubordinações de colegas de farda. A situação é perigosa e prenuncia a República, a ser feita sobretudo por militares, que dão o golpe de Estado. De fato, o 15 de novembro, à primeira vista, é uma parada militar. É importante ver nesses conflitos algo além de desentendimentos com autoridades governamentais, como a emergência de novo grupo político, diverso do setor atuante até então, constituído eminentemente por fazendeiros. É uma das expressões do surgimento da classe média como força.

Outra perda de apoio decisivo é a abolição do estatuto escravo sem indenização aos proprietários. Estes, certamente o mais ponderável elemento político, desgostam-se com a ordem dominante e passam a ser-lhe indiferentes ou hostis, aumentando as fileiras republicanas. A Monarquia já não merecia mais confiança, pois desrespeitara a propriedade, e, tirando-lhes a mão-de-obra quase gratuita, abalava a posse da terra que continuavam a deter.

Antes de ser viva a campanha republicana já era viva a campanha federalista. O sentido unitário da Constituição de 1824 sempre mereceu críticas, desde a sua outorga. Como se lembrou, a única reforma do texto foi o Ato Adicional, tentativa tímida de alguma descentralização, mas a lei não vinga e é logo reformada em 1840. Políticos e publicistas se chocam em torno da centralização-descentralização, debate constante no Brasil desde o século XVI. Ele é o fulcro do pensamento político oitocentista. Se um dos grandes teóricos desse pensamento é então o visconde do Uruguai, conservador e autor de dois livros importantes em defesa da unidade, só possível com a centralização — *Ensaio sobre direito administrativo*, em 1862, e *Estudos práticos sobre a administração das províncias*, em 1865 —, o expoente da pregação descentralizadora é o jovem político Tavares Bastos, que edita em 1870 o livro *A província*. Apaixonado pelo federalismo da República dos Estados Unidos, quer vê-lo em prática no Brasil, denunciando a hipertrofia do centro e a atrofia das extremidades; quer privilégios para as unidades político-administrativas, para as províncias se desenvolverem, a seu ver tolhidas pelo centralismo excessivo e desfigurador.

A campanha federalista adquire corpo, vista como solução para a pobreza nacional e para as dificuldades administrativas de uma nação imensa e com peculiaridades regionais acentuadas. Como as unidades tivessem desenvolvimento desigual, não podiam ter o mesmo cuidado do centro. Se o federalismo tem defensores a princípio mais entre políticos, jornalistas ou publicistas radicais, aos poucos chega aos moderados. Adquire vigor na última década, na de 1880. Joaquim Nabuco, por exemplo, sempre monarquista, pede a federação. Rui Barbosa quer a federação, com a Monarquia ou sem ela. O próprio governo pensa em adotar o federalismo. Um político e publicista liberal moderado — Afonso Celso de Assis Figueiredo, futuro visconde de Ouro Preto — publica em 1883 um livro intitulado *Reforma administrativa e municipal*, advogando alguma descentralização: a administrativa, sem afetar a desejável unidade política. Curiosamente, no governo do último gabinete, o visconde adota nova política financeira, dando poder de emissão aos bancos regionais. Era pouco, no entanto.

Os positivistas são pela federação, descentralizadores, fiéis à pregação do chefe Augusto Comte, apologista das regiões e seus direitos, das chamadas pequenas pátrias, realidade muito viva na França, como se sabe. O ideal federalista animou as revoltas da Regência, tão significativas no país, como se acentuou na chamada "experiência republicana'' entre 1831 e 1840. Em vários manifestos de Partidos políticos é constante e forte a pregação.

Outro dado, menos sensível, mas a ser levado em conta, é o fato de dom Pedro II estar precocemente envelhecido, esgotado. Havia o consenso de que, com ele, se extinguia o sistema. Era impossível o Terceiro Reinado, não tanto pela princesa Isabel como pela impopularidade de seu marido, o conde d'Eu.

Havia pois clima propício à queda do trono, à instauração de outro regime, pregado na imprensa e na tribuna. A representação parlamentar dos republicanos era muito reduzida — apesar da liberdade de propaganda, os republicanos eleitos para as assembléias legislativas provinciais ou para a Câmara são em número ínfimo. Os primeiros são eleitos em 1884. Em 1888 e no seguinte a conspiração adquire vigor. Há muitos jornais e 237 clubes de propaganda no país. Os militares são os mais ativos. Articulam-se e dão o golpe de Estado do dia 15 de novembro de 1889, encerramento da Monarquia e começo da República. O gabinete pedira exoneração, dom Pedro aceita-a e pensa ainda em substituí-lo por outro. Era tarde, pois o marechal Deodoro, líder do movimento, já assinava os primeiros atos da nova situação, instituindo a forma de República federativa. O imperador e sua família são banidos, vão para a Europa, onde dom Pedro II morre dois anos depois.

A participação popular foi pequena, menor que na independência, apesar de o país estar no fim do século com outra fisionomia — mais urbanizado, com a população de cerca de 14 milhões de habitantes e com segmentos sociais diversificados: se a agricultura era ainda a atividade econômica predominante, já há uma indústria de certa expressão. Nota mais importante: superara-se o escravismo, impondo-se o trabalho livre, assalariado. Com outra forma de produção, tem-se o quadro para o estabelecimento do capitalismo, até aí ainda frágil. De fato, o 13 de maio de 1888 é mais importante que o 15 de novembro de 1889, do qual foi o principal agente. É juízo certeiro o de Sérgio Buarque de Holanda: ''1888 representa o marco divisório entre duas épocas; em nossa evolução nacional, essa data assume significado singular e incomparável''.[24]

O povo, porém, contemplou com indiferença quanto se passava em círculos superiores de atividade política. Mesmo entre eles não havia um programa, unidade de vistas: os militares — elementos decisivos —, os políticos — alguns republicanos tradicionais, outros adesistas de último instante (o melhor exemplo é Rui Barbosa, que se tornaria o grande modelador do sistema, contra a política imperial nos últimos meses, mas só adepto de República dias antes) —, os positivistas. O povo, se sonhara com a República na Colônia e no Império, recebe sem entusiasmo o novo regime. Ele é aceito sem protestos de expressão, embora houvesse alguns na primeira década, a última do século.

Afinal, o Brasil integra-se no sistema continental, identifica-se com as demais nações. Embora lhe faltasse o entusiasmo popular, podia ser visto como algo de novo, a despertar esperança, pois a Monarquia era tida como obscurantista, sem cabimento no mundo e ainda mais em país novo. Seu exercício ao longo de dilatado período não criara o acatamento da autoridade, existente nas grandes monarquias, que vão atravessar o futuro século, como se vê nas diversas existentes ainda hoje, algumas das quais figuram como as de melhor desenvolvimento e exemplos superiores da justiça social. Modernas, até avançadas.

NOTÍCIA ECONÔMICA

O café seria a base econômica de todo o Império, em produções crescentes. A cultura apresenta volume extraordinário, de modo a constituir uma das maiores empresas agrícolas do mundo, fazendo o país fornecedor quase absoluto do mercado internacional. Fixa-se no Centro-Sul o eixo econômico, antes no Nordeste. É fonte de relativa consistência. Entretanto, revelando o pouco critério do administrador, a riqueza não é convenientemente assistida. Vindo do Norte para o Rio de Janeiro, espalha-se logo, sem dificuldades, pela abundância de terras e escravos. O país, agrícola, só tem Ministério da Agricultura em 1860. A cultura adianta-se na economia a contar da década de 1830. Começa pelo vale do Paraíba, Sul de Minas, atinge São Paulo, onde caminha ao longo do rio e vai para outras direções: a planta esgota o solo e exige muitos cuidados, mudando constantemente. O processo é melhorado, do cultivo à embalagem. O avanço nota-se sobretudo nas novas terras: as do vale do Paraíba, fundadas na escravidão, ficam em posição desvantajosa, enquanto se abrem outras frentes e surgem novos núcleos, sob o signo do imigrante e homem livre. É a vez de São Paulo, cujo decisivo impulso tem início pelas alturas de 1870.

Além do café, consigne-se a cana, vinda do início da colonização. Em estado de abatimento, pela concorrência de outras áreas e produtos, a cana e o açúcar têm história pouco movimentada no

Império. Atividade agroindustrial, continua a ser feita em pequenas usinas e já em engenhos a vapor. Na década de 1870, há os engenhos centrais, em novo avanço, apesar das resistências às inovações. E chega-se à usina, de tecnologia avançada, organização moderna e trabalhadores livres. Lembrem-se outras culturas, como o fumo, cacau, algodão — sem falar nas de consumo para alimento, fundamentais, como a mandioca e o milho. O algodão continua a ser cultivado. Sua prosperidade coincide com as crises da economia norte-americana, como na década de 1860, quando a Guerra da Secessão afeta os estados produtores. O novo surto atinge agora São Paulo. É cultura praticada por pequenos fazendeiros, pois os grandes se concentram no café. Finda a crise, a produção não cai, pelo aumento das fábricas de tecidos.

Quanto à indústria, o período apresenta certo interesse. É atividade de desenvolvimento moroso, freada por vários fatores: os donos do capital preferem a agricultura, pela certeza sem risco dos produtos; a falta de mentalidade associativa e empresarial; o governo não ajuda, constituído sobretudo de gente ligada à terra. Domina então a idéia da divisão do trabalho — certas nações seriam agrícolas, outras industriais. Não se atentava para as disparidades de preços dos artigos de umas e outras, as agrícolas perdendo alto. Outra idéia comum é a não-intervenção do Estado, pela crença no liberalismo, como se dá com as tarifas. O incentivo e decorrente impulso, dado de 1808 a 1821, quando presente a Corte portuguesa, teve paralisação.

O primeiro fator a favorecer a indústria é a lei de proibição do tráfico, de 1850: ela libera o pequeno capital, empenhado no rendoso negócio escravo. Impedido, deve encontrar outra aplicação. Esta ajuda a desenvolver o gosto associativo, gerador de muitas empresas, com participação do arredio capitalismo nativo. A grande figura é Irineu Evangelista de Sousa, depois barão e visconde de Mauá. Toma iniciativas de todo tipo; sua ação estende-se pelo Brasil, sem falar em participações bancárias em Montevidéu, Buenos Aires, Nova York, Londres, Paris. É o símbolo de euforia de então — a Era Mauá —, quando o país se lança a aventuras econômicas e financeiras como se fosse a Inglaterra ou os Estados Unidos. É o grande empresário, figura rara no Brasil ainda hoje e fenômeno extraordinário então. Sua história é a de homem moderno em meio acanhado, que não teme a iniciativa industrial, explicação para o tolhimento de sua carreira, levando-o à ruína por motivos secundários.

O empresariado adquire consciência de seus direitos, criando em 1880 a Associação Industrial, para lutar pela causa, com ideal nacionalista, protecionista. Já há algumas fábricas, dedicadas a certas produções: têxteis, calçados e chapéus, linhas, alimentos, louças, produtos químicos. O setor mineral pouco progride. As iniciativas ousadas do tempo de dom João não vingam. Depois, generaliza-se a exploração do ouro de mina, quase sempre com capital inglês. O ferro continua a ser produzido por métodos rudimentares. Só no fim do período aparecem fábricas de alguma importância. Fruto da Escola de Minas, criada em Ouro Preto, em 1875. É o principal momento de consciência tecnológica com ensino em nível superior. Antes havia os liceus de artes e ofícios, ou as escolas de agricultura, de pequena atração: só alguns pobres os procuravam. É possível denunciar aí o preconceito contra as atividades mecânicas ou manuais, fruto da escravidão, estigmatizador de todo trabalho não intelectual.

Em síntese, a década de 1850 iniciou impulso, logo tolhido, recomeçado no fim da Monarquia. Ajudaram a indústria: a segurança institucional do país; a política tarifária, eventualmente, por vezes protecionista; dificuldades de pagamento de importação; crise do câmbio, encarecedora do artigo estrangeiro; lei do tráfico, liberadora de capitais; a ocasional aparição de empresário como Mauá; crises da lavoura; esboço de ideal nacionalista. Se esses fatores ajudam, outros tolhem, como a sobrevivência da ordem agrária; defesa da importação; liberalismo econômico; pequena dimensão do mercado; falta de renda do maior número e vulto mínimo de numerário; dependência da economia externa, ditando por vezes a política a seguir. Fator significativo é a existência até 1888 do escravo e a vinda do imigrante.

Se o escravo é fundamental para o trabalho, destaque-se também o imigrante. Embora o Brasil não seja típico da presença estrangeira, é enorme a influência que ela exerce. Já no período colonial existe, embora de entrada incerta e proibida. A imigração de fato começa com a vinda da Corte, na experiência de suíços em Nova Friburgo. Essa, como as seguintes, com alemães no Sul, dão pequeno resultado. O movimento cresce aos poucos até 1830, para então declinar, pela instabilidade da Regência. Segundo Manuel Diegues Júnior, especialista no assunto, o primeiro período vai até 1850, quando teriam entrado 21 599 estrangeiros. O segundo é balizado pela lei do tráfico e da abolição — 1850-88. Fatores ponderáveis o explicam: desde 1848 os governos provinciais têm direito de estabelecer colônias; a lei de terras, de 1850, é de efeitos favoráveis; a pregação do abolicionismo, tido como certo o fim do escravo. Torna-se comum a idéia do imigrante, como alternativa. Multiplicam-se as colônias, mais no sul, em São Paulo, no Rio de Janeiro e no Espírito Santo. Os números não são grandes, a princípio, até as altas cifras da última década do Império. Nesse período teriam entrado 882 175.[25]

Tão importante como o número é a qualidade. É população de outros conhecimentos, novas e melhores técnicas agrícolas. Contribui para a mecanização da lavoura, elevação do trabalho artesanal, manufatureiro e industrial, pelos conhecimentos e atividades: assim no fabrico de alimentos, bebidas, cigarros; nas ferrarias, fundições, carpintarias, curtumes. Além de marcar o processo produtivo, contribui para a organização social, com a divisão do latifúndio, a pequena propriedade. Instala-se em núcleos rurais ou nas cidades.

Houve problemas: a ordem escravista era obstáculo à imigração e explica episódios como revoltas de colonos, pela tendência do proprietário de terras a tratá-los como escravos. Era difícil ou mesmo impossível a coexistência das duas formas, pois a primeira exclui a segunda. Demais, o recrutamento não foi bom. A polícia de cidades européias, para livrar-se de marginais, encaminhava-os às empresas em busca de pessoal na Europa. As companhias com esse fim não foram organizadas com honestidade. Entravam em contato com selecionadores pouco dignos, fazendo propaganda da nova terra com promessas de impossível cumprimento. Depois, colocavam os imigrantes em zonas de climas adversos, sem qualquer preparo e assistência. Daí as dissensões e medidas tomadas contra o Brasil por governos europeus, como a proibição da Prússia, em 1859, de vinda para São Paulo, estendendo-se a medida a todo o território, em 1871. Também a Inglaterra e a França tomam providências em 1875-76, como a Itália em 1881 e 1888. O Brasil era malvisto, os imigrantes preferem outras terras. Só é objeto de interesse depois da Lei Áurea. Entre os imigrantes, distinguem-se os italianos. Os portugueses, de pouca procura do Brasil até 1850, passam a vir em grande número depois. Também espanhóis, alemães; como os italianos, influem na agricultura, com novos produtos e métodos, ou nas manufaturas, cujo nível elevam. Em menor escala vêm norte-americanos, em decorrência da Guerra de Secessão. Ou franceses. Ou ingleses: se em número pequeno, estes exercem influência digna de nota, pois são gerentes, funcionários de bancos, estradas de ferro, indústrias, cujos capitais têm origem britânica. Introduzem hábitos e estilos logo imitados. Há ainda os judeus, os turcos, ou de outras nações.

A vida econômica foi objeto de muita lei especial. Uma delas o Código Comercial, tentado desde 1809. A Regência, em 1833, pensou mais no assunto e o incrementou com projeto de moroso andamento, sancionado pelo imperador dia 2 de maio de 1850. Mais fundamental ainda é a regulamentação das terras. Lei portuguesa de 1375 estabelecia as sesmarias, com vistas à propriedade e seu conveniente uso. Elas se multiplicam no período português e depois do Brasil independente, até que é feita lei número 601, de 18 de setembro de 1850 — a Lei das Terras. Se não altera a distribuição vigente, a contar de agora só por compra poderiam ser obtidas as áreas devolutas. Feita para demarcar as terras livres e sua venda, o objetivo maior era facilitar a imigração. O principal estava por fazer — a justa distribuição do solo por todos os habitantes. Muitas outras leis foram feitas no Império e na República. Com o fim do escravo era imposição e o objetivo não foi determinado. O problema continua a ocupar as atenções, na espera de encaminhamento mais satisfatório.

Parte IV

REPÚBLICA
(1889-1964)

PERIODIZAÇÃO DO REGIME

A história da República vem sendo nos últimos anos a de mais cultivo. Até há algum tempo nem era considerada, sob a alegação de que não se faz história do presente: a idéia foi subvertida e já se tende ao erro oposto, de só fazer ou hipertrofiar a atual. Contribuem para o interesse pela fase não só as afirmativas em favor do contemporâneo como o intenso cultivo de temas brasileiros por cientistas sociais patrícios e de outros países — os chamados "brasilianistas" —, que se dedicam mais ao recente que a épocas recuadas. Dedicam-se intensamente à história brasileira outros cientistas sociais — sociólogos, economistas, cientistas políticos... —, que se interessam sobretudo pelo dia de hoje ou pelo passado mais próximo. Cultiva-se mais a história da República que a da Monarquia ou da Colônia. Se antes havia dificuldades por faltas, hoje há pelo quase excesso de produções.

O primeiro problema a ocupar na história da República é a necessidade de periodização. De modo esquemático, pode-se falar em duas grandes fases: a Primeira República ou República Velha e a Nova República, com o ano de 1930 como referência — 1889-1930, 1930-64. Há excessiva simplificação no esquema. Se estes valem sobretudo pela funcionalidade, o apontado é pobre demais. Melhor adotar fórmula menos singela. E tem-se: 1) de 1889 a 1894, a República dos Marechais; 2) de 1894 a 1930, da convencional retomada do poder pelas oligarquias ao início de ruptura, de 1922 à chamada Revolução de 1930; 3) de 1930 a 1937, uma grande virada, com o governo Vargas, primeiro como ditadura, depois constitucional, com a pregação das ideologias de direita e esquerda; 4) de 1937 a 1945, o Estado Novo, com o corporativismo de Vargas; 5) de 1945 a 1964.

O período pode ser subdividido: 1) de 1945 a 1954, com o interregno presidencial de 1946 a 1950, concluído com a volta de Vargas à Presidência, agora eleito; 2) de 1955 a 1964, com a chamada Era JK, de 1956 a 1961, completada com a instabilidade e a crise de 1961 a 1964, quando a chefia do Estado se conduz com insegurança e termina com o golpe militar de 1964, que depõe o governo e instaura outra ordem, na alegada revolução regeneradora dos militares.

Esse esquema é inspirado em estudo de vários autores, interessante e provocativo, adaptado com bastante liberdade. Nem mesmo como simples notícia se avançará até os dias atuais, pelo risco da proximidade, quando não é fácil a visão serena.

REPÚBLICA

A REPÚBLICA VELHA

1

PRIMEIRO ATO

Tinha-se como certa a adoção da República. Esperava-se apenas que a Monarquia acabasse com dom Pedro II: ele não estava velho — pouco mais de sessenta anos —, mas tinha aspecto de muito idoso, precocemente abatido. O golpe de sua derrubada não foi surpresa, já há algum tempo se trabalhava pelo novo regime. O Partido Republicano era atuante, com jornais e clubes, mas sem despertar o entusiasmo da campanha abolicionista. Como se viu, vários fatores debilitaram o trono, tornando inevitável a sua queda. O 15 de novembro foi uma parada reunindo militares e políticos, muitos dos quais adesistas de última hora. Para a geração mais jovem, havia esperança de algo novo. Para outros, no entanto, havia o temor das práticas políticas das repúblicas vizinhas, com seus *pronunciamientos* e o caudilhismo do continente. Acreditava-se na ordem imperial em oposição à desordem e à instabilidade características das nações em torno — idéia que se encontra mesmo entre elas e nos Estados Unidos e na Europa. Se a República não era esperada para tão breve, também não surpreendeu, pois tinha raízes no país, pelo menos desde o século XVII, e a Monarquia resultara de acidente da história européia. O Brasil integrava-se bem na comunidade americana.

Na própria noite de 15 de novembro constituiu-se o primeiro Governo Provisório, sob a chefia do marechal Deodoro da Fonseca. No ministério havia políticos, militares, positivistas. Ganhou realce imediato o jurista Rui Barbosa, redator das primeiras leis, com a adoção do sistema republicano federativo (decreto número 1); as antigas províncias passavam a estados. Houve ligeira reação, sem mais profundidade, que se prolongou entre alguns intelectuais ao longo da última década do século, da qual resultaram ações e a edição de poucas obras de combate. No primeiro momento houve uma onda de tentativas de anular o passado, com a mudança de nomes que lembravam os da Monarquia: atos sem importância, foram logo revistos. A bandeira teve alterações no desenho: se as cores se mantiveram, na parte central, onde se viam as armas imperiais, há agora uma esfera estrelada, com uma faixa com o lema "ordem e progresso", de inspiração positivista. Os estrangeiros aqui vivendo e que não se opusessem passariam a ser vistos como brasileiros — é a Grande Naturalização. Estabelece-se uma rigorosa censura à imprensa.

O novo regime começava com o fervor legislativo típico dos novos, para o que contribuía a presença no governo de Rui Barbosa, culto e eficiente jurista: havia ministros do Interior e da Justiça, mas Rui, na pasta da Fazenda, é que construiu formalmente a República. Demais, não deixou de lado o empenho em reformar a sociedade e dar nova fisionomia à economia. Ministro ativo e lúcido, realizou amplas mudanças financeiras, na verdade exigidas não só pelo ideal federalista como pela substituição do trabalho escravo pelo livre, necessitado de capitais para atender ao vulto de pagamentos. Aprofundou a reforma financeira do último gabinete imperial — iniciativa do visconde de Ouro Preto. A prática de multiplicação dos meios assustava a opinião cautelosa, acostumada à prudência, temerosa de emissões, gastos e investimentos, presa às miragens tradicionais, com o cuidado do equilíbrio orçamentário. Sua reforma assustou os colegas de ministério. Se foi essa a sua obra de mais vulto, na pasta específica, não teve correta continuidade, pois Rui ficou no governo apenas um ano e dois meses: político vindo do Império, teve enorme atuação na República até sua morte, em 1923, mas só no Legislativo; sua única passagem pelo Executivo foi esse ministério. De sua pena é quase toda a legislação inicial, como a forma de governo, a separação do Estado e da Igreja, a liberdade de cultos, com o registro e o casamento civil, a secularização dos cemitérios.

O governo tinha algumas inconsistências: o positivista Benjamin Constant não podia permanecer na pasta da Guerra, para a qual não tinha inclinação, sendo lembrado para outra, de breve existência, de Instrução Pública, Correios e Telégrafos. Se já no primeiro ano se verificam mudanças, culminam com a crise de janeiro de 1891, quando se dá a demissão do quadro formado por Deodoro. Como esse corpo já sofrera algumas alterações, na verdade chega ao fim a primeira fase do presidente provisório. Apesar de ainda no começo, o marechal revela impaciência e nomeia figuras antirepublicanas, como o barão de Lucena, abandonando os históricos, os fiéis ao regime. Será o começo do fim do velho militar, que não vai permanecer por muito tempo. Realiza o mais importante, como a constitucionalização do regime.

CONSTITUIÇÃO DE 1891

No começo da nova ordem, já a 3 de dezembro de 1889, é criado grupo especial para anteprojeto de Constituição: cinco membros, republicanos históricos. O trabalho foi entregue dia 24 de maio. O texto é discutido pelo ministério, com o natural realce de Rui Barbosa, que lhe dará o molde federal e presidencialista. O Governo Provisório encampa o projeto e convoca a Constituinte, a ser eleita dia 15 de setembro e com Assembléia instalada em 15 de novembro. Havia 205 deputados e 63 senadores. A maior bancada era a de Minas Gerais, com 37 autoridades; São Paulo e Bahia tinham 22. Há mais advogados, seguidos pelos médicos e engenheiros. Há também quarenta militares, fato compreensível pela presença do grupo na deposição da Monarquia. Entre liberais e conservadores, exaltados, radicais e positivistas discutiu-se muito, embora não houvesse distância do projeto inicial.

A questão básica é o federalismo, tendendo ora ao predomínio da União, ora ao dos estados, ou unionistas e federalistas. Os unionistas, liderados pelo ministro Rui Barbosa, foram vitoriosos. O estilo estava próximo do Império, marcado pelo sentido unitário. Se o modelo é norte-americano, os estudiosos já atentaram para a grande diferença entre os casos brasileiro e aquele. O Império era centralista, partindo-se de um complexo unitário para a descentralização, enquanto na República do Norte se partiu da descentralização para a unidade, de entidades que abdicam de suas prerrogativas em favor do centro, diferença a marcar com nota forte os dois casos, distinguindo-os desde a origem. A atribuição de tarefas e recursos acirrou os ânimos, sobretudo quanto às rendas — as da União e as dos estados. A fórmula vitoriosa atentou mais para o poder central que o dos estados. Quanto ao pretendido direito de terem legislação própria, este não foi negado, mas não se admitiu que em matéria básica — sistema legal, civil, comercial, criminal — as unidades legislassem; venceu a tese da legislação pelo Congresso Nacional. Como se sabe, nos Estados Unidos há enormes diferenças nas leis de um ponto para outro — lembrem-se os exemplos sobre a escravidão, o divórcio, ou os episódios da Lei Seca, proibitiva do álcool, nenhum deles possível no Brasil. Adotou-se um federalismo mitigado, não um federalismo sem peias, como era pedido pelos positivistas da bancada do Rio Grande do Sul.

Outro tema fundamental foi o presidencialismo. Regime comum na República, foi o adotado, também à maneira dos Estados Unidos. A idéia parlamentarista não teve vez. O Executivo seria desempenhado pelo presidente, eleito pelo voto direto por quatro anos. O debate entre parlamentarismo e presidencialismo continuaria, com projetos até hoje e só com um curto período de adoção equivocada, como se dará em 1961. Documento simples, a Constituição foi promulgada a 24 de fevereiro de 1891.

Sua prática não foi simples. Logo no princípio, a renúncia de Deodoro criou problemas sobre a posse do vice, Floriano Peixoto, bastante questionada. Houve lutas sangrentas, intervenções em alguns estados. Também foi embaraçoso o encaminhamento econômico, sobretudo quanto à mineração, por não distinguir o proprietário do solo e subsolo, o que tornou inviável um Código de Minas, só feito na verdade sob a vigência de outra Constituição, como se verá. O federalismo foi distorcido na prática, sobretudo depois de 1898, como se demonstra na análise da conhecida política do presidente Campos Sales. Falou-se mais de uma vez em reforma do texto, idéia sempre afastada. Só houve uma reforma, em 1926. O documento de 1891 durou até 1930, quando um movimento armado derruba o governo e tenta outra ordem. O trabalho da Constituinte de 1890-91 durou quase quarenta anos.

OS MARECHAIS

Se Deodoro foi presidente do Governo Provisório, feita a Constituição foi eleito presidente da República. Houve muita negativa de seu nome, ante a preferência por um civil, que só não se consumou pela ameaça de golpe militar. O grave é que a escolha do novo vice-presidente — também um marechal — era a certeza de futuros casos, pois o vice eleito, Floriano Peixoto, não era companheiro de chapa de Deodoro — este era o almirante Wandenkolk. Floriano foi o escolhido na votação pelos parlamentares e com maior número de votos que o presidente. Demais, conhecia-se a personalidade do vice e certa indisposição entre os dois. Deviam terminar os mandatos em 1894. A Constituinte passa a Congresso Nacional. Já é sensível a oposição a Deodoro, pouco flexível. Com a crise ministerial de janeiro, ele nomeia outro ministério, no qual pontifica o barão de Lucena, antes mesmo de promulgada a Constituição. Julgando-se diminuído com críticas de parlamentares, o presidente resolveu dissolver o Congresso, em ato de péssimas conseqüências e que o levará à renúncia. O primeiro presidente imitou duas vezes dom Pedro I: na dissolução do Congresso e na renúncia ao posto. Eram homens de mínima tolerância e sem a indispensável flexibilidade. Deodoro renuncia e abandona a vida pública. Já idoso, morrerá pouco depois.

Impunha-se passar o governo ao vice, Floriano Peixoto. Contestaram-lhe o direito, alegando-se não haver Deodoro chegado à metade do mandato, como estabelecia a Constituição, de modo a impor-se nova escolha eleitoral. A resposta era a legitimidade da situação, por ser o primeiro, eleito em condições especiais, por voto indireto. Um caso jurídico, que seria resolvido antes pela vontade firme da nova autoridade. Com a dissolução do Congresso por Deodoro, este contou com o apoio de todos os governos dos estados, menos o do Pará. Contra o ato presidencial violento revoltou-se a esquadra no Rio de Janeiro, no dia 23 de novembro de 1891. Ante ameaça de guerra civil, Deodoro renunciou. Floriano no poder revoga a dissolução do Congresso e trata de substituir todos os presidentes de estados que haviam apoiado aquele gesto. Em conseqüência, os vários governos estaduais são mudados. Há um clima de intranqüilidade e aí se revelará a fibra de Floriano, a enfrentar com vigor toda e qualquer oposição.

Homem forte, comete arbitrariedades, como em seu relacionamento com o Supremo Tribunal Federal. Estabelece logo a mística do poder nacionalista, o que lhe vale dedicações totais e animosidades também totais. Floriano foi o primeiro chefe populista na vida brasileira. Perseguiu de modo implacável os inimigos ou quem lhe fazia qualquer reparo. Rui Barbosa teve de viver no exterior, na Argentina, em Portugal e na Inglaterra, por seus artigos em jornais ou discursos. Vários jornalistas, alguns nomes importantes nas letras, foram proibidos de qualquer expressão e mesmo exilados dentro do país, em território distante. Tornar-se-ia o ídolo de alguns e um demônio de outros. Sua personalidade, conhecida como a Esfinge ou o Marechal de Ferro, seria posta à prova sobretudo em duas grandes lutas, das mais sangrentas, como se evidencia a seguir. Venceu-as. Parecia inaugurar uma época nacional.

Certa historiografia de cunho populista valoriza-o talvez em excesso. De fato, é o primeiro carisma da República. Seu alegado sentimento nacionalista, que o levava à defesa intransigente da segurança ou à construção de um país forte e economicamente emancipado, através da indústria, superadora das antigas limitações e vantagens, com proveitos só para a agricultura e seus poucos exploradores — usavam o antigo escravo, antes, o trabalhador rural, agora —, sem perspectivas para os segmentos médios ou de todo desfavorecidos — seria a essência da reforma econômico-financeira do ministro Rui Barbosa —, todo esse programa atribuído a Floriano tem algo de abstrato, pois não há palavras suas que o confirmem. Surge aí o presidente carismático, popular, aberto a um novo Brasil, em tese: a ser comprovado, contudo.

Quando termina o governo, uma revolta está encerrada, a outra logo o será. Floriano esqueceu-se da sucessão e os políticos a fazem, elegendo presidente o paulista Prudente de Morais, já lembrado para o cargo quando da eleição de Deodoro. Na verdade, a política foi quase um acaso na vida dos dois marechais. Velhos, fatigados e sem maior gosto para o exercício do poder, afastaram-se com discrição. Não nasceram para o governo esses dois militares que casualmente o ocuparam, mas com muita paixão, sobretudo Floriano.

A REVOLTA E A REVOLUÇÃO

O primeiro movimento da Armada teve lugar em 23 de março de 1891. Se não teve maior significado, outra luta da Armada teve muita expressão. O grave é que essa começou em setembro de 1893, quando já se alastrava a luta no Rio Grande do Sul desde fevereiro do mesmo ano — a chamada Revolução Federalista. A Revolta da Armada assustou o Rio de Janeiro, pois tinha lugar diante da cidade, cuja população se via sob ameaça de bombardeios: dos navios para a cidade e das fortalezas e mais armas do litoral sobre os navios, colocando os habitantes em perigo.

A baía estava com muitos navios, de várias nacionalidades — ingleses, norte-americanos, portugueses... —, seus chefes se articulam para defesa de seus concidadãos e da cidade em si mesma, ameaçando intervir. Não o fizeram, pelo acordo entre as várias partes. A rebelião foi chefiada pelo contra-almirante Custódio José de Melo. Floriano resistiu, dando combate implacável aos insubordinados. O protesto cresceu com a adesão da Escola Naval, por seu diretor, contra-almirante Saldanha da Gama. Este pensa em ocupar

Niterói, sem êxito. Se os chefes da esquadra tivessem tentado o bombardeio do Rio de Janeiro, logo de início, poderiam ter vencido. Não o fizeram, contudo, receosos do morticínio, acabando por perder o lance inicial. Enquanto as manobras continuavam na baía, entendimentos entre os vários chefes de navios estrangeiros, Floriano comprou outra esquadra para combater a contestadora. Com sua chegada, o comandante rebelde resolve recolher-se, com seus marinheiros, a dois navios portugueses, acabando com a luta em março de 1894. A ponderável força naval vai para o Sul, parte incorpora-se aos soldados lá em disputa desde fevereiro de 1893.

O exército federalista não fica só no Rio Grande do Sul, mas invade o estado de Santa Catarina, cuja capital (então chamada Desterro) fica sede de outro segmento da luta. Caminha até o Paraná, cuja capital, Curitiba, é sede de outro governo contestador. O plano era chegar a São Paulo, mas a tentativa foi malogro. Forçado à retirada para o Rio Grande do Sul, desaparecem os núcleos do Paraná e Santa Catarina. A luta adquire então características de ferocidade, com os legalistas não poupando o adversário, com fuzilamentos e mortes sem conta. Muito do melhor nas forças sulinas, entre legalistas e federalistas ou maragatos — o brasileiro mais disposto à luta e com melhor preparo para ela era o do extremo país, certamente pela condição de fronteira e tradição de choques permanentes com os povos vizinhos, nos comuns entreveros fronteiriços —, foi dizimado, legalistas ou revoltosos.

Quando Floriano passou o poder ao sucessor ainda havia combates. Só se estabeleceu a paz em 1895, após a invasão de rebeldes federalistas e da Marinha. A luta de Campo dos Osórios, em junho, encerra a longa série de episódios por vezes sinistros, nos quais o ataque e a defesa se excedem em crueldades nos encontros. A Revolta Federalista é marca sangrenta no começo da República e vai deixar muita ferida no Rio Grande do Sul, dando à sua história um traço de epopéia, bravura e violência que o resto do país não conheceu. A energia de Floriano na repressão valeu-lhe o título de consolidador da República.

Talvez tenha praticado excessos, mas como o regime começava havia o temor da restauração monárquica. Embora sem possível regresso da antiga ordem, havia certo saudosismo: sobretudo na Marinha, sempre apegada à Coroa e com atitude de reserva ante o Exército. Será erro ver em todo o decurso dos episódios da Armada e da Federalista o traço de monarquismo. Não havia, sobretudo nos campos do Sul, envolvendo milhares de homens, simples peões e estancieiros. Animam o maior número, decerto, as pretensões da política local, muito marcada em seus desejos de mando, nas disputas do poder, perseguindo-as com tenacidade e até ferocidade, como se viu na Guerra dos Farrapos, de 1835-45 — a mais longa da Regência. No caso de 1893 a 1895, na opinião de muitos então, a revolta podia conduzir a uma luta mais generalizada ainda, pondo em risco a segurança nacional. Daí o temor que inspirou e os excessos a que foram conduzidos os responsáveis.

2

A VOLTA DAS OLIGARQUIAS 1894-1922

O Governo dos Marechais foi um hiato no domínio incontestado do grupo detentor do poder desde a independência. De 1889 a 1894, sobretudo de 1892 a 1894, sob Floriano, o país pareceu viver algo diferente. Foi experiência de curta duração, contudo. Com o novo presidente eleito — um civil e paulista — o velho grupo retoma o comando. Não será, é claro, o mesmo de antes, pois o país conhece outra fisionomia e tem diversos problemas, em decorrência menos do regime político que da imposição do trabalho livre.

A novidade do primeiro momento republicano não podia durar: o surto industrial desencadeado pela política de Rui Barbosa teve mais artifício que realidade. Com o emissionismo e a facilidade para formação de empresas descambou-se para operações mais especulativas que reais investimentos: se teve o mérito de sacudir o marasmo e o receio de iniciativas superadoras da ordem estritamente agrária, teve o efeito nefasto de desacreditar mais ainda as inovações econômicas que se impunham. O plano do ministro da Fazenda era complexo e não foi mantido, pois ele permaneceu breve tempo à frente da pasta. Por outro lado, a presença do militar como chefe político jacobino foi de pouco mais de dois anos. Como o governo fosse pontilhado de lutas, duas das quais de extrema violência, o militar se desgastou.

Não houve disputa para a sucessão e Prudente de Morais foi tranqüilamente eleito e empossado. A República retomava o clima de relativa paz vindo do Império, com um governo que não era a expressão viva da sociedade: se esta se extremava entre a cidade e o campo, com uma população na maioria analfabeta, pobre e desassistida em tudo, sem saúde e sem escolas, marginalizada do processo social, havia reduzido grupo que obtinha suas rendas no comércio exportador e constituía os ricos. Cabia-lhes em grande parte ocupar os postos decisivos na política. Daí falar-se em certo divórcio entre o governo e a sociedade. A contar daí, a política é sacudida de quatro em quatro anos pela disputa da sucessão presidencial. Os homens conduzidos ao supremo posto eram em geral decididos, tinham o sentido da autoridade e o exerciam; alguns eram até brilhantes, pela formação intelectual ou pelo desejo de realizações administrativas — não passavam pelo cargo sem deixar certa marca; alguns eram de fato medíocres e resumiam a ação a garantir o esquema de poder.

Não se vai fazer a história da República pelos quadriênios, que seria revelar acanhada visão do processo social ou da trajetória política, mas relembrando episódios marcantes ou buscando a teia profunda da sociedade sempre dinâmica, às vezes com disfarce de sua verdadeira natureza ou sentido. Cabe ao historiador auscultar os elementos significativos, freqüentemente escamoteados a olhos menos atentos. Eleito o novo presidente, de acordo com a lei, tem-se uma fase que se estende de 1894 a 1922 — poder-se-ia estendê-la até 1930 —, quando o país continua a crescer, obtém recursos com o café e durante algum tempo com a borracha, intensifica a diversificação agrícola, com o algodão, o cacau, o fumo, o mate; em matéria de produção mineral nada há de forte a registrar.

Importante, a sociedade também se diversifica: antes polarizada, com escravos e senhores, pouco sobrava para os segmentos médios, agora com perspectivas. A imigração, de forte impulso na época, vai alterar a sociedade, pela influência do estrangeiro que traz de seus países experiências originais. Traz até a ideologia revolucionária, com o campo propício à expansão pelo crescimento do proletariado. O Brasil tem dinâmica limitada, mas, como toda sociedade, não se detém nunca. Muda nas quatro primeiras décadas do regime, embora aparentemente permaneça quase igual.

Consigne-se o eixo da vida pública, simbolizado no segundo quadriênio civil — do também paulista Campos Sales, de 1898 a 1902. Ganhou forma então o esquema por ele chamado de "política dos estados" e mais corretamente se deve chamar de "política dos governadores".

"POLÍTICA DOS GOVERNADORES" E CORONELISMO

Uma constante na política nacional é a conciliação. Para a defesa de seus interesses, os grupos dominantes entram sempre em acordo, evitam rupturas e se compõem, de modo a se perpetuarem. Têm diferenças pequenas; como pertencem ao mesmo grupo ou classe, são de origem idêntica, perseguem iguais objetivos, não há motivos para divergências profundas. Nos primeiros anos da nação livre, por exemplo, quase todos são escravistas. Houve descentralizadores e até republicanos já nos primeiros tempos, até radicais gênero socialismo utópico. A grande maioria, no entanto, pensava com o figurino. Aparece certa divergência nas disputas dos partidos, como se viu entre liberais e conservadores desde a década de 1840. Os desentendimentos, porém, eram superficiais, girando mais em torno da posse de cargos — ministros, presidentes de província, senadores, deputados, funcionários de alta graduação: quanto aos problemas de fato, pondo em jogo a estrutura, estavam de acordo no substancial.

Conciliação era palavra freqüente. Chegou-se mesmo a erigi-la em programa, quando se obtém formalmente o fim das disputas, na década de 50. Demais, como a política era feita pelo imperador, o empenhado nela estava certo de não ficar longe do poder por muito tempo, pois dom Pedro II revezava os partidos no comando, consciente da precariedade das eleições. Corrigia, assim, patriarcalmente, os vícios do sistema. No último decênio imperial a situação mudou um pouco, com o agravamento das posições por causa da certeza do próximo fim da escravidão: só um problema básico — a propriedade da mão-de-obra — podia explicar o aguçamento de posições culminando na derrubada da Monarquia.

Feita a República, houve nos quatro primeiros anos um susto, como se estudou na parte anterior. Durou pouco, e logo a velha ordem se refaz. E com mais rigor. Se Prudente de Morais não se entrega a esse trabalho, é que tem ainda questões a ajustar: a Revolta Federalista só termina em 1895. E não tarda o surgimento da mais séria de todas as questões messiânicas, o caso de Canudos. Cabe a Prudente completar a obra de Floriano, consolidando de vez a República, soberana só em 1898. A desejada conciliação terá plenitude no governo de Campos Sales, iniciado nesse ano. O presidente, antes da posse, faz viagem à Europa, para regular a situação financeira, um tanto perturbada em linha contrária à tradição, pelos investimentos, emissões e sobretudo especulação. De acordo com os banqueiros internacionais, vai executar severo programa de deflação, dentro do mais rígido padrão da economia ortodoxa: redução de despesas, mínimo investimento, obsessão com o equilíbrio orçamentário. Reorganizada a vida econômico-financeira, entrega-se à tarefa política.

Idealiza e executa a "política dos estados", mais conhecida como "política dos governadores". De acordo com esse esquema, tem-se uma composição entre o governo federal e os estaduais. O presidente da República estabelece acordos com os presidentes dos estados (assim eram chamados; depois de 1930 passam a interventores ou governadores, para distinguir do título supremo), de modo a obter o total apoio de todos os seus atos: os presidentes dos estados apoiariam o da República, bem como levariam os senadores e deputados obedientes às suas ordens (e então havia quase unanimidade entre o Executivo e a representação parlamentar de cada unidade federativa, pois havia praticamente um só partido). Em troca desse apoio, que garantia ao governo livre ação, o presidente da República apoiava toda a política dos estados, o que significava sobretudo a nomeação dos funcionários em cada local feita por indicação dos chefes regionais: Justiça, polícia, escola e mais atividades eram assim escolhas de gente de confiança absoluta do presidente do estado. Este, por sua vez, compunha-se com os chefes municipais, usando o mesmo artifício: apoio irrestrito em troca de apoio, ou melhor, favores.

Compunha-se uma teia perfeita, em que todos se conservavam na crista da onda, sem possíveis afastamentos (a não ser pelas eventuais e inevitáveis disputas). Chega-se assim à forma ideal de conciliação, que é, na verdade, a conciliação dos estabelecidos no poder, um acordo baseado não em programas ou idéias, mas em continuísmo: uma transação, um negócio. Acordo feito pelas cúpulas, evidentemente excluía o povo. Era mesmo feito contra o povo, para mantê-lo submisso. Se executado com êxito, sem nota dissonante, significaria a permanência, a estabilidade, uma estrutura fechada. O que o impediu foi a dimensão continental do país, o crescimento da população, a diversificação das atividades econômicas e as fatais discordâncias por motivos pessoais — mais de um querendo o mesmo cargo. O esquema de Campos Sales deu resultados relativamente felizes para os idealizadores.

Quando havia efervescência política — nas sucessões —, de quatro em quatro anos, os acordos se renovavam: assim, houve três presidentes paulistas consecutivos — de 1894 a 1906 —, quando o posto passa a um mineiro. Se Minas tinha o maior contingente eleitoral, São Paulo tinha o poder econômico. Convencionou-se que a Presidência devia ser de paulistas ou mineiros. Batizou-se esse esquema de "café-com-leite" — referência a ser São Paulo o grande produtor de café e Minas Gerais o de leite. Como em todo esquema, pode sobrevir o inesperado. Afonso Pena, o primeiro presidente mineiro, morreu no poder; o vice era fluminense (concedia-se que o vice-presidente fosse de outro estado) e então assume e faz a sucessão na figura de um militar — o marechal Hermes da Fonseca, nascido no Rio Grande do Sul. Não pesou aí o motivo regional. Findo o mandato do marechal, volta o esquema: tem-se um presidente mineiro, de 1914 a 1918, sucedido por um paulista; como este morresse antes da posse, assume o vice, um mineiro. Deve haver eleições, pois o escolhido não cumprira a metade do mandato, como exigia a lei. A surpresa gera a crise: o mundo saía da guerra e de novo a Presidência escapa do eixo Minas—São Paulo. É escolhido candidato — a escolha significava eleição, pela manobra do processo eleitoral — um político da Paraíba. Terminado o seu governo, retoma-se o jogo, com eleição, em 1922, de um mineiro, e, depois, de um representante da política de São Paulo. Com ele encerra-se a República Velha, por outra crise sucessória que leva à Revolução de 1930, como se verá.

A política dos governadores representa uma distorção do federalismo, denuncia o vício essencial da República Velha. Se pelo federalismo todos os estados contam igualmente, no Brasil na verdade havia os estados da primeira classe (os que davam presidentes da República — São Paulo e Minas), os de segunda classe (davam vice-presidentes ou ministros), os de terceira (davam autoridades menos importantes) e até os de quarta classe, que não davam autoridades e eram escolhidos para eleição de senadores e deputados amigos da situação. Contra esses vícios ou distorções sempre gritaram alguns políticos, jornalistas e publicistas, com palavras candentes, apontando a degenerescência, prática malsã da vida pública. O acúmulo dessas críticas e queixas vai culminar em 1922, quando começa a ruptura, como se evidenciará.

Corolário normal da política dos governadores é o coronelismo, característica da República Velha. Certo vinha de antes, mas é então fortalecido, como permanecerá parcialmente depois de 1930, mas cada vez mais debilitado, não convindo mesmo o uso da palavra. Como a política de Campos Sales representa o máximo de composição com os estados, tem-se então a plenitude do coronelismo. Ele se origina do próprio conceito de federação. Com a descentralização que esta provoca, as unidades político-administrativas adquirem vigor. Se os governos dos estados se compõem com os dos municípios, o chefe da política local passa a contar muito. Daí dizer-se que é o auge do coronelismo, razão pela qual é também o começo de seu declínio, pois aí o mando já não é absoluto, mas vem de um acordo tácito com alguma autoridade superior.

A expressão, comum na língua erudita e popular, vem de um título da carreira militar. Como era frágil o Exército quando o país se emancipa, o governo contrata mercenários, como se viu nas lutas internas da independência. Multiplicam-se no Primeiro Reinado as desordens urbanas provocadas muitas vezes pelos mercenários, que, nas cidades, ociosos e sem pagamento, entregam-se a práticas condenáveis; o governo então cria, no princípio da Regência, em 1831, a Guarda Nacional, que chama o particular, o civil, para o policiamento. Cabe o comando aos fazendeiros, proprietários de terras, que convocam dependentes ou agregados para formar as hostes militares ou paramilitares. Dava-se o nome de coronel ao chefe: como este quase nunca era formado, não era doutor, é chamado coronel. E por coronel passou a ser conhecido o cidadão interiorano, detentor de algum poder. A Guarda Nacional, chamada "milícia cidadã", foi poderoso instrumento político do proprietário. Teve plenitude, no princípio, durante as guerras no Sul, em 1851 e no ano seguinte, ou durante a Guerra do Paraguai. Depois não teve importância, mas continuou com suas roupas, títulos e emblemas, até perder qualquer expressão e ser extinta. O nome de coronel continua a ser dado ao chefe local, nos municípios, vilas ou distritos.

É o chefe político, expressão da oligarquia. Se é mais comumente o senhor de terras, pode ser também o comerciante, o industrial, o padre, o médico — embora só o primeiro deva ser realçado agora. A palavra expressa sociedade pobre, ampla massa de despossuídos, longe de merecerem o nome de cidadãos. Houve oligarquias fortes e duradouras em diferentes pontos, o poder do pai ao filho, de geração em geração, em clãs de grande eficácia. Passavam sobre a lei, submetendo às vezes o poder público. O coronelismo é o máximo da expressão do privado, leva ao mandonismo que confunde poder político com econômico. O apelo do presidente da República aos presidentes dos estados e destes aos das várias unidades que o compõem mais fortalece o vigor desses chefes. De modo simplificado, coronelismo é o poder local exercido pelo reconhecimento de autoridade em alguém. O sistema se baseia em troca de favores: o homem comum apóia o coronel e é por ele protegido. Como as autoridades públicas — funcionários como agentes da Justiça, delegados de polícia, coletores do Fisco, professores e até padres da Igreja — vivem muitas vezes em intimidade com o coronel, passam a ser até seus executantes de ordens ou desejos.

Cientistas sociais têm estudado com amplitude o assunto: percebe-se por essas análises não haver de fato uma abdicação do público em favor do privado. Há é compromisso entre um e outro. A simples necessidade de ter a aprovação do Estado, entrando em compromisso, mostra que o privado tem de compor-se com o público. Relação natural, até óbvia. O coronelismo, no período considerado, tem fisionomia bem determinada e não deve ser confundido com outras expressões de coronelismo, encontráveis depois de 1930, quando há mandonismo ou clientelismo, caso do flexível coronelismo de comerciantes e outros agentes urbanos. Deseja-se fixar aqui o velho coronelismo simples e esquemático em sua estrutura e funcionamento, de difícil explicação à luz de teorias recentes; elas não lhe são aplicáveis.

CANUDOS E MAIS CONTESTAÇÕES

A política dos governadores e outros arranjos de cúpula não significam que o país vivesse em perfeita ordem, com aceitação geral de quanto era feito. Se a República começa com duas revoltas sérias, mais contestações se verificam ainda na primeira década. Uma delas, de enorme significado, é o movimento messiânico de Canudos, de 1897 a 1899. Apontado como de caráter monarquista, é preferível vê-lo não como protesto político, mas explosão social de pobreza e atraso. Antônio Conselheiro, seu líder, não foi o primeiro nem seria o último. População pobre, privada de tudo, sublimava-se em crenças religiosas, na espera do Reino de Deus. Periodicamente, no interior do país, surgiam pregadores da nova palavra, condenando os costumes como depravados, a falta de fé, com o anúncio do castigo ou do aparecimento de um Messias. O milenarismo é conhecido em todo o mundo, na previsão do reinado terrestre de Cristo. Figuras místicas, com roupas exóticas e poder de comunicação, começam a pregar e atraem seguidores, até multidões. Vistos como milagreiros, pela massa arrebatada, podem causar problemas.

O mais significativo do gênero teve início no governo de Prudente de Morais e foi mais uma prova difícil para o novo regime. Antônio Conselheiro, asceta idoso e meio insano, cearense, tendo sua vida particular perturbada, parte em pregações. Quer construir uma igreja no pequeno arraial de Canudos, no sertão baiano, em zona árida. Em torno dele se agruparam fiéis e o movimento ganhou vulto. Como em sua pregação censurasse a separação da Igreja e do Estado, o casamento civil, como se negava ao pagamento de impostos, apontaram-lhe saudosismo monárquico. Enganado na compra de materiais, como homem rude que era, defendeu com paixão a causa, em protestos violentos. A imprensa logo apontou o perigo do saudosismo do antigo regime e sua possível volta. Um exagero, que o discurso de Conselheiro não era claro e não tinha esse propósito essencial e nem ele dispunha de qualquer força ponderável. A República ainda estava sendo consolidada, temia-se por ela: um excesso de susceptibilidades, mas explicável, contra o bando de fiéis, vistos como fanáticos ou jagunços, levantou a repressão.

A polícia do estado da Bahia mandou forças para combatê-lo, estas foram destroçadas. A dose foi repetida, sem êxito. A questão ganhava notoriedade nacional. O Exército é convocado e envia uma expedição. Foi rechaçada a primeira, outra dizimada. Faltou sentido ao comando. O Exército, armado e temido, não podia baquear ante adversário rude, modesto, sem treino e sem condutores táticos, contando mais com terços e amuletos que com armas — as suas eram antes seus instrumentos de trabalho. A força armada suprema sofreu humilhações. Um destacamento de mil homens, esquadrão de cavalaria, artilharia e comando de um coronel do Exército é batido também. As críticas da capital censuram o governo, visto como débil, evocando os jacobinos com saudade do marechal Floriano. Monarquistas são atacados no Rio, três jornais tidos como monarquistas são empastelados. Ante o desastre, segue numerosa e bem equipada expedição, com praças do Exército e das polícias militares dos estados, cinco brigadas com cerca de 6 mil homens. Uma sucessão de vexames, com mortes e perda de material.

Nomeado novo ministro da Guerra, ele vem para a Bahia. O ataque aí foi organizado, a retaguarda garantida e era certo o êxito. Os jagunços se defenderam até o último homem. O arraial foi arrasado: caiu no dia 5 de outubro de 1897. Se morreram muitos rebeldes, a perda das tropas do Exército e das polícias foi de 5 mil homens. Morreram mulheres, velhos e crianças, morreu o Conselheiro. Não ficou ninguém para contar o que fora o arraial ou o intento de seus criadores. A imprensa, que tanto pedira o combate, agora o censura, na denúncia de crime. O episódio repercutia nos jornais, na tribuna das Assembléias, da Câmara, do Senado. Para eternizá-lo, contribuiu Euclides da Cunha, engenheiro e militar enviado como correspondente de jornal para noticiar os fatos. Euclides transformou sua reportagem em um dos grandes livros brasileiros: escritor de gênio, com uma língua original e forte, estudou o fenômeno — não o simples caso — do messianismo das populações carentes do interior, desassistidas de tudo e que encontram na religião uma saída.

Os sertões foi publicado em 1902: repercutiu extraordinariamente, não só pela grandeza literária, pelo estilo e pela dramatização — apesar dos equívocos científicos do sociólogo —, como pela revelação sombria do Brasil sertanejo, do país longe das capitais, abandonado pelos políticos sem programa e sem consciência do real. *Os sertões*, apesar de difícil, teve dezenas de edições, é editado ainda hoje e traduzido para quase todas as línguas. É não só um grande livro brasileiro, mas americano e universal. Adaptado para o romance, para o teatro e o cinema, tornou-se tema permanente.

Se o Brasil de 1902 viu de frente a sua realidade crua, logo a esqueceu. O episódio teve encerramento trágico, com a recepção das forças do Exército no Rio de Janeiro. Não havia motivo para recepção ou festa, pois tudo fora equívoco sinistro sem glória para ninguém. O próprio presidente da República compareceu ao cais. Encerrando a tragédia, tentam assassiná-lo: o criminoso é desastrado e mata o ministro da Guerra. Com essa nota ainda negativa encerra-se o episódio, suprema provação da República nascente. O abalo no entanto teve o mérito de desarmar os ânimos. Já era tempo, e Prudente de Morais pôde terminar seu período e passar o comando com tranqüilidade ao sucessor. Agora a República estava consolidada.

Outros movimentos messiânicos se seguiram. Não só no Nordeste, onde são mais comuns pela maior pobreza, mas até no Sul. Entre 1912 e 1915 houve o do Contestado, nos sertões entre o Paraná e Santa Catarina. Começou com a pregação do Irmão José, um monge enlouquecido por visões, falando de estranha doutrina. A inquietação causada pelo movimento crescente é agravada com disputas de terras. O governo, para construção de uma ferrovia, dá faixas de solo em suas margens e provoca intensa disputa, agravada ainda por questões de fronteiras entre os estados do Paraná e Santa Catarina — daí o nome Contestado. Não durou muito o caso, mas exigiu forças e teve vítimas. Também no caso houve luta armada, com muitas mortes dos dois lados. A miséria igualava louros sulinos e caboclos queimados pelo sol do Nordeste. Se Canudos e o Contestado são questões maiores, aparições de santos, visões, milagres, peregrinações e sacrifícios continuaram a ser verificados. Ainda hoje há esses pregadores, profetas místicos e autênticos, como também algum charlatanismo de quem explora a boa-fé de povo atrasado e sofrido.

Algumas outras revoltas, de sentido diverso, surgem no começo do século. Em 1904, a da Vacina. Ante as epidemias de febre amarela, tão constantes há decênios, o médico Osvaldo Cruz tenta o saneamento do Rio de Janeiro e o consegue. Tem de enfrentar, no entanto, também a peste bubônica e a varíola. Contra esta conta com a vacina, que tem de ser obrigatória e certos políticos, inimigos da situação, denunciam a medida como atentado à liberdade. Demais, os positivistas não acreditavam em micróbios. Há uma luta que chega a assumir proporções só no Rio de Janeiro, mas é abafada.

Grave é a revolta dos marinheiros — a Revolta da Chibata. Logo no começo do fraco governo do marechal Hermes da Fonseca, em 1910. Até então havia na Marinha o castigo físico, chicotadas pelas transgressões da disciplina. Além do pequeno ganho e vida áspera no mar, os homens do ofício eram castigados com torturas corporais. Contra esse estado de coisas revolta-se a marinhagem, sob o comando humilde do negro João Cândido. Chega a impor-se, tomando os dois maiores encouraçados e navios menores, contando com o apoio dos navios na baía de Guanabara. Houve choques entre as naves revoltadas e outras, apesar de estar sendo votada a anistia dos rebeldes. Mesmo votada, continuam os desentendimentos, pois o Exército e a Marinha e muitos políticos não aceitam a submissão. Trocas de tiros, perseguições, mortes. Vem o estado de sítio e mais de mil marinheiros são presos. Muitos em condições fatais, que os levaram à morte. E depois vem o embarque em um navio precário, rumo à Amazônia. No trajeto houve fuzilamentos e suicídios. O governo fizera um trato com os rebeldes e não cumpre, prendendo os principais e enviando-os a lugares distantes. É uma chacina. O objetivo, contudo, será alcançado: afinal, são proibidos os castigos corporais na Marinha.

CRESCIMENTO E MODERNIZAÇÃO

No período de 1894-1922 o Brasil conheceu várias experiências importantes. O país cresceu, passando de 14,3 milhões de habitantes em 1890 a 17,4 milhões em 1910 e 30,6 milhões em 1920. Minas Gerais continuava a ser o estado mais populoso, seguido por São Paulo. A economia permanecia fundada no café, com grande superioridade sobre os demais produtos. Exatamente então verifica-se o ciclo da borracha, quando o Brasil ocupa o lugar de primeiro fornecedor do mundo de artigo de uso crescente na indústria. Atividade quase só extrativa, provocou a corrida de gente para a enorme área quase desértica da Amazônia. Sobretudo nordestinos. O estado do Pará adquire relevo, passa a ter rendas privilegiadas. Manaus se desenvolve então, com algumas construções suntuárias, como o teatro. Feitas as plantações de seringueira no Oriente, em condições racionais e com mais fácil exploração, sem as distâncias para o transporte, a produção brasileira não resiste à concorrência e passa a segundo plano. O Brasil continua a ser essencialmente agrícola. O governo de Campos Sales, através do ministro Joaquim Murtinho — o anti-Rui Barbosa —, não incentiva a indústria, acredita na divisão internacional do trabalho — nações agrícolas e nações industriais —, mas tanto a agricultura como a indústria caminham.

Não há oposição entre o setor agrário e o industrial, entre a oligarquia cafeeira e a industrial ou financeira — se se pode falar nelas, o que é discutível. O verdadeiro choque de oligarquias foi entre as regionais — como se comprova em 1930. Aquelas se complementam e sabe-se que a indústria se desenvolveu mesmo à sombra do café; os recursos gerados por ele ajudam nos investimentos industriais e dão meios de pagamento à população. O cultivo do cafeeiro é cada vez maior, e já na década de 1890 se verifica a superprodução, a requerer medidas do governo. Os estados de São Paulo, Minas Gerais e Rio de Janeiro, principais produtores, fazem em 1906 o Convênio de Taubaté, a primeira grande providência de intervenção na economia. Sua execução implicava em medidas financeiras que escapavam aos poderes estaduais, só podiam ser tomadas pelo federal. O poder da República tem de encampar a proteção e é forçado a providências enérgicas no domínio financeiro. Acentua-se então a intervenção do capital externo, pois os governos dos estados e depois o federal têm de pedir ajuda aos grandes bancos alemães, franceses, ingleses, norte-americanos. O fato provoca fortes reações, pois essas providências implicavam em vantagens para os estados produtores e em prejuízos para os demais.

A atividade industrial cresce apreciavelmente, como se vê pelo censo industrial de 1907, revelador de índices positivos. Com as dificuldades de importação advindas da Primeira Guerra é preciso desenvolver o artigo nacional. Há um surto de crescimento de bens de consumo, não de bens de produção. A afirmativa comum de que a guerra ajudou a desenvolver a indústria é contestada por estudiosos que apontam na dificuldade de entrada de máquinas uma paralisação do processo tecnológico. Há crescimento, embora se possa questionar o desenvolvimento. As grandes indústrias internacionais tentam estabelecer-se: muito da chamada indústria nativa é simples filial de empresas, força do capitalismo avançado. Até aí o Brasil recebe a influência do capital inglês; a contar da década de 1920 o norte-americano começa o seu império.

Verifica-se o começo do esplendor urbano. O Rio de Janeiro é modernizado, com a abertura de grandes avenidas e a construção de obras que lhe dão fisionomia de metrópole. Deixa de ser evitado pelo estrangeiro, que o temia por doenças, com o saneamento dos primeiros anos do século. De 522 651 habitantes em 1890, passa a 1 157 873, em 1920. São Paulo é a cidade industrial cada vez mais pujante: até 1870 simples burgo de estudantes ou funcionários, em decorrência do café e do imigrante desenvolve a economia e tem população em ritmo de crescimento mais assinalável: em 1900 com 239 820 habitantes, em 1920 conta com 587 072. No censo de 1940 já será o estado mais populoso, superando Minas Gerais e hoje sua capital é a maior cidade do hemisfério sul e uma das metrópoles mundiais. Outro núcleo urbano é a cidade de Belo Horizonte, então construída. Inaugurada em 1897, cresce com discrição até a década de 1940, quando dispara e assume fisionomia metropolitana.

Destaque-se a vida intelectual e artística. Se ainda não há a universidade, há muitas escolas isoladas para advogados, médicos, engenheiros e outras profissões. Já não é preciso ir à Europa para formação superior. Assinale-se a brilhante geração literária, na qual há poetas, romancistas e ensaístas dignos de nota e que estão entre os grandes nomes da literatura. Para citar apenas um, símbolo pela qualidade de sua obra, lembre-se Machado de Assis, mestre da língua e da ficção. Os grandes artistas da época — teatro, música ou dança — exibem-se no país: no Rio de Janeiro e em São Paulo, por vezes em Manaus, Belo Horizonte, Porto Alegre ou alguma outra cidade. O país quer modernizar-se e consegue algo. Lembre-se, contudo, que esse lado brilhante só compreende o Rio de Janeiro e São Paulo, alguma outra capital. O país, em sua imensidão, é ainda pobre, carente de tudo, com o mínimo de educação ou saúde. Euclides da Cunha alertou as consciências em *Os sertões*, repercutiu, mas não se alterou o quadro: essa seria a obra da República, que caminhava aos poucos, longe contudo da atingir o bem-estar geral desejado.

NOVA ESTRUTURA SOCIAL E REIVINDICAÇÕES

Nunca se insistirá devidamente no significado do fim do escravismo. A lei de 1888 é, senão a primeira, a mais importante lei social já votada no país. Muda-se o processo de produção, o trabalho agora é assalariado. Como a lei foi incompleta, sem uma reforma agrária que revisse a questão da terra, colocou milhares de pessoas sem poderem passar de escravos a cidadãos. Os que podem, vêm para as cidades, notadamente o Rio de Janeiro, criando sérios problemas habitacionais e sanitários. Sem preparo para atividades urbanas, aumentam o número de marginais e a pobreza. Sabe-se das difíceis condições de vida de ampla faixa dos habitantes. Não havia entendimento para o labor industrial, encontrando-se no Rio e em São Paulo as condições de trabalho do começo do século XIX na Inglaterra, até agravadas, com o emprego da mulher e da criança, por dez, doze horas ou mais, sem qualquer assistência para evitar acidentes, em locais estreitos e sujos, com pessoas desassistidas de alimento e saúde.

Aos poucos, consolida-se uma sociedade antes dicotomizada em escravos e senhores. Já há o trabalhador, o operário, o artífice. É enorme a influência da imigração: entre 1889 e 1900 entram no Brasil 1 443 892 estrangeiros, que se dirigem sobretudo para o Rio e São Paulo. Dos 522 651 habitantes do Rio em 1890, 124 mil eram estrangeiros, ou 25%. Dominavam portugueses, espanhóis, italianos; em São Paulo, italianos, espanhóis e portugueses. A contar do começo do século continua o movimento imigrantista, mas bem menos acentuado. Entravam e saíam muitos, não se fixavam todos. Os estudiosos falam ser a participação do estrangeiro na indústria de 80%. O enriquecimento paulista provocou também a vinda de brasileiros de outros pontos, notadamente de Minas Gerais e do Nordeste. É a sedução do Sul, gente que vem poupar algum dinheiro e volta, em verdadeira transumância. Muitos se conservam, é claro, mais os mineiros que os nordestinos. Começa, possivelmente a contar da segunda década, a constante migração do brasileiro, quando se passa a contar com o trabalhador nativo, objeto de notáveis campanhas de políticos e publicistas, censurando o descaso com o patrício e o amparo ao estrangeiro. Cresce também pelas secas do sertão do Nordeste e pela crise da borracha, que seduzira tantos.

Pelo censo industrial de 1907, na Capital Federal estavam 30% das indústrias nacionais, em São Paulo (todo o estado) 16%. O proletariado carioca superava o paulista, situação invertida em 1920.

A estrutura ocupacional era assim distribuída em 1920: 6 377 000 na agricultura, ou 69,7%; 1 264 000 na indústria, ou 13,8%; 1 509 000 nos serviços, ou 16,5%, no total de 9 150 000. A população operária passa de 149 400 em 1907 a 275 512 em 1920. Já havia proletariado no país, portanto. Suas condições eram desfavoráveis, pois a incipiente burguesia não tinha sensibilidade para o problema: possivelmente, por herança da escravidão, todo trabalho manual ou mecânico era visto como pouco digno. Não faltou, porém, o início de uma consciência reivindicante por parte do operário: tímida, errada muitas vezes, fato explicável pela mentalidade dominante, longe do sentido empresarial das burguesias amadurecidas. Demais, as reivindicações operárias apareciam marcadas pelo anarco-sindicalismo, bem mais que pelo socialismo. O marxismo só começará a exercer influência depois do período aqui considerado. Ora, o anarquismo tem ideologia que pode levar a agitações, fornecer bandeiras de luta, mas não tem força organizacional, como não poderia ter, se seu princípio é a ausência de governo. É movimento libertário, sem eficácia revolucionária.

Insistem os conhecedores na observação de que o anarquismo teve mais eco na Itália, Espanha e Portugal, países de menos desenvolvimento industrial que a Inglaterra, a Alemanha e a França. O choque vem da Primeira Internacional, entre Marx (socialismo organizado) e Bakunin (anarquismo), que conduziu ao fim dessa experiência, pela impossibilidade de conciliar visões tão diversas. Pois entre os imigrantes no Brasil há mais italianos, portugueses e espanhóis. Eles trazem de seus países uma vivência adequada à receptividade do anarquismo — dado a dificultar o relacionamento entre empregadores e empregados, pois o anarquismo é radical e causa pavor aos burgueses convencionais. Daí provocar repressões mais violentas. Foi ampla a atuação desses estrangeiros — se eram em maior número no setor industrial —, a ponto de inspirar a votação de lei em 1907, determinando a expulsão do território de todo estrangeiro envolvido em subversão.

A reivindicação social aparece logo com a República. Em 1890 surgem partidos socialistas na capital, em São Paulo e em Porto Alegre. Com os partidos, há jornais — uns e outros de vida efêmera. O Primeiro de Maio de 1892 foi festejado por um Partido Operário Nacional. Existiu então um no Rio e outro em São Paulo. Há não só vários partidos chamados "operários" ou "socialistas", mas clubes, círculos, promotores de festas e conferências. Há Centro Operário na Bahia em 1894, Partido Socialista no Rio Grande do Sul em 1897. Os partidos do gênero se multiplicam. Houve vinte, entre 1890 e 1920, sem raízes: criados, viviam meses, um ou dois anos e desapareciam. De fato, a sociedade não os compreendia e nem ajudava, pois não tinham muito a ver com o real, mais desejos utópicos ou simples influência de leitura do acontecido na Europa, ou ouvido de europeus aqui chegados. Além do partido e mais consistente que ele são as organizações assistenciais, quando o Estado se omite de tudo, com os montepios, auxílios mútuos, ligas, sindicatos, que promovem o congraçamento para ação reivindicativa posterior. Os sindicatos são muitos, com igual precariedade. Há mesmo congressos, tentativas de confederações.

Paralelamente, há greves, algumas até ecoantes, sobretudo já no século atual, desde o começo. Tem-se notícia de uma greve ainda no Império, em 1859, dos tipógrafos — simples curiosidade. Mesmo as do começo da República são limitadas a uma fábrica, em geral de poucos. A primeira a tentar abrangência é do pessoal da Companhia Paulista de Estradas de Ferro, em 1906, que consegue adesão de outras empresas e até a solidariedade dos estudantes de direito. O surto mais efetivo e eficaz é o de 1917-20; partindo de uma fábrica de São Paulo em junho, divulga-se pelo estado e atinge outros ainda. Há uma lei sobre sindicatos de 1903, seguida por outra de 1907. Fazia-se a lei, defendida por alguns poucos deputados na Câmara, mas não havia aplicação, pois a matéria não era regulamentada. A legislação social custa a aparecer: a lei de acidentes de trabalho é de 1919. O movimento operário ganha consistência com a Organização Internacional do Trabalho (OIT), que fez a primeira conferência em Washington em 1919. O Tratado de Versailles, do mesmo ano, faz recomendações nesse sentido, objeto de consideração depois de 1922, como se verá. Contou também, é certo, a Revolução Russa de 1917, primeiro movimento comunista vitorioso no mundo. Formam-se na Europa e na América Latina adesões à revolução, expressam-se simpatias entre intelectuais. O importante, apesar do pouco havido, é o despertar do país para o problema; organiza movimentos, faz greves, agita-se, reivindica. Tem-se aí um traço moderno, revelador de consciência social e sentido do progresso.

Ante o desaparecimento sucessivo dos índios, o governo atenta para o problema. Se eram de 2 a 4 milhões em 1500, ante as doenças e os surtos epidêmicos, as lutas entre as tribos e com os brancos, às vezes verdadeiras guerras, como a verificada no Nordeste no século XVII (conhecida como "guerra dos bárbaros"), a perda de suas terras com o avanço do português e a lenta mas contínua urbanização, que os afastava cada vez para mais longe, para o interior, com a desestruturação de suas culturas no contato com os portugueses e os africanos ou seus descendentes, a aculturação daí resultante, tudo leva à queda sucessiva de seu número. Seriam poucas centenas de milhares — duas centenas, não mais — no início do século XX.

Diante da situação, o governo atenta para a necessidade de assistência. Cria, assim, em 1910, o Serviço de Proteção aos Índios, que exerceu certa atividade apreciável reguladora da convivência do branco com eles, partindo do princípio de respeito às suas personalidades e às suas vidas. Nunca matar um índio, era o lema. Apesar da proteção relativa, eles continuaram a perder as suas terras, por causa da febre dos negócios imobiliários, da exploração dos recursos naturais de suas áreas pelo dominador, pela abertura de estradas e construção de fábricas e usinas. O Serviço de Proteção aos Índios existiu até 1967, quando, pela falta de recursos e desarticulação de suas tarefas, é substituído por outro órgão oficial — a Fundação Nacional do Índio, a célebre Funai —, com mais programa e recursos.

A contar daí, apesar da pregação da defesa dos primitivos ocupantes da terra, os conflitos continuam. Já os índios estavam predominantemente no Brasil Centro-Oeste — Goiás e Mato Grosso — ou na Amazônia. Seu número estaria reduzido a 180 ou 200 mil, vivendo em condições precárias e sob ameaça constante de desalojamento. Com a intensificação das prédicas ecológicas e dos movimentos verdes, de defesa do patrimônio natural, das águas e das florestas, da fauna e da flora, que se tornam comuns na Europa e nos Estados Unidos e atingem o Brasil, há uma consciência cada vez mais viva de que o índio deve ser amparado. O governo brasileiro não está ausente e participa intensamente, mas só em nossos dias, em período já fora do considerado neste estudo, que tem como data final 1964. Daí as campanhas de intelectuais, artistas, jovens, de defesa do índio, do verde, dos animais e plantas ameaçados de extinção, campanhas que crescem e dominam as consciências.

Com esses movimentos, multiplica-se a palavra a favor da Amazônia — centro universal de atenções —, área que tem a maior bacia fluvial e as maiores reservas florestais do mundo, ameaçadas em sua integridade com o desmatamento, pela destruição das florestas ou das reservas indígenas, hoje levadas a sério por políticos, autoridades e pelo povo em geral. O assunto, porém, escapa dos limites cronológicos impostos a este estudo: consigne-se aqui apenas a magnitude e a atualidade do assunto — um dos mais presentes no Parlamento e na imprensa do país.

COMEÇO DE RUPTURA

Desde os primeiros anos ouvia-se: "Esta não é a República dos meus sonhos". Houve muito desencanto, a começar pelos chamados históricos — republicanos da primeira hora —, que viam a nação ser feita não por eles, mas por adesistas de último instante. Alguns dos propagandistas mais exaltados se afastam. Se havia a crítica dos monarquistas, na censura do golpe que os derrubou, essa corrente foi sendo enfraquecida, e alguns de seus expoentes cooptados pela nova forma. Havia também a de políticos que, embora defensores do sistema, não lhe pouparam críticas: caso de antigas autoridades ao apontar insuficiências ou erros, de que é típico o senador Rui Barbosa. Havia ainda a crítica freqüente de parlamentares, jornalistas e publicistas, desgostosos com os desvirtuamentos do federalismo, com a situação financeira, problemas regionais e outros, como há em todos os governos. A quantidade de reservas ou censuras foi ganhando volume, de modo que na década de 1930 já há visíveis sinais de ruptura, exigentes de total revisão. Decerto não se coloca a volta da Monarquia, idéia só apresentada por poucos, mais uma singularidade ou capricho, sem consistência. Pedia-se a regeneração do regime, o cumprimento de seu programa, ou a republicanização da República.

Sem forçar a nota, pode-se simbolizar no ano de 1922 o ponto de eclosão de ampla campanha. Curiosamente, a data é a do centenário da independência. Não terá sido mero acaso: os sociólogos já estudaram o significado de certas datas no processo de revisão da realidade, na formação de uma consciência crítica. De fato, cem anos depois de independência, alguém poderia perguntar: "O que foi feito ao longo desse tempo, um século? O Brasil soube constituir-se, formou nação livre, justa e igual?". Vários fatores levam a movimentos muito expressivos no ano da comemoração. Podem ser percebidos no campo político, no ideológico, no intelectual.

Em 1922 há uma das lutas sucessórias mais agitadas e mesmo dramáticas. Se de quatro em quatro anos a monotonia política era sacudida quando se cogitava de escolher o presidente, algumas foram acidentadas: a de 1910, quando há a campanha civilista, com disputa acirrada entre dois pretendentes, o marechal Hermes da Fonseca e Rui Barbosa, um situacionista, outro oposicionista. Pela primeira vez um candidato — Rui — apresentava-se ao eleitorado em comícios, percorria o país, dirigindo-se ao povo, à maneira das campanhas presidenciais nos Estados Unidos. Como era previsto, a situação venceu, embora de modo suspeito. A segunda, mais dramática, verifica-se em 1922 e a terceira em 1930.

Em 1922 apresentam-se dois candidatos — o mineiro Artur Bernardes, presidente do estado, como elemento da situação, e o fluminense Nilo Peçanha (ex-presidente da República, que ocupou como vice, com a morte do titular, em 1909). Este cria o movimento da Reação Republicana (nome expressivo) e conta com alguns apoios de governos de estados. Tudo ia no plano convencional quando a campanha envereda por caminho perigoso. Contra Bernardes levanta-se o Clube Militar, com um novo e aguerrido segmento do Exército. Entra em cena o chamado tenentismo, que vai marcar a trajetória nacional por alguns anos.

Em breves palavras, o tenentismo é a cristalização do descontentamento do Exército com os rumos políticos. Se ele havia tido papel decisivo na instituição do governo, militares foram os autores imediatos do 15 de novembro de 1889, se dominaram o primeiro período, sentem-se depois alijados. A volta em 1910 com Hermes da Fonseca exprimiu pouco, pela fragilidade e ambigüidades do quadriênio. O Brasil de 1900 a 1920, se avançou em várias direções, tem algo de ronceiro, amorfo. O Exército teve algumas reformas modernizadoras. Depois da Primeira Guerra, recebeu a Missão Militar Francesa, em 1920, para instruir seus quadros. Dirige-se a segmentos jovens, em formação. Eram tenentes. Recebem dos orientadores franceses uma formação técnica, que faltava aos oficiais brasileiros, pois a Escola Militar desde o fim do Império era voltada para a matemática e a filosofia, era positivista. O aspecto técnico da vida militar tomava-lhe pouca atenção. Esteve mesmo fechada, entre 1904 e 1911, quando o ensino é feito em Porto Alegre. Se a nova escola de 1911 já tem mais o sentido militar, os franceses insistem na formação técnica e os tenentes seus alunos adquirem uma visão do Exército como agente militar e agente social, com um papel a cumprir. Se antes já se atribuía um papel fiscalizador da política, como suposto detentor do patriotismo e da moralidade, agora o faz com mais vigor e rigor.

Esse novo segmento das Forças Armadas vê então o seu momento de atuar. Veta a candidatura Bernardes, mas no processo se deixa envolver por uma cilada de políticos descontentes com o rumo da sucessão. Alguém falsifica papéis de Bernardes, no fim de

1921, cartas que teria remetido a seu líder no Rio de Janeiro — ele era presidente do estado de Minas — contendo injuriosas referências ao Exército, como sem compostura, corrupto. As cartas foram publicadas em importante órgão da capital — *O Correio da Manhã* —, com natural repercussão e escândalo. O Clube Militar reuniu-se para exame do assunto, com facciosismo e ingenuidade e reconheceu como legítimas as cartas. Os técnicos mais categorizados demonstraram a impostura. Mesmo sem análise grafológica, ou de papel ou tinta, era possível denunciar a fraude, pelo bom senso e pela lógica, como foi feito por alguns historiadores e jornalistas. Ocupava a Presidência da República Epitácio Pessoa, jurista e político experimentado, que reprimiu as manifestações de abuso. Enérgico, não hesitava em fechar o Clube Militar ou prender seu dirigente, um marechal, como não hesitara em nomear civis para a pasta da Guerra e da Marinha — Pandiá Calógeras e Raul Soares, caso único na República. Afinal, o caso das cartas é esclarecido: o próprio falsificador, contratado por políticos ligados à Reação Republicana, confessa a fraude.

A divulgação das cartas deu lugar à primeira agitação dos tenentes, em inúteis e errados debates do Clube Militar, nos últimos meses de 1921 e primeiros do ano seguinte. Bernardes é eleito em março, em clima tenso e toma posse em novembro, mas teve o governo perturbado por outras manifestações hostis, durante todo o mandato, sempre em estado de sítio, com suspensão das garantias dos cidadãos para manter a ordem.

A eclosão do tenentismo é a revolta do Forte de Copacabana, de 5 de julho de 1922, contra a posse do presidente eleito, quando um grupo de jovens oficiais se levanta e parte para a luta: esta é de breve duração, mas faz algumas vítimas. O protesto fica como ato de indisciplina de um grupo que vai dar que falar. Na verdade, pensara-se em uma revolução, malograda pela incompetência dos organizadores. Não se passou das conversas aos atos, pela ausência de rigor em tudo. Devia ser geral e acabou reduzida a guarnições do Mato Grosso e do Rio de Janeiro. Sem eficácia, fica só no combate armado de poucos, tanto que o episódio é conhecido como o dos Dezoito do Forte. Teve, contudo, o dom de acender os ânimos de descontentes com a situação e que continuam a agir, alimentando novas conspirações.

Emergia o tenentismo. Ele dará a nota da renovação política, não eventuais disputas de poder e cargos. Dois anos depois, no dia 15 de julho de 1924, o grupo ressurge, na Revolução Paulista, quando elementos da polícia do estado, com a ajuda de tenentes com papel decisivo, fazem um movimento em São Paulo que chega a inquietar: força o governo a deixar a capital. Se ocupa a cidade por alguns dias, não tem elementos para garantir o conquistado, e pouco depois, pela ação do Exército e da própria polícia, a ordem é reposta. No ano anterior, em 1923, houve revolução no Rio Grande do Sul, contra a política local — Borges de Medeiros era presidente há alguns anos, por singularidades da Constituição estadual — e contra o governo federal: feita sobretudo por políticos, pretendia acabar com as reeleições, o que consegue, com a reforma do texto constitucional. No ano seguinte, outro protesto, menos amplo, mas já tipicamente tenentista. Batido, um setor, dirigido pelo capitão Luís Carlos Prestes, não se submete e caminha para o Norte: no Paraná encontra-se com remanescentes da Revolução Paulista. Formavam a Coluna Paulista, batida na revolução, agora em junção com a Coluna Gaúcha.

Unidas as duas, está formada a Coluna Prestes, que percorrerá o Brasil de outubro de 1924 a fevereiro de 1927 (contando os cinco meses antes da junção), percorrendo cerca de 25 mil quilômetros, em uma das maiores marchas da história. Criou uma legenda, a do chefe Luís Carlos Prestes, então chamado Cavaleiro da Esperança, muito noticiado e festejado pela imprensa burguesa, que aproveitava a novidade (algum tempo depois se voltará contra ele, quando se torna comunista). A Coluna tinha organização complexa, dividia-se em alas e evitava os encontros com as forças das polícias estaduais ou do Exército. Invadia pequenas cidades, em busca de abastecimento. Uma luta de guerrilhas. O pessoal, renovável, ia, durante a marcha, de oitocentos a mil, chegando excepcionalmente a 1500, com aderentes civis ou militares em um ponto ou outro, sem constância de grande parte. Combatida por governos estaduais e federal, por jagunços a serviço de perigosos régulos locais, até por bandidos como Lampião, travou pouco mais de cinqüenta combates e nunca foi vencida.

O importante é que levava a palavra de protesto ao sertão, tentava engajá-lo, realizando contato com o Brasil interiorano, o mais pobre e abandonado. Como evitava centros urbanos, não tinha ligações com setores da sociedade civil que poderiam ajudá-la, como sindicatos. Havia coragem e decisão na Coluna, mas faltou-lhe objetividade, como que se comprazendo no movimento, nas deslocações espaciais. Foi precursora de guerrilhas comuns em nossos dias, vistas como impossíveis então. Daí o malogro dos seus perseguidores, presos às táticas tradicionais. Com seu lado romântico, ou apesar dele, escreveu uma página na história do Brasil e, entre seus figurantes, alguns teriam relevo em seguida. Depois de passar pelo Rio Grande do Sul e São Paulo, Santa Catarina e Paraná (fase anterior à junção de gaúchos e paulistas), esteve em quase todos os estados, até internar-se na Bolívia, em 1927. Verifica-se aí o máximo de ação dos tenentes.

Será difícil encontrar um programa para o tenentismo: reunindo vários de seus pronunciamentos, porém, como entrevistas, manifestos, proclamações, bem como livros escritos por alguns deles então ou depois, pode-se tentar apresentá-lo. Era um programa típico de classe média: pelo caráter nacionalista e de reivindicação social, visto à época como revolucionário, deve ser considerado hoje de classe média, não mais. Os tenentes queriam a nacionalização do subsolo, uma política industrial decidida, eminentemente nacional; pediam legislação de assistência social, com medidas como férias, seguro contra acidentes de trabalho, proteção à mulher e às crianças, aposentadoria. No plano político, pediam a derrubada das oligarquias, a justiça eleitoral, o voto secreto, educação obrigatória. Reivindicações de classe média, expressivas do segmento social daqueles militares. Programa sem radicalismo, repita-se, era tido por audacioso. O tenentismo surge em 1922 e representa a nova palavra na política. Terá papel importante na projetada Revolução de 1930, atingindo de certo modo o poder depois, com Vargas, mas só até 1932, quando a habilidade política do chefe do Governo Provisório vai afastando seus elementos aos poucos, como se verá.

Outra nota política a ser destacada, também de 1922, é o surgimento da política ideológica. Se até aí a atividade pública se faz no plano de acordos, nomeações e algumas obras de interesse geral, como viação, saúde, escolas, ela se passa, em geral, no convencionado cartorialismo, ou seja, troca de favores entre grupos ou pessoas, na prática fisiológica. Passa-se do cartorial ao ideológico (segundo a linguagem de Hélio Jaguaribe), variação do particular ao público (ou do patrimonial ao burocrático, da terminologia de Max Weber), quando a política ultrapassa o nível do personalismo e chega a um pensamento condutor. Não há atividade pública que não tenha, expressa ou implícita, uma ideologia, como não há neutralidade, ilusões generosas de quem deseja ser objetivo. Aqui, ideológico quer significar uma política orientada por princípios ou idéias — coisa inexistente na prática comum. Após a Primeira Guerra o mundo é sacudido por uma exacerbação ideológica, decorrência da revolução comunista de 1917, que assusta os bem-pensantes e aguça o lado oposto, mais tradicional, de cunho conservador ou reacionário. O pós-guerra assiste à chamada maré direitista, em parte pelo aumento de temor do comunismo — seu fantasma volta a percorrer, não só a Europa, mas o mundo, indo além do anunciado no *Manifesto* de 1848, como se vê na escalada do fascismo, começada na Itália em 1922 e com manifestações em vários países europeus, da Pôlonia à Espanha e a Portugal, como também no mundo americano.

Um primeiro sinal do despertar direitista no Brasil tem-se, tímido, na criação por um pensador pouco denso mas combativo, Jackson de Figueiredo, em 1921, da revista *A Ordem* (o nome é expressivo), seguida, em 1922, pelo Centro Dom Vital. Será o namoro com a direita em ascensão, o combate ao liberalismo como frouxo e superado. Revista católica, pelo seu nível de estudo, não chega às massas, nem pretende. Contudo, procura dar consciência de militância ao catolicismo, denunciado como débil, amorfo, sem ação profunda em um país de população tida como 90% católica. Os dois — *A Ordem* e o Centro — querem atuar, tirando a Igreja de sua pequena ação ou até indiferença. Pregam uma política baseada em idéias, na linha do conservadorismo ou reação, muito cultivados na época.

Se há tentativa de dar essa conotação à política, do mesmo modo em 1920 é criado o grupo Clarté, como em outras partes do mundo, para apoio à revolução comunista, restrito a pequeno grupo de intelectuais. Em março de 1922 cria-se o Partido Comunista Brasileiro. Antes, em 1919, houve, no Rio de Janeiro, um Partido Comunista-Anarquista, pouco depois chamado Partido Comunista do Brasil. Na verdade era um equívoco, como se vê pelo nome e por ser de um grupo de anarquistas, de impreciso conhecimento no assunto. O fato decorria da consciência do proletariado e da Revolução Russa. O *Manifesto comunista* será publicado pela primeira vez aqui em jornal, em capítulos, de julho de 1923 a janeiro de 1924; em 1924 em pequeno volume de quarenta páginas. O nome de Marx já fora citado algumas vezes, mesmo no século anterior, mas de modo vago, nada revelador de seu real entendimento. O partido, em clima de pouca abertura para essa prática política ou debates de idéias, vive sem ecos expressivos. Clandestino, perseguido, tem atuação discreta. Só conhece breve período de legalidade, de março a julho de 1922, quando o estado de sítio o suspende, e em breves meses de 1927. Se tem de lutar com a repressão constante, prejudica-o ainda o sectarismo ingênuo, a repetição mecânica de fórmulas de livros de propaganda socialista, com a agravante da estreiteza do marxismo que se recebe da União Soviética, divulgadora, na década seguinte, da chamada *Vulgata* stalinista do marxismo, que tanto o simplifica e empobrece. Se 1922 assiste ao lançamento da esquerda radical e uma direita um tanto frouxa, a década não vê essas idéias florescerem — o que só se dará na seguinte. O importante a consignar é a política adquirir certo acento de discussão de idéias, com a pretensão de uma base no pensamento, além do jogo imediato no poder por favores.

Outro dado renovador da vida brasileira é a Semana de Arte Moderna (13-15 e 17 de fevereiro de 1922), ou melhor, o modernismo. Manifesta-se na vida intelectual, nas artes — literatura, pintura, escultura, arquitetura, música, urbanismo — e no pensamento, na busca de uma definição firme do país e sua gente. Se a primeira década conheceu uma geração literária notável, seus grandes nomes foram desaparecendo e conhece-se uma produção rotineira, sem inventiva. O romantismo, o realismo, o parnasianismo e o simbolismo estavam esgotados, com poesia e ficção sem vôos. Salvam-se evidentemente alguns nomes: no começo da década de 1920 estão ativos o poeta simbolista Alphonsus de Guimarães (morre em 1921), o romancista Lima Barreto (morre em 1922), o orador Rui Barbosa (morre em 1923), que vinham do Oitocentos. Alguns autores haviam estreado na segunda década e vão alcançar a plenitude depois — casos de Manuel Bandeira e Mário de Andrade. As artes se continham na repetição de velhos modelos, certo ar de cansaço era dominante. Contra esse estado um grupo de jovens pensa em alterar o quadro, em busca de algo mais vibrante e afirmativo.

Daí a Semana de Arte Moderna: se esta, em si, foi um evento com algo de brincadeira, para chocar, não seria inconseqüente, pois desperta a *intelligentzia* para a necessidade de renovação. De fato, quanto o Brasil tem de importante a contar de então liga-se ao modernismo. Poetas da mais alta categoria se afirmam, bem como ficcionistas (conto, romance, teatro). A pintura apresenta vários nomes notáveis, bem como a música, a chamada erudita e a popular. O cinema começa, embora só produza em escala comercial um pouco mais tarde. Melhor não citar nomes, evite-se o tom de relatório ou catálogo. Uma síntese dessa renovação das artes plásticas está em uma das maiores realizações urbanísticas do século — a construção de Brasília, inaugurada em 1961. Se é melhor evitar nomes de artistas criadores, também a ciência social conhece autores que estão entre os maiores do país, entre seus mais seguros especialistas, que fazem quase uma redescoberta do Brasil — caso de alguns historiadores, sociólogos, antropólogos, economistas, cientistas políticos. Ultrapassa-se a retórica com o estudo aprofundado do real, como se verifica sobretudo a contar da década de 1940. Se o país tinha tradição intelectual, embora não tivesse universidade, esta tradição se enriquece com o ensino superior então institucionalizado.

Tem-se pois de 1922 a 1930 uma verdadeira tentativa de ruptura com o passado no que ele tem de anacrônico, obsoleto, não com o passado criativo que deu marcas notáveis já no século XIX e mesmo antes. Busca de ruptura com a política desligada do essencial, vivendo para favores pessoais sem o sentido do bem comum, ruptura com a arte ou com o pensamento convencionais, mera repetição de fórmulas aprendidas em livros do exterior. Sentido positivo, em parte conquistado. As simples palavras de crítica à rotina se transformam aos poucos em um entendimento mais verdadeiro do que é e deve ser a nação.

Depois do tumultuado governo de Artur Bernardes, tem-se em 1926 a repetição do eixo Minas—São Paulo, com um presidente representante da política paulista (nascido no estado do Rio de Janeiro), Washington Luís. Este terá um mandato sem as lutas do anterior, mas de muitas dificuldades econômicas, culminando com as repercussões locais da crise econômica mundial de 1929. Em 1930 deverá haver escolha de outro presidente: o atual encaminha mal o processo. A esse engano somam-se as dificuldades econômicas e sociais de uma fase difícil, de modo que a ruptura se verifica, pelo menos no plano formal, com o conhecido como Revolução de 1930.

REPÚBLICA

A SEGUNDA REPÚBLICA

1
A LINHA DIVISÓRIA DE 1930

A ELEIÇÃO RECUSADA

A tentativa de "republicanizar a República" tem seu momento mais expressivo em 1930. De todas as sucessões foi a mais perturbada e a única que deu um resultado de fato diferente. As instituições vinham sendo criticadas com violência crescente. Havia elementos novos, como o tenentismo e a ação do proletariado, através de sindicatos e greves, embora sem o esperado eco. Já a liderança de militares egressos do tenentismo passa a pesar muito. Quando se articula a sucessão de Washington Luís, vê-se o mau encaminhamento que ele dá ao problema, insistindo em um nome paulista, quando, pelas regras do jogo do "café-com-leite", cabia a Presidência a mineiro, tanto mais que o presidente de Minas, Antônio Carlos, era figura nacional muito mais forte que o presidente de São Paulo, Júlio Prestes. Cinde-se pois a base. Minas aproxima-se do Rio Grande do Sul e da oposição de todos os estados, e, contra a candidatura oficial, o grupo chamado Aliança Liberal, constituído por Minas, Rio Grande do Sul e Paraíba, lança o presidente do estado sulino, Getúlio Vargas.

A campanha é viva, com mais traumas que a de 1922. Viva, apesar de sua frágil plataforma política, na qual se insiste em anistia e voto secreto, com ligeira referência à questão social, embora a reconheça, mas "sem nada de grave ou inquietador"; fala em atenções aos partidos e em reforma eleitoral. Vargas ainda tinha da vida política visão bastante convencional, como seus contemporâneos. Emocionou o país. Contudo, Júlio Prestes foi eleito, embora de modo contestável, pelo uso da máquina governamental. Pensa-se em revolução. Os chefes da Aliança, porém, eram tímidos e hesitam.

Mesmo Antônio Carlos e Getúlio Vargas não se decidem; João Pessoa, o candidato paraibano à Vice-Presidência, também hesita.

Na Aliança Liberal aparecem os velhos políticos ao lado dos tenentes que eles tanto combateram: nomes como Epitácio Pessoa, Artur Bernardes, Antônio Carlos, João Pessoa, Borges de Medeiros e muitos outros, inimigos intransigentes da jovem oficialidade rebelde, aparecem juntos com Siqueira Campos, Juarez Távora, Cordeiro de Farias e tantos mais, em estranha aliança, só explicável pelo momentâneo interesse político. Os mais hábeis condutores da vida pública atraem os tenentes, por sabê-los populares. Das muitas conversações entre eles, resulta em geral o acordo. Só o mais importante de todos, Luís Carlos Prestes, recusa aderir, por ver nos homens e na causa da Aliança as velhas práticas que ele e seu grupo sempre combateram: "Uma composição das oligarquias", como exprimiu. Se os políticos depois da eleição e proclamadas as indicações das urnas preferem recolher-se, os tenentes pensam em continuar, apelando para o "prélio das armas", conduzidos por alguns políticos menos cautelosos.

Por outro lado, Washington Luís torna-se cada vez mais intransigente, e, com a contestável vitória das urnas, persegue as situações em Minas e na Paraíba, com certo cuidado relativamente ao Rio Grande do Sul. Cortou muitos deputados federais, impedindo, através de sua gente no Congresso, o reconhecimento de seus diplomas. Toda a bancada paraibana foi cortada, mais catorze deputados mineiros, enquanto poupou os gaúchos, por acordos secretos do governo estadual com o federal. Em maio de 1930, ainda em Buenos Aires, Prestes lança manifesto declarando-se contra a Aliança, com palavras interpretadas como de adesão ao comunismo: fora intensamente trabalhado por comunistas brasileiros, que o desejavam em seus quadros, como por militantes argentinos e outros. Vargas continua reticente, Antônio Carlos não avança. Nesse quadro de apatia, João Pessoa é assassinado no dia 26 de julho, fato que repercutiu com intensidade. Motivos regionais e gerais levaram a essa morte, aos quais se somam até problemas pessoais.

A comoção alertou o país, reavivando o protesto revolucionário. Borges de Medeiros, o supremo chefe gaúcho, aceita a luta armada, contra a qual se batera. Conseguem os líderes solapar o Exército, obtendo aí muitos apoios. Marca-se a data de 3 de outubro para eclodir a hostilidade. Verifica-se o quase impossível: uma revolução com políticos cautelosos. Só se verificou por causa da insistência dos tenentes. Os vários estados caíram: alguns após combates, outros ante o fato consumado. No dia 23 os rebeldes ocupam a capital, pela marcha vitoriosa de forças vindas do Sul, capitaneadas por Vargas. Washington Luís tem de ser deposto, a 22 dias do fim de seu mandato. Ocupou o lugar uma junta de três militares, que dignamente passou a Presidência ao chefe rebelde Getúlio Vargas, cujo governo começa no dia 3 de novembro. Washington Luís, teimoso, não entendia quanto se passava, embora tenha de ser-lhe reconhecida a energia, a fidelidade ao posto.

O levante, tão adiado pela indecisão dos responsáveis, teve êxito mais fácil que o esperado. Em outubro verificou-se a luta, em diversos pontos do país: em Minas, no Nordeste, no Rio Grande do Sul. Vargas comanda o avanço das forças do Sul em direção ao Rio de Janeiro. O governo já renunciara, aconselhado pelos chefes do Exército e da Marinha, pelo cardeal e outros elementos ponderáveis. Não tinha perspectiva a resistência. Da Junta Militar o poder passa a Vargas.

Se aparentemente é simples mudança de poder, na verdade é muito mais, pois vai ter início uma revisão da vida nacional. Não é visível de imediato, mas se imporá com o passar dos meses. Além da conjuntura interna favorável às mudanças — estas eram reclamadas, não podiam continuar sem resposta —, havia a conjuntura externa difícil, com a crise econômica mundial de 1929 e o descrédito da doutrina liberal: era comum a proclamação de sua falência, a política e a econômica, ante a avalanche de novas idéias. As dos radicais da direita, já no poder em alguns países, a começar da Itália, com o fascismo sob suas várias formas, do corporativismo ao culto do Estado forte, com a prática da violência, como se via no italiano e aparecerá com mais vigor pouco depois, com o nazismo alemão; ou os radicais de esquerda, que haviam conquistado o poder na Rússia e criado o primeiro governo comunista, em 1917, com as tentativas então malogradas de imitação, como na Alemanha ou na Hungria. Ante esse duplo perigo para a ordem vigente, os próprios liberais aceitam rever o seu quadro teórico e real, como se comprova na pregação teórica do economista Keynes — que anunciara em 1926 *The end of laissez-faire*, ou em sua elaboração da *Teoria geral do emprego, do juro e da moeda*, em 1936 —, ou nas experiências inovadoras do governo Roosevelt e o New Deal, na década de 30.

Com o reconhecimento de Vargas como chefe do Governo Provisório — ou da Ditadura, como era também chamado —, perde vigência a Constituição de 1891, que vivera 39 anos com uma única reforma, em 1926. O próprio governo limita os seus poderes por uma Lei Orgânica, enquanto não se faz outra Constituição. O Congresso é suspenso, há censura à imprensa, os governos dos estados são substituídos por interventores. Só o de Minas Gerais é mantido, conservando até seu título. Nesse primeiro instante os tenentes influem decisivamente em Vargas, obtêm posições. Juarez Távora, por exemplo, é visto como "vice-rei" do Norte e são nomeados para a chefia dos estados nortistas e nordestinos em geral militares, ou civis bem identificados com eles. O país assiste com certa perplexidade às inovações. Vargas comanda a mudança e há farta legislação que parte do Executivo — só esse poder funciona —, com muitas novidades.

Um dos primeiros atos é a criação do Ministério da Educação e Saúde e do Ministério do Trabalho, Indústria e Comércio, ainda em 1930. Os dois tiveram atuação importante. O do Trabalho, entregue ao gaúcho Lindolfo Collor, traz para o plano federal certa tendência de seu estado de consideração dos problemas do trabalhador, como se verá em outra parte. Notável foi o papel do mineiro Francisco Campos na pasta da Educação, realizando reforma no ensino em todos os níveis — técnico, primário, médio e superior. Data daí a verdadeira criação da universidade, pois o existente antes eram escolas isoladas, algumas recebendo o nome de universidade. A de São Paulo é de 1934, a do Distrito Federal é de 1935. Os interventores indicados nem sempre são pacificamente aceitos, como se dá em São Paulo, que em geral os recusa, vendo no poder central um excesso.

Vargas, de velha experiência como parlamentar, no nível regional e no federal, ou ministro da Fazenda em 1927, presidente do estado, de 1928 a 1930, ainda não tinha o referencial amplo e denso que fará dele a principal figura da Nova República, mas já se revelava firme em decidir (o que não era quando da preparação do movimento) e sobretudo em manobrar os homens e as diferentes forças. Se faz ministério, que altera algumas vezes, se toma providências aparentemente desimportantes, já amadurecia uma ação governamental consistente em linha antiliberal. Os companheiros da Aliança queriam que se institucionalizasse logo a nova ordem, convocando uma Constituinte. Ele e os tenentes, os homens do Clube Três de Outubro (conviviam com o presidente, freqüentavam o palácio, constituindo uma espécie de Gabinete Negro, um governo paralelo) não achavam o momento adequado. Havia pressão pela Constituinte. Vargas nomeia dia 15 de abril de 1932 uma comissão para elaborar anteprojeto a ser submetido à Constituinte, a ser eleita no distante dia 3 de maio de 1933.

Era uma certeza, mas os paulistas, vendo na protelação um expediente e sentindo-se diminuídos com os interventores nomeados para a sua unidade, partem para a chamada Revolução Constitucionalista. Começa no dia 9 de julho de 1932 e durará três meses, até os primeiros dias de outubro. São Paulo foi derrotado pelo Exército e por forças policiais do Rio Grande do Sul e Minas. O tenentismo parecia vitorioso, vitória de curto prazo, pois, feita a Constituição, Vargas, que até então governara com eles, recompõe-se com a velha oligarquia paulista e com as demais, iniciando uma carreira notável de êxitos políticos, marcada pela dissimulação e pela habilidade, compondo-se conforme seus interesses, impondo o jogo por fina estratégia nos compromissos, que fazem dele talvez o mais sagaz de todos os chefes de Estado que o Brasil já teve. A chamada Revolução Constitucionalista de São Paulo fez muitas vítimas e foi a primeira manifestação contrária a seu poder. São Paulo perdeu a parada, pois se os estados dispunham de uma Força Pública, uma polícia equipada e aguerrida, esta não podia enfrentar as armas federais.

CONSTITUIÇÃO DE 1934

Foi retardada pelo domínio tenentista, que temia, preferindo continuar a influir no presidente, com a ampliação da fase revolucionária, no sentido antioligárquico, pensando no fim da ordem antiga. Será frustrado, pois a Constituinte é eleita e começa o seu trabalho no dia 15 de novembro de 1933, sobre um projeto de civis e militares, para tanto designados. A comissão parte do texto de 1891, na tentativa de incorporar o que o novo direito criava, perante diverso quadro social e econômico, com muito culto do ideológico, além de beber em outras constituições, entre as quais se projetavam a alemã de 1919 (a de Weimar) e a espanhola de 1931.

A nova Constituinte contava com a novidade de ter quarenta deputados classistas, além dos 214 eleitos pela forma comum. Eram dezoito empregados e dezessete empregadores, três profissionais liberais e dois funcionários públicos. O novo Código Eleitoral, de 24 de fevereiro de 1932, consigna essa representação classista, contrária aos políticos tradicionais e alegria dos tenentes radicais e do Clube Três de Outubro e de Vargas, decerto seu inspirador. Tem-se já aí o sinal de reconhecimento de outra ordem social e econômica, como o será também a inclusão de capítulos ou artigos sobre o assunto, direitos dos trabalhadores, assistência social e a inclusão de conselhos técnicos, reconhecimento da necessidade de racionalização do Estado. A novidade não passou sem protesto, na denúncia do corporativismo praticado pelo fascismo; outros, mais agudos, viam a ingerência do Estado no Legislativo, o governo querendo ser mais representativo, manipulando as eleições no setor classista, mais fácil que nas gerais.

O varguismo já tinha o seu perfil, começado com a criação do Ministério do Trabalho e a Lei de Sindicalização, de 19 de março de 1931. Vê-se uma bancada profissional, ao lado da bancada política. A eleição desses deputados é feita depois da geral, em 1933. Só os sindicatos organizados pelo Ministério do Trabalho teriam direito a voto. Crescem então, para participar do processo. Empenham-se neles dois escritores de futura grande atuação: Alceu Amoroso Lima, intelectual fecundo e líder católico, a favor da pluridade sindical (tese também do empresariado paulista) e Oliveira Viana, sociólogo e jurista, assessor de Vargas, favorável à unidade (será um dos autores da legislação trabalhista).

A bancada mais ativa será a dos empregadores. Alguns dos empregados eleitos serão cooptados pelos empregadores, poucos fazendo oposição ao governo. A presença da bancada classista foi vitória pessoal do presidente e, de certo modo, a única do tenentismo na Constituinte. Vargas queria, com essa bancada, estabelecer certo equilíbrio com a representação política, dominada por São Paulo e Minas. O artifício nem sempre deu certo, pois os eleitos, se representavam suas áreas profissionais, também representavam suas áreas geográficas, como é natural. Os empregadores empenham-se na defesa da ação do Estado e da racionalização de suas atividades. Pode-se ver nessa atuação o primeiro momento do Estado Novo.

O projeto oficial foi a base das discussões. Se o centralismo do governo já existia na Constituição de 1891, é ainda acentuado na única reforma por ela sofrida, em 1926. O debate garante a representatividade dos estados pela população, sem admitir limites. O Conselho Supremo, sugerido pelo projeto, não vinga, prevalecendo o bicameralismo, mantido o Senado, na linha tradicional. Após muito debate, subsiste a eleição direta do presidente da República. Por influência da Liga Eleitoral Católica, o casamento continua religioso e indissolúvel. As novidades são com referência à ordem econômica e social, como expressão do século, no país e no mundo, com a indústria e o crescimento urbano. O trabalhador pela primeira vez recebe atenções. Também são tratados novos problemas, como família, educação, funcionalismo, segurança nacional, Justiça eleitoral. As discussões foram longas, o documento só assinado em 16 de julho de 1934.

A nova Constituição é inovadora relativamente à de 1891. É minuciosa, como se comprova com seus 187 artigos, enquanto a anterior tinha 91. Feita com muito estudo, reflete o novo direito — obras de juristas e constituições posteriores à Primeira Guerra, a principal das quais é a da República de Weimar —, ecos da política ideológica crescente. No Brasil foi intensa a influência fascista, como se vê nos integralistas. Mesmo políticos tidos por inovadores e representantes das formas tradicionais não ficam imunes a certa sedução da direita, observável até nos tenentes, supostamente de esquerda. O fato é também observável nos publicistas, em período de muito debate de idéias e edição de livros de natureza historiográfica, jurídica, sociológica. Em país sem sólida tradição intelectual, com o embaralhamento de idéias de pouca clareza ou mesmo equivocadas, o pensamento costuma ser fluido e até contraditório.

O tempo é outro: há reconhecimento de sindicatos e de associações profissionais; os sindicatos têm autonomia teórica, embora possam ser manobrados pelo governo, através do Ministério do Trabalho. A lei garante o salário mínimo, trabalho de oito horas, proibição do trabalho a menores, repouso semanal, férias anuais e outros direitos, antes não reconhecidos. Serão regularizados aos poucos. O sentido inovador da administração está nos conselhos técnicos, de atuação junto aos ministérios e ao Legislativo. É o anseio de aprimorar os serviços públicos, com as práticas administrativas decorrentes da nova sociedade e de ciências sociais renovadoras, impondo a racionalização. Surgem as novas escolas, como as de filosofia e ciências econômicas, com seus variados cursos, até aí desconhecidos e agora exigência da complexidade social. O desejo de superar a rotina começa em 1930, acentua-se no Estado Novo e tem crescente desenvolvimento até os dias de hoje.

Outro assunto é a segurança nacional, objeto de muitos cuidados nos debates e no texto, que logo deixa de referir-se à guerra para ser eminentemente política repressora, como se verá logo a seguir, por causa da rebelião comunista e do reconhecimento do autoritarismo. O tema será acentuado por outras leis e algumas emendas, prevendo inquietações internas com a perturbação da ordem, ou penas a militares ou civis servidores públicos participantes de iniciativas vistas como subversão. É nova linguagem ingênua ou ameaçadora, de eco crescente e suspeito. A maré direitista começa a tomar corpo. O Congresso, por falta de percepção, vota medidas repressivas, por manobras do presidente eleito pelo Congresso. A Constituição de 1934 viverá pouco mais de três anos, pois o episódio comunista e a pregação integralista armam o braço do governo, superior em lucidez aos parlamentares liberais, de mínima ou nula percepção. O tenentismo já não pesava: a vitória da Vargas, na eleição indireta pelo Parlamento, foi sua última vitória. A contar daí, com as constituições dos estados e as eleições de quase todos os governadores (desaparece a expressão presidente de estado), é o declínio da corrente que tanto contara. Desaparece, mas não de todo, pois muito do seu programa sobrevive com Vargas, que realizará quase tudo de sua bandeira: embora aliado aos velhos políticos — era um deles, pela origem e carreira —, consegue impor muitas das causas dos antigos tenentes, agora destituídos da posição oficial gozada de 1930 a 1932.

DIREITA, ESQUERDA, GOVERNO

Se a direita estava em moda no mundo, ela não podia deixar de aparecer no Brasil. Surge de fato, de modo episódico. Já se lembrou como a arregimentação dos católicos em uma pregação de idéias, através da revista *A Ordem* e do Centro Dom Vital, em 1921-22, frágil por não falar às massas, mas de alguma expressão no plano intelectual, foi o começo mais sensível da direita no país. No mesmo ano do centenário surge a Legião do Cruzeiro do Sul. A direita ama palavras como "legião", "movimento", "ação", bem mais que "partido". Teve, contudo, seus partidos, em vários pontos. Tal foi a Legião de Outubro, em 1930, na capital e com ramificações nos estados, como São Paulo e Minas; outras, como a Fluminense e a do Nordeste; a que mais se organizou foi a Legião Liberal Mineira, todas entre 1930 e 1931. Se Osvaldo Aranha foi o idealizador da Legião de Outubro, pensou também em uma Legião Nacional Brasileira, parte de um "plano ideal de um fascismo brasileiro", sem andamento. Houve outras, como a Legião Cearense do Trabalho. Houve ações, como a Ação Imperial Patrianovista, católica, corporativista e monárquica, em 1928, sem repercussão; a Ação Social Brasileira, de 1930, no Rio Grande do Sul, que se propôs criar o Partido Nacional Fascista, sem êxito. A mais importante foi a Ação

Integralista Brasileira, criada em 1932, arrebanhando várias correntes, sob que nomes tivessem, de orientação direitista. Houve também partidos, como o Nacional Sindicalista, o Fascista Nacional, o Nacional Regenerador, o Nacionalista de São Paulo, o Socialista Brasileiro, o Fascista Brasileiro.

A suprema afirmação da direita radical foi a Ação Integralista Brasileira, fundada em 7 de outubro de 1932 por Plínio Salgado, um político de pequena expressão antes, mas escritor muito ativo: romancista, poeta e teórico do modernismo; teve mesmo participação na Semana de Arte Moderna, decerto por equívoco, pois não era autor de sensibilidade realmente moderna, como ele mesmo lucidamente percebia, denunciando os perigos da pregação dos expoentes da Semana; biógrafo de Cristo; propagandista de idéias, escreveu dezenas de livros sobre a política de seu tempo, defendendo as teses antiliberais, conservadoras e até fascistas; orador incansável e de certo poder, prendia auditórios por horas; jornalista constante e combativo, escreveu sempre. Realizando obra imensa, não escreveu nenhum livro importante, mas exerceu muita influência. Visto por alguns como pensador, filósofo profundo, em juízo superficial, na verdade não o era, mas doutrinário, batalhador e crente em suas idéias. Suas fontes são as clássicas da direita, às quais se deve acrescentar a pregação do português Antônio Sardinha, ideólogo do integralismo lusitano, de quem tirou até o nome de sua corrente.

Plínio foi o centro do integralismo, que cresceu bastante e chegou a ter centenas de milhares de seguidores, arregimentou as facções direitistas e teve várias lideranças intelectuais, algumas significativas, a maioria secundária. Atraiu os descontentes com a ordem liberal. Foi um líder nas Forças Armadas e na Igreja, atraiu segmentos apreciáveis da classe média e da burguesia, pelo anticomunismo sistemático. Aprendeu muito em sua viagem ao Oriente e à Europa, em 1931, notadamente à Itália de Mussolini, sua principal fonte. Publicou em março de 1931 o *Manifesto da Legião Revolucionária*, escrito em Paris, na defesa do Estado forte e de temas que explicitaria melhor depois. Em junho funda o jornal *A Razão*. Nessa época, apóia o Governo Provisório (fora contra Vargas em 1930). No Rio, teve muitos contatos com os tenentes, pessoas de ideologia às vezes caótica. Absorve idéias parafascistas então difusas no país.

No começo do ano seguinte cria a Sociedade de Estudos Políticos, de certa atuação: dela sairia a Ação Integralista Brasileira; seria em julho, mas a Revolução Constitucionalista impediu. Ficou para outubro o lançamento. O Estado integral ocuparia o lugar do

Estado liberal. Os princípios seriam melhor aprofundados nos muitos livros, com realce para *A psicologia da revolução*, *O que é integralismo*, *A quarta humanidade*. A pregação foi de resultado lento em 1932 e no ano seguinte, em reuniões ou comícios com choques e mortes. Em 1935, com a propaganda comunista, o confronto se radicaliza. O ano de 1936 é conhecido como "o ano verde": colaboração com o governo, crescimento das fileiras. O seguinte vê a campanha sucessória, com dois fortes candidatos tidos por liberais. Plínio também se candidata. Faz comícios de julho em diante. Mais que uma campanha, era uma conspiração, pois não acreditava em eleição nem a desejava, pois sabia não ter condições de vencê-la. Teve encontro até com Vargas e muitos do seu esquema. Retirou afinal a candidatura no princípio de novembro, conformado com o golpe, que seria dado com o seu apoio. Vargas não o ouviu na decisão; apesar de ter aprovado o arbítrio, a Ação Integralista foi extinta, como se fora um partido político.

O integralismo teve rígida organização hierárquica, dividido em alas. Usou uniforme — camisa verde com gravata preta, o símbolo era a letra grega sigma, que fez o papel da cruz gamada no nazismo; adotou um lema — Deus, Pátria e Família —; um cumprimento, com o braço direito levantado e pronunciando a palavra "anauê", da língua tupi, um grito de guerra ou saudação — "Você é meu parente". Ritos para batizados, casamentos e enterros, com uniformes, gestos e palavras. À maneira dos fascismos europeus, teve sua mística e um ritual severo, cumprido com eficácia. Com o senso da hierarquia, já a criança era iniciada, dos quatro aos quinze anos, com os infantes, os curupiras, os vanguardeiros e os pioneiros. Devia obediência aos superiores, em linha rígida e autoritária. Depois, todos se inscreviam em milícias — decúrias, terços, bandeiras e legiões. Com a energia da pregação do chefe, os seguidores não recuavam ante a violência. A militância chegou a assustar. Como foi aparentemente fácil o êxito, acreditaram na vitória, na tomada do poder. O integralismo apoiou o golpe do Estado Novo: fez antes homenagens a Vargas, em comícios e desfiles. Na verdade, Vargas usou-o, desfazendo-se dele depois. Na extinção dos partidos incluiu a Ação Integralista, que não gostava de ser vista como partido.

Alguns dos seguidores exaltados tentam o golpe depois, em março de 1938, com prisões e a ocupação de uma estação de rádio; repelidos, rearmam-se, para nova tentativa, dois meses depois, em maio, para ocupação do Palácio Guanabara e derrubada do presidente. O malogro é mais completo, com mortes e prisões. Os integralistas não atuaram sós, pois tiveram colaboração de outros oposicionistas, igualmente insatisfeitos. Plínio não participa dessas atitudes. Preso, recolheu-se, não era o líder místico e heróico que alguns seguidores imaginavam. O Estado Novo acabou com eles. O chefe foi para exílio em Portugal, de 1939 a 1945. Em 1945, Plínio tentou de novo a política. Fundou o Partido de Representação Popular. Candidato à Presidência da República, em 1955, teve certa votação, 8% do total. Não era o chefe imaginado pela direita do país: arrogante nos momentos de êxito, era simples seguidor de ordens oficiais em momentos adversos. Assim terminou sua carreira, como deputado convencional. Não sem deixar marca profunda de seu pensamento, pouco original, mas eficaz na propaganda, empolgando largos setores da população por alguns anos, para depois consumir-se como político comum na Câmara dos Deputados. A Ação Integralista é episódio digno de nota na trajetória política de um povo que não conta com instantes excepcionais, em geral acomodado à ordem vigente. Exprimiu aqui a ascensão da direita no mundo, mas não conseguiu impô-la. Viveu intensamente de 1932 a 1937, para depois desaparecer. A direita buscaria outras expressões: teve-as, às vezes com êxito, mas sem a nota forte do integralismo naqueles breves anos.

Se o Partido Comunista vinha de 1922, teve desenvolvimento lento e não conheceu o impulso das organizações direitistas. Foi impedido pela repressão, que nunca o poupou, ao contrário do que se dará com o adversário, não só poupado, mas até festejado pelo poder, com o qual esteve em contato muitas vezes. Se a repressão o tolhia, também o era pelo sectarismo dos militantes, que adotavam cegamente palavras de ordem vindas do exterior, da Terceira Internacional ou Komintern, provenientes de pessoas sem qualquer conhecimento dos problemas nacionais. Prendiam-se a esquemas, ditados para povos e situações diferentes. O partido era tão alienado que chegava a imprimir um jornal informativo ou doutrinário, que não podia circular, só para ser apresentado aos órgãos superiores do comunismo na Europa. Com tantas limitações, era natural que não crescesse.

Depois de 1930, quando o Brasil entra em nova fase, tenta articular-se melhor. Consegue inscrever em sua fileiras uma figura do prestígio de Luís Carlos Prestes, refugando a articulação de 1930, sem adotar ainda o comunismo. A principal manifestação pública da esquerda radical será a Aliança Nacional Libertadora. Ela reúne o que resta do tenentismo, correntes esquerdistas, pequenos segmentos da burguesia e da classe média e algo do proletariado, que não tem organização: a clandestinidade a que o obrigam não lhe permite ação coerente e contínua. A maior parte satisfazia-se com constituições federais e estaduais e eleições para os governos. Vargas foi capaz de capitalizar o obtido e quis mais ainda: uma legislação de arrocho que subjugava as manifestações populares, culminando na Lei de Segurança Nacional, de 30 de março. Por outro lado, a direita expandia-se na Europa, com regimes vitoriosos em vários pontos, como aqui, com o apoio decisivo da burguesia, da Igreja e do Exército. Ante esse quadro, surge a idéia de uma força da esquerda, aglutinando sindicatos, associações e pequenos partidos com esse programa. Teria expressão nacional, destinada à luta pelas causas do esquerdismo, contra o governo e contra o integralismo, promovendo greves, comícios, propaganda.

Preparada ao longo de abril de 1935, no dia 30, em assembléia pública, anuncia a comissão diretora, lê seu manifesto e proclama Luís Carlos Prestes presidente de honra. Este, como se viu, fora a estrela dos tenentes, sua figura de maior prestígio popular, por causa da Coluna, de 1925 a 1927. Na Bolívia e na Argentina — já aí funda, em julho de 1930, a Liga de Ação Revolucionária, para uma "revolução agrária e antiimperialista", que não chegou a ter repercussão e logo desapareceu —, após a longa marcha, é procurado por políticos desejosos do seu apoio para a Aliança Liberal e outras causas, o que ele recusa. Procurado também por outros, desejosos de doutriná-lo no socialismo, é mais receptivo a essa mensagem, como se deduz de sua crítica à Aliança em maio de 1930. Irá depois à União Soviética, mas só entra para o partido em 1934. Lá viveu poucos anos, volta ao Brasil em abril de 1935, designado para organizar o que vê como "a revolução nacional e antiimperialista".

Lança manifesto dia 5 de julho de 1935. Além da bandeira da libertação nacional, contra o imperialismo e o fascismo, fala, em sucessivos pronunciamentos, nas reivindicações de amparo ao trabalhador, assistência contra acidentes, redução de horários, proteção à mulher e às crianças, salários, férias, aposentadoria e outras vantagens, já pedidas pelo tenentismo. A palavra de ordem é "um governo popular, revolucionário e antiimperialista". Nacionalização das empresas estrangeiras, suspensão definitiva do pagamento das dívidas externas, entrega das terras aos trabalhadores, sem ter em conta os proprietários. Lançada em 30 de março, a Aliança é oficialmente fechada em 11 de julho, tendo de atuar na clandestinidade até outubro. Os delegados brasileiros na reunião da Internacional Comunista, em Moscou, em agosto, consideravam o Brasil maduro para a revolução, no que revelavam desconhecer a realidade. Prestes já estava aqui, não participou do encontro. Seu prestígio é comprovado na mesma reunião, quando é feito membro da comissão executiva da Internacional, ao lado de Stalin, Bela Kun, Dimitrov, Thorez, Togliatti, Dolores Ibarruri, Mao Tsé-tung e outra figuras do socialismo radical no mundo.

Apesar de obter muitas adesões, decerto a Aliança Nacional Libertadora não tinha perspectivas no Brasil conservador e tímido, ainda mais abafado pela legislação repressiva que Vargas consegue do Congresso. Planeja-se a eclosão revolucionária, marcada para o dia 27 de novembro. A desorganização faz que ela aconteça dia 23 em Natal, por motivos locais. Um batalhão levanta-se e consegue vitória, com uma "junta de operários e soldados". Como a direita brasileira repetia chavões europeus, a esquerda faz o mesmo, usando-os com ou sem propósito. A reação é pronta e ao fim de poucos dias os rebeldes são presos. No dia 25 é a vez do Recife, com o levante de um batalhão, que luta sozinho, tendo de ir para o interior, onde são presos os encontrados. Embora com a derrota no Nordeste, o comando da Aliança ordena o levante no Rio de Janeiro no dia 27. Previsto para vários pontos da cidade, os núcleos são logo derrotados. Só o regimento da Praia Vermelha tem mais vigor, consegue resistir, para entregar-se, vencido, poucas horas depois. Houve mortes dos dois lados e nada se obteve.

O pior é que a luta assustou mais ainda os conservadores e o governo em geral, que se aproveita da sublevação mal articulada para anunciar o perigo do comunismo e a necessidade de repressão. Os responsáveis são presos, julgados com severidade pelo Tribunal de Segurança Nacional. Prestes também é preso, em março de 1936, juntamente com a mulher e farta documentação comprometedora, base de muitas outras prisões. Um conspirador com o gosto dos registros, de atas e documentos. Além de nada obter, o episódio, conhecido como Intentona Comunista, vai dar base ao governo para caminhar em sua linha de crescente autoritarismo. Vargas terá aí o melhor argumento para justificar sua conduta, a base do golpe há muito premeditado, estabelecendo um regime autoritário, antiliberal, nos moldes da direita. Os aliancistas deram subsídios para a reação instituir o Estado Novo.

Se se fala nas ideologias, é preciso ver o próprio governo. Vargas inicia em 1934 novo mandato, agora como presidente eleito. Decerto não é a situação desejada: preferia governar como antes, sem um texto que o limitasse tanto; mais, sem um texto da natureza daquele, liberal demais para seu conceito de Estado de tradição positivista, passando por Júlio de Castilhos e Borges de Medeiros e de forte presença militar. Teve de fazer novo ministério, compondo-o com as forças que lhe deram apoio. Os tenentes não contariam mais: o presidente voltava a atuar com os políticos, com os quais sempre convivera e ele mesmo encarnava. A situação não era fácil: o país era trabalhado pela direita e pela esquerda, em outra linguagem, distante da tradicional; demais, devia pensar em eleição direta para a Presidência — a sua fora pelo Congresso — e tinha certeza de muita disputa. Como havia eleição para as constituintes dos estados, era preciso também deter-se no problema, com o exercício de sua influência, de modo a marcar as futuras situações. Havia problemas financeiros ponderáveis, com a dívida externa e a necessidade de regular o comércio exterior. O esquema Aranha, de fevereiro de 1934, tratava da dívida, colocando dificuldades a serem vencidas.

Se a vida financeira o preocupava, mais ainda a efervescência política. E trata de fortalecer o Estado, defendendo-se de greves e mais agitações sociais. Para tanto, conta com ministros eficientes e com um Congresso submisso. Os crimes contra a ordem política e social serão definidos na severa Lei de Segurança Nacional, sancionada no dia 4 de abril. Tem de compor a administração, afastando o general Góes Monteiro do Ministério da Guerra: ele fora elemento decisivo no preparo de 1930 e depois, como é agora e será ainda, na imposição e na deposição do Estado Novo — um militar atípico, excessivamente ativo, mas demasiado extrovertido também, de modo que criava muitas dificuldades. Terá sido o soldado brasileiro que mais falou, embora também, senão o que mais atuou, pelo menos um dos mais atuantes, na criação e no encaminhamento de problemas. Se São Paulo já não lhe apresenta embaraços, como antes, o Rio Grande do Sul apresenta alguns, pela ação de Flores da Cunha, governador do estado, pretendendo ditar normas não só em seus limites, mas no país todo. O presidente queria saber de tudo, decidir em tudo.

Nesse clima desenvolve-se a campanha sucessória de 1937. Vargas de fato desejava continuar, não queria sucessão. Vê o surgimento das candidaturas: o governador de São Paulo, Armando de Sales Oliveira, até aí afinado com ele, apresenta-se candidato e tem logo a adesão da maioria oposicionista. Vargas articula o seu candidato, alimenta ilusões e acaba por fixar-se em um nome antes ligado aos tenentes e que fora seu ministro, José Américo de Almeida, paraibano. Vargas explorava as situações de disputa interna nos estados, com habilidade, de modo a ficar bem com todos, embora tivesse os seus preferidos. O Rio Grande do Sul e o Distrito Federal eram problemas. São Paulo e Minas não eram, sobretudo Minas, de todo afinado. O mineiro Antônio Carlos, presidente da Câmara dos Deputados, era-lhe suspeito, por sua força natural. Vargas manobra sua substituição com dois outros mineiros — o governador Benedito Valadares e o deputado Pedro Aleixo, eleito presidente da Câmara por pequena vantagem sobre o anterior, considerado incômodo.

Era tal a obsessão anticomunista que chega a repetir-se, em plano muito menor, o episódio de Canudos e Antônio Conselheiro: no Ceará há episódio messiânico, em lugarejo chamado Caldeirão, com o beato José Lourenço e seus humildes seguidores. Alegando-se que entre eles havia egressos do levante comunista do Rio Grande do Norte, forças estaduais destroem o ajuntamento, com muitas vítimas, com o apoio do Exército. Também foi a alegação de proteger foragidos comunistas a justificativa para afastar Flores da Cunha, o que acaba conseguindo, mas depois de muitos expedientes.

Consegue firmar o nome de José Américo de Almeida candidato à sucessão, agora visto como do poder federal, enquanto o de Armando de Sales Oliveira é tido como oposição. Também Plínio Salgado é candidato, mas não para valer, e acaba afastando-se da disputa. José Américo não é o ideal, pois faz campanha com muita crítica à situação — mais que o dito oposicionista. Vargas inclina-se para o golpe, atitude também de militares notórios, ou alguns políticos, até governadores de estado. Para culminar, vem um plano comunista — o Plano Cohen, documento forjado por militares e integralistas, no qual se traça o caminho a ser seguido pelos vermelhos para a conquista do poder. Típico de direita, até anti-semita, foi feito pelo capitão Olímpio Mourão Filho, do Estado-Maior do Exército e do serviço secreto da Ação Integralista. Dutra e Góes Monteiro o apresentaram a Vargas, que veria aí a peça essencial para o golpe.

O anticomunismo funcionava mais uma vez, justificando o estado de guerra, largamente aprovado pelo Legislativo, com base em uma impostura. Falta de processo regular, prisões generalizadas, desrespeito à lei, Flores da Cunha é forçado a renunciar. O falso plano — um dos exemplos mais notáveis de falsificação — teve total divulgação nos órgãos oficiais. Na verdade, era a marcha do golpe, com a derrubada do suposto liberalismo e a instauração da direita sob a forma de corporativismo. Uma variante do fascismo colocava o país no clima dominante no mundo então.

2

O ESTADO NOVO

Embora não dilatado — de 10 de novembro de 1937 a 29 de outubro de 1945, pouco menos de oito anos —, é uma das fases marcantes da história nativa. Nele se afirma a personalidade do presidente Getúlio Vargas, que o preparara lentamente, como se viu. Demais, foi sempre cercado de um ministério com nomes em geral expressivos, pois, ciente de sua força, não se compunha com figuras fracas ou apenas medianas, como se dá com os governadores inseguros. Criou um regime que não é original, pois em consonância com a voga direitista. Nutriu-se em modelos europeus, reais e teóricos, com a doutrinação portuguesa, espanhola e italiana da direita, como dos governos de Mussolini, do corporativismo português de Salazar, que assume o cargo de ministro em 1926 e institucionaliza o que chama de Estado Novo em 1933, do exemplo polonês de Pilsudski, a contar de 1926. Não lhe faltaram antecedentes imediatos, sem falar nos remotos, reacionários ou tradicionalistas do século XIX e mesmo de antes.

Mais que nesses exemplos universais, nutriu-se da herança gaúcha. Vargas é o realizador, no plano nacional, da política desenvolvida em seu estado do Rio Grande do Sul sob a República. Já se lembrou que o positivismo foi uma das matrizes da República brasileira, sobretudo em sua pregação na Escola Militar. Um dos professores foi Benjamin Constant Botelho de Magalhães, de notória influência sobre seus alunos, que constituiriam a oficialidade rebelde à Monarquia e aberta ao novo regime. Quando se pensa em dar forma a este, eles não querem o modelo liberal americano nem o modelo francês de 1789, preferindo a autoridade forte traçada por Augusto Comte, a ditadura republicana ou a república sociocrática. Na primeira Constituinte, os gaúchos a defendem, sobretudo pela voz de Júlio de Castilhos. Não conseguem imprimir essa nota na Constituição de 1891, derrotados pelo modelo americano. Conseguem, entretanto, impor o modelo na Constituição do Rio Grande do Sul, distante das linhas da federal, negando-a mesmo. O estado tem existência à parte no quadro brasileiro: lá o presidente do Executivo é tudo, pois o Legislativo tem função quase só orçamentária, sem mais iniciativas.

Castilhos morreu logo, mas deixou um herdeiro em Borges de Medeiros, eleito cinco vezes. As lutas sociais, sempre intensas — já o eram no Império, com forças bem equipadas, por ser zona de fronteira e sede da maior concentração militar —, criaram um tipo especial na vida do país, quase folclórico — o gaúcho —, com muito de comum com os vizinhos platinos, tendendo a um poder autoritário simbolizado no caudilho. Dos constantes entreveros regionais do país, os mais notáveis e bem demarcados são os dos gaúchos, entre chimangos (republicanos) e maragatos (federalistas). Aqueles tiveram mais vitórias. Vargas e seu clã familiar foram e mantiveram-se chimangos. Os políticos sulinos formaram-se à sua sombra. Vargas, por exemplo, esteve sempre ao seu lado, como deputado estadual e federal, ministro da Fazenda falando em nome do presidente de seu estado, depois ele próprio na presidência do estado. A política do Rio Grande do Sul não seguia a "dos estados" ou dos "governadores", institucionalizada por Campos Sales, fazendo-lhe oposição. Não aprovava os candidatos paulistas ou mineiros; se não tinha a Presidência da República, na verdade pesava no plano federal, atuando sobretudo através do senador Pinheiro Machado, a figura mais forte do Senado, influindo nos rumos gerais, enquanto a outra liderança é Rui Barbosa, quase sempre na oposição.

Com a morte de Pinheiro Machado, em 1915, o estado continua a influir. Borges de Medeiros tem inimigos locais expressivos, que aos poucos conseguem abalar o seu continuísmo: a Revolução de 1923 foi sobretudo contra mais uma reeleição, levando o presidente Artur Bernardes a intervir, obtendo-se acordo entre forças adversas — Borges de Medeiros e Assis Brasil. Culminou em uma reforma da Constituição — a de 1926, a única, que torna mais rígido o quadro legal, enfraquecendo os poderes dos estados, aumentando os do chefe da República. Outro traço do positivismo no Sul foi certa atenção ao trabalhador e à vida econômica, admitindo intervenção desconhecida no resto do país. Um dos princípios comtianos — sabe-se — é o da incorporação do proletariado à sociedade. Não é prática revolucionária, mas conservadora, pois faz a tutela do trabalhador, como se pratica no extremo Sul.

A chegada de um gaúcho ao poder federal, em 1930, com o perfil de Getúlio Vargas, terá significado algo além da simples mudança da chefia de governo, pois ele traz uma tradição e vai querer institucionalizá-la. A proximidade de Vargas com os tenentes procede em grande parte do antiliberalismo dos oficiais, desejosos de política diferente, com certo sentido do social, até aí não praticada. Muitos dos oficiais eram positivistas, embora o pensamento de Augusto Comte não fosse simpático aos militares. Vargas podia entender-se mais com eles que com os velhos políticos, embora tivesse sido sempre um político, mas de corte gaúcho. Se se compõe com facilidade com os tenentes, com eles de fato governa até a Constituinte de 1933 e a Constituição de 1934. Depois, passa a governar com os políticos, afasta os velhos companheiros, por imposição geral e pelo interesse particular, pois assim poderá afirmar-se plenamente. No entrechoque ideológico de direita e esquerda, tende para a direita, vitoriosa no mundo. Manobrou o Congresso para obter uma legislação repressora contra a esquerda. Usa-a também contra a direita, quando lhe convém.

O presidente, de 1934 em diante, já é homem determinado, com programa a seguir, e o faz com obstinação. A campanha sucessória de 1937 é por ele escamoteada e chega facilmente ao golpe, em 10 de novembro de 1937. Funda o Estado Novo, com apoio de boa parte do Legislativo e da maioria militar, como também do povo, trabalhado pela campanha integralista contra o sistema liberal. A sucessão não podia caminhar: a candidatura dita oficial era torpedeada em suas bases; a integralista, tal como Vargas, não gostava de eleição e a oposicionista não dispunha de força para lutar só. O golpe foi lentamente preparado, com medidas repressoras de todo tipo, aprovadas pelo Congresso; os militares encamparam o Plano Cohen, falsificação para justificar arbitrariedades; os governadores, ouvidos, aprovaram. Marcou-se o dia 15 de novembro, mas foi mais prudente antecipar: dia 10 o Congresso é cercado, e, paradoxalmente, com o apoio de muitos de seus membros. Se o governador do Rio Grande do Sul tinha sido forçado a renunciar, depois de terrível cerceamento de suas ações, os de Pernambuco e Bahia são forçados a fazê-lo como protesto, antes de serem depostos; os partidos são fechados dia 2 de dezembro (até a Ação Integralista). Vargas no mesmo dia 10 anuncia à nação a medida, forçado pelo clima de insegurança criado pelos subversivos, segundo pensa.

E lê para todos a nova Constituição, na linha fascista de outros documentos da época. Fora redigida pelo mineiro Francisco

Campos já há algum tempo e aprovada por militares, políticos conservadores ou retrógrados, altos setores da burguesia, governadores e o chefe verde, Plínio Salgado. Os protestos foram velados, pois a censura impedia qualquer manifestação. Alguns dos principais líderes foram presos ou exilados. Contestação armada, só a integralista, em março e maio de 1938, prontamente rechaçada. Para êxito da repressão contou a violência do chefe de polícia Filinto Müller: apelou para a tortura e terá eliminado muita gente, sem falar nos dados como desaparecidos. Uma fase policialesca, sem antecedentes na crônica do país, só igualada no regime de exceção instituído em 1964. O Brasil ia entrar em nova fase, na qual permaneceria oito anos. Um período decisivo na sua trajetória, como se verá.

Sua Constituição é feita com boa técnica jurídica e deveria ser julgada pelo povo em um plebiscito. Este nunca foi convocado. Se fosse aprovada, nova estrutura de governo e representação deveria ser criada, diversa da antiga forma do Senado e Câmara. Esse Legislativo não chegou a existir. Já no ocaso do regime, em fevereiro de 1945, a emenda número 9 dispensa o plebiscito e convoca o Parlamento, nos moldes tradicionais. Vargas organizou o poder à sua maneira — só o Executivo funcionou —, prevalecendo-se do momento internacional, seguro de nova guerra, que de fato viria logo, em 1939. Interferiu nos estados, nomeando os interventores. Na verdade destruiu a Federação, embora o artigo terceiro afirmasse que "o Brasil é um Estado federal". Não era. Pode ficar como símbolo dessa negação a queima das bandeiras dos estados — eles tinham bandeiras, hinos, emblemas. Agora conta a nação, não as suas unidades político-administrativas. Podava também a Federação o impedimento de impostos interestaduais, um dos instrumentos do vigor econômico dos estados. Mais: as forças públicas regionais passam a ser severamente controladas pelo Exército.

Submete de vez os sindicatos, na verdade sempre sem autonomia, não obstante a lei a afirmasse. Os sindicatos foram úteis instrumentos de manobra do ministro do Trabalho, criando a figura do "pelego" — trabalhador agente do governo no meio operário, recebendo para servir aos interesses oficiais. A existência da unidade sindical e depois do imposto sindical obrigatório reforçam essa figura, básica no Estado Novo e depois na política pessoal de Vargas. Ele sempre usou apelar para eles, de modo a ficar conhecido como seu protetor ou "pai dos pobres". Com amplo serviço de propaganda, nos jornais e no rádio, de programas diários, o seu retrato em todos os locais possíveis, suas falas largamente divulgadas, livros de biografias exaltadoras, era o chefe, quase como o Duce na Itália, o Führer na Alemanha e mais autoridades de regimes radicais, de direita ou esquerda. Se o aparato de endeusamento pessoal do chefe e a violência do policialismo são as notas fascistas do período, o regime não é apenas esse aspecto.

O Estado Novo foi forte, antidemocrático, mas teve um lado de grandes realizações materiais, com o princípio da modernização do aparelho administrativo, o programa de desenvolvimento econômico, uma legislação social. Destaque-se inicialmente o econômico: o Estado passa a interferir cada vez mais na economia. Essa intervenção, tênue, começara no princípio do século, quando nem mesmo a ideologia liberal a impedira, com o amparo ao café, principal riqueza e em processo de superprodução, o que exige controle do governo para garantir os preços e o mercado, como se deu com o Convênio de Taubaté, de 1906, entre os três maiores estados produtores — São Paulo, Minas Gerais e Rio de Janeiro — e depois encampado pelo governo federal. Criam-se órgãos especiais para o seu amparo, como o Instituto de Defesa Permanente do Café, em 1922, federal, substituído pelo Conselho Nacional do Café, de 1931. Com a crescente produção, o poder público tem de ser mais enérgico, se de nada valem as práticas de valorização adotadas até 1930. O país tem então imensos estoques, precisa defender o preço e sua posição e a dos produtores, ameaçados com a crise econômica de 1929 que afeta os grandes consumidores.

O governo, logo no início, adota política ousada: para garantir os preços, ordena diminuição dos depósitos. De 1931 a 1939 destruíram-se 80 milhões de sacas (a saca é de noventa quilos), queimadas ou jogadas ao mar. Nunca se vira nada igual no país ou fora, em prática chocante, escândalo universal, com a destruição de milhões de quilos de um gênero consumido em grande parte do mundo. Mais censurada que louvada então, é hoje vista de outro modo. De fato, a medida aliviou a situação e garantiu o produto. Quem melhor estudou o assunto foi o historiador-economista Celso Furtado. Segundo ele, o procedimento faz do Brasil pioneiro na prática de política anticíclica; ainda não se conhecia a defesa dos investimentos públicos para evitar subemprego, que Keynes faria em 1936, em sua obra clássica — a *Teoria geral...* —, e já a administração a adotava aqui, com resultados positivos. Os efeitos da crise geral foram menos sensíveis no Brasil exatamente pela garantia dos fatores produtivos: amparando o café, amparava-se toda a atividade econômica, uma vez que esta se ligava àquele. Era, contudo, a privatização dos lucros e a socialização dos prejuízos, segundo a fórmula certeira do economista.[26]

Não só o café merece atenções oficiais: suas dificuldades teriam o mérito de contribuir para a diversificação da agricultura, que passa a cuidar de outros gêneros. O pequeno capital nativo tem de ser empregado em mais atividades, não só agrícolas, mas também industriais. São recursos obtidos com o café que se empregam no incentivo da indústria, ou é o receio de mais crise cafeeira que leva a investimentos industriais. Conhece-se no Estado Novo um surto vigoroso nesse setor. O país continuou seus negócios, manteve-se o emprego, as importações decrescem, cada vez o país produz mais quanto necessita. É o surto provocado pela substituição de importações, também acentuado pelas dificuldades da guerra, as nações mais desenvolvidas empenhadas no conflito e sem poder exportar. Continua a dependência do exterior, contudo, para combustíveis, trigo, produtos químicos, medicamentos, veículos, motores, objetos de elaboração mais requintada. As dificuldades na importação e a fuga de capitais estrangeiros impedem a entrada de manufaturas, elas têm de ser produzidas aqui.

Passa-se aos poucos dos simples bens de consumo para os bens de produção, com máquinas, em fase mais avançada. Ajudou aí a promulgação, em julho de 1934, dos códigos de Minas e de Águas, há muito pedidos pelas necessidades, mas obstados pelo regime de propriedade instituída na Constituição de 1891; a de 1934 voltava a considerar o subsolo como nacional, como era no direito português na Colônia, ou no brasileiro no Império, só negado pela concepção liberal discutível dos primeiros constituintes republicanos. Agora, com os códigos, o subsolo é patrimônio da União.

O aumento da produção industrial é considerável, com mais emprego de pessoal e maiores rendimentos: desde 1938 a renda industrial é superior à da agricultura, esvaziando-se a velha sentença de ser o Brasil "país essencialmente agrícola". O fato não significa, é claro, a queda de sua produção. Pelo contrário, ela aumenta, em quantidade e qualidade, pela assistência à pesquisa do Ministério da Agricultura, de serviços especiais de proteção, no âmbito federal, estadual e municipal. A universidade e outros centros de pesquisa também atentam para a lavoura e a pecuária, elevando-lhe o nível técnico, responsável por mais produção e produtividade. Se o café conhece a concorrência da América Central e da América do Sul e da África, permanece cultivado em grande escala. A lavoura não é só o café: também se eleva o rendimento da cana-de-açúcar, do algodão, arroz, tabaco, milho, feijão, mandioca, soja, como de frutas que antes o país importava, como pêra, maçã, uva.

Deixando de lado a indústria de bens de consumo, sempre crescente, o período assiste a atenções especiais no campo da indústria pesada. A idéia de uma indústria nacional cada vez menos dependente vem do tenentismo, que a tinha entre as mais lembradas. Tal era o caso da siderúrgica, há muito pedida, pelo menos desde 1910, quando se revela ao mundo a enorme riqueza do país em minério de ferro. A revelação acirra as ambições internacionais, como se vê no projeto de obtenção desse minério por parte do grupo inglês-americano conhecido por Itabira Iron, acionado pelo empresário Percival Farquhar. O assunto se arrastou. Se o governo federal de Epitácio Pessoa pensou em fazer o acordo, este foi obstado pelo presidente do estado de Minas Artur Bernardes; com uma visão nacionalista, queria a instalação de siderúrgicas no país — em Minas, preferentemente —, não a exportação do minério. Como Bernardes passa do governo de Minas para o da República, o assunto não caminhou até 1926. A campanha nacionalista sensibilizou, foi uma das molas do tenentismo.

Quando Vargas assume, novas dificuldades são criadas. Ele pensa na grande siderurgia aqui mesmo, não em exportar minério. Dedica-se ao assunto sobretudo depois de 1937, negociando o financiamento com a Alemanha e com os Estados Unidos, aproveitando-se das dificuldades dos dois países ante a próxima guerra. Acaba por obter o desejado recurso, por parte do capital americano. Os Estados Unidos precisam da riqueza e fornecem o necessário para a construção de uma grande usina, que se fará em Volta Redonda, no estado do Rio de Janeiro, pela facilidade de importar carvão — o nacional, do Sul do país, ou o estrangeiro. Minas tinha o ferro, mas não tinha o carvão. A Companhia Siderúrgica Nacional, em 1941, é um dos grandes feitos do regime. Se já havia siderúrgicas como a Belgo-Mineira, de 1921, outras menores, agora o país parte para a grande indústria de base, quando o Estado se arroga o papel de empresário. País sem capitais ponderáveis, com poupanças privadas reduzidas e tímidas, o Estado tem de se lançar como agente econômico. O governo criara em 1940 a Comissão Executiva do Plano Siderúrgico. Cria também, em 1942, a Companhia Vale do Rio Doce, para exportação de minério, decorrência de acordo feito com instituições financeiras de capital americano e inglês para construir Volta Redonda.

Há mais empreendimentos públicos, como a Fábrica Nacional de Motores, a fim de equipar aviões para a guerra. Não realiza o objetivo, mas é oficina para reparação de motores, depois fabricante de caminhões e veículos pesados, de início com muitas peças importadas, até atingir a produção integral. Outra iniciativa, de 1941, é a Companhia Nacional de Álcalis, para barrilha e soda cáustica, indispensáveis à indústria química, então de possível desenvolvimento pela superprodução de sal, gênero até 1936 importado. O país passa a ter cimento em quantidades requeridas, quando antes tinha de importar quase tudo. As conquistas no setor industrial são notáveis: no de bens de produção quase se pode dizer que começam agora, no de bens de consumo já vinham de antes, conhecendo aumento considerável. O impulso é para valer. Esta é a grande decolagem industrial, instauradora de sistema significativo da economia, não só no quantitativo como no qualitativo.

A estrutura administrativa tem de adaptar-se às novas exigências da economia. Se vinham de antes o Instituto do Açúcar e do Álcool e o Departamento Nacional de Produção Mineral, de 1933, sobretudo o Estado Novo contribuiu para dotar o governo de órgãos de assistência técnica ou incentivadores de atividades econômicas: em 1938, o Instituto Nacional do Mate; em 1939, o Conselho do Petróleo e o Conselho de Águas e Energia Elétrica; em 1940, o Conselho do Gasogênio, o de Minas e Metalurgia, a Comissão Executiva do Plano Siderúrgico, o Instituto do Sal, a Superintendência do Abastecimento do Vale Amazônico; em 1941, a Comissão de Combustíveis e Lubrificantes, o Instituto do Pinho; em 1943, a Fundação Brasil-Central; em 1944, a Comissão de Indústria de Material Elétrico, a importante Comissão de Planejamento Econômico.

Impõe-se a criação desses serviços, para dirigir o poder público e incentivar e orientar a iniciativa privada, nem sempre dirigida para setores novos. Tornam-se comuns palavras como "plano", "planejamento", "planificação". Criam-se serviços com esses nomes, em todos os escalões administrativos. É a busca da racionalidade dos problemas econômicos. É o que se lê em livros, estudos e relatórios, como nos trabalhos das missões técnicas. Órgãos brasileiros — federais, estaduais e municipais —, ao lado de associações de classe, que se reúnem em congressos e conferências, para fixar uma linha de conduta. E também órgãos internacionais, pois as dificuldades de guerra impõem ações comuns. O país recebe missões estrangeiras, como Cooke, Abbink, Boham.

Discutiu-se muito o planejamento da indústria, na Comissão de Planejamento Econômico, criada em 1944, como se viu sobretudo no debate entre o industrial Roberto Simonsen e o economista Eugênio Gudin, em 1944, um defendendo a política industrialista, um dirigismo racional, o outro, liberal típico, censurando as iniciativas públicas, com a apologia da empresa privada, com todas as suas implicações de dependência do exterior. É a luta, enfim, entre a burguesia nacional, afirmadora do capital nativo, e a burguesia cosmopolita, integrada no sistema econômico internacional. No plano teórico, é o choque entre a ortodoxia econômica, pretendendo a verificação integral do pensamento elaborado nos centros dominantes, e as novas explicações, surgidas da inadequação daquele instrumento analítico à realidade dos países subdesenvolvidos, que procuram e por vezes encontram, aos poucos, a fórmula apropriada às suas peculiaridades.

É a famosa controvérsia brasileira sobre o desenvolvimento econômico, incentivada pessoalmente por Vargas: se ela conduziu a várias políticas equívocas, com um falso desenvolvimento resultante da proteção a certos setores em detrimento de outros, enriquecendo muita gente e agravando desequilíbrios setoriais e regionais, com excessos e desestímulos ao trabalho individual, clamando depois por correções, decerto essa política teve o dom de sacudir a economia brasileira e a de outros países latino-americanos, sobretudo depois de 1948, com a criação da CEPAL, a Comissão Econômica para a América Latina, autora de todo um arsenal explicativo para o peculiar do continente. Seu pensamento marcou época, alertou a consciência crítica, tendo de ser corrigido, não só por seus naturais desvios, como pelo rumo da economia mundial depois da Segunda Guerra.

Outro aspecto do Estado Novo a ser destacado, parte da modernização, é o Departamento Administrativo do Serviço Público — o DASP, uma das mais famosas siglas — com o cuidado de organizar a administração, no preparo de pessoal e no melhor recrutamento para os quadros do funcionalismo. A burocracia era ainda bem primitiva, pautando-se apenas por critérios de simpatia, relações pessoais e apadrinhamento, quando passa a ser orientada pela competência. Verifica-se a superação da administração cartorial, fundada em favores, pela administração burocrática, fundada na eficiência, no preparo, com a seleção feita por concursos abertos a todos e com o estabelecimento de carreiras, com promoções baseadas nó mérito. O DASP dará oportunidade a quantos se preparam para a vida pública, através de concursos. A classe média será a grande beneficiada com a sua ação.

A classe merecedora de maiores cuidados oficiais, no entanto, foi a trabalhadora. Vargas começou a legislação que a considera logo nos primeiros dias de governo, com o Ministério do Trabalho. Depois, aos poucos, foi cumprindo as reivindicações vindas de antes, dos sindicatos ou dos tenentes, com férias, salário mínimo, horário de trabalho, previdência social. Fez várias leis sobre sindicatos, sempre em um sentido tutelador. Cumpria a meta positivista de incorporação do proletariado, como se pregava no seu estado do Rio Grande do Sul, orientado pelo pensamento comtiano. Não era revolucionário, mas cooptador da classe, tirando-lhe o cunho particular, em sentido antimarxista: não queria o operário conquistando seus direitos pela luta, pela organização própria, mas como dádiva. Para melhor clarificar todo esse quadro, de múltiplas determinações, promoveu em 1943 a Consolidação da Leis do Trabalho, obra do sociólogo Oliveira Viana, jurista conservador, que bebeu muito na legislação do fascismo italiano na Carta del Lavoro. Atrelando os sindicatos ao ministério, subordinava a ação popular às elites dominantes. Criava o líder operário pelego, agente do governo. Essa política rendeu muito ao presidente, na conquista do apoio popular do operariado, que tentará mantê-lo no fim com o Movimento Queremista e depois será decisivo na sua volta, em 1950, pelo voto.

Outro aspecto a ser realçado é o da política externa. Surgindo em época de impulso direitista, sendo mesmo uma de suas expressões no quadro mundial, é razoável que o Estado Novo, corporativista e com uma ideologia próxima de Portugal, Polônia e outros regimes fortes, com menosprezo da democracia liberal, tivesse a sedução dos países fascistas ou parafascistas. Com a guerra entre o Eixo Roma—Berlim e os Aliados, de 1939 a 1945, Vargas parecia pender para o primeiro. Antes já oscilava entre os Estados Unidos e a Alemanha, por exemplo, na busca de recursos financeiros, como empréstimos e associações em investimentos. O caso da siderurgia é expressivo: o governo negociava com o capital americano e alemão, esteve para firmar com um ou outro. Afinal, com a guerra, o país tinha inclinação natural pelas chamadas democracias, mas o governo não se definia. Supunha que a Alemanha podia vencer, não convinha tomar posição logo. Há importantes pronunciamentos de Vargas reveladores de simpatia pela Alemanha. No governo havia ministros pró-Eixo, como o da Guerra, general Eurico Gaspar Dutra, chefes como o general Góes Monteiro, como havia americanófilos, como Osvaldo Aranha.

A situação teve de ser definida quando os Estados Unidos entram na guerra em 1942. A República do Norte quer o alinhamento do continente e em parte o consegue. O Brasil tem de ceder bases de interesse militar, no Nordeste ou em ilhas do Atlântico. Depois tem de participar da luta. Com os sucessivos torpedeamentos de navios brasileiros, o país, trabalhado também por jornalistas e intelectuais antifascistas, tem de declarar-se contra o Eixo, o que faz em 1942. Sua participação foi bem mais intensa que em 1917-18, quando atuou no patrulhamento do Atlântico, junto da esquadra inglesa, bem como no envio de missão médica, de cem cirurgiões (alguns estudantes), além de fornecimentos materiais, o que lhe garantiu assento na mesa de paz e a assinatura do Tratado de Versailles. Na Segunda Guerra também não ficou neutro, acabando por participar. A agressão japonesa aos Estados Unidos, em 1941 — Pearl Harbour —, conduz à solidariedade continental, com o rompimento diplomático com a Alemanha, a Itália e o Japão. A atuação foi bem mais intensa: colabora com os Estados Unidos na defesa do Atlântico, com navios e aviões, cede base em Natal, decisiva para o ataque à África. Forma o território federal de Fernando de Noronha (pertencia a Pernambuco), para segurança do litoral. Atua na Europa, com o envio da Força Expedicionária, em 1944, que participou de lutas na Itália, para expulsão dos inimigos. Enviou 23 344 homens, jovens, muitos dos quais morreram em combate.

A guerra acentua a oposição interna ao regime. Se ele era imposto, quando o Brasil se coloca ao lado dos Estados Unidos surge a discussão: como lutar com o fascismo internacional se o próprio regime tem traços acentuadamente fascistas? A contradição aumenta o sentido oposicionista e aviva a palavra pela democracia aqui mesmo. Organizações estudantis, pronunciamentos de líderes empresariais, intelectuais e sindicais levam também ao ressurgimento dos políticos. O fim próximo do conflito enfraquece o governo, como se vê em 1944, com desfiles pró-Aliados, às vezes asperamente reprimidos. Em janeiro de 1945 realiza-se em São Paulo o Primeiro Congresso de Escritores, cujos debates são severos com relação ao fascismo e enaltecem a democracia. Em sua nota final sai a primeira palavra pública de censura ao regime interno e o pedido de eleição. Uma entrevista de impacto em grande jornal do Rio de Janeiro a exige e pouco depois é apresentado um candidato. O governo reconhece a legitimidade do processo, admite o surgimento de partidos.

Tem de marcar eleição para o dia 2 de dezembro para a Presidência da República e a Constituinte. Dá anistia aos presos políticos, cai a censura na imprensa. Vargas tinha amplo apoio popular, sobretudo pela manipulação dos trabalhadores. Uns querem a Constituinte com Vargas, para resolver a Presidência depois. Outros querem seu imediato afastamento. Prestes, o chefe comunista, o principal anistiado, sai de longa prisão e defende a união nacional em torno de Vargas, para escândalo de muitos. Há o amplo movimento popular chamado Queremismo ("queremos Getúlio"), os entrechoques de opiniões. Vargas, em mais uma prova de habilidade, cria o partido de sustentação — o Partido Social Democrático, o PSD —, com os governadores e demais autoridades do poder, contra a aguerrida mas fraca União Democrática Nacional, a UDN, dos políticos que ele havia desalojado em 1937. Cria também o Partido Trabalhista Brasileiro — o PTB: aceita a presidência deste, não do PSD, embora tivesse o domínio de ambos.

Ante certas atitudes dúbias, denunciam-lhe o intento de continuar no poder. De fato, ele não via com bons olhos a idéia de sucessão. Contra o candidato da UDN, o brigadeiro Eduardo Gomes — antigo tenente —, ajusta a candidatura do general Eurico Gaspar Dutra, seu ministro da Guerra, ex-simpatizante do Eixo. Ante as crescentes suspeitas, alguns militares do próprio governo, ligados a políticos, dão o golpe de 29 de outubro de 1945, afastando-o do poder. Que passa a José Linhares, como presidente do Supremo Tribunal Federal. O Judiciário assume, até a eleição e posse do novo presidente. Getúlio vai para São Borja, sua cidade, onde permanece grande parte do tempo, quase um exílio voluntário. Falando pouco, é o verdadeiro centro, na orientação da campanha.

Outubro de 1945 é o fim do Estado Novo. Não é o fim de Getúlio Vargas, contudo, vitorioso na eleição de seu antigo ministro. Ele mesmo é eleito senador por dois estados — Rio Grande do Sul e São Paulo —, faz a maioria da Constituinte a ser instalada. Senador pelo seu estado, pouco comparece à Constituinte: ela começa em fevereiro de 1946, ele só vem em junho. Seu governo é objeto de críticas constantes, ele se defende. Finda a Constituinte — cuja Constituição não assinou —, o Senado em seus trabalhos normais, Vargas fez vários discursos, de ataque à política econômica e financeira do governo Dutra. Rompe politicamente com o presidente: se o tom é severo, nunca perdeu a serenidade, foi até gentil. Além do Senado, fala em comícios. Percorre o país nas eleições para os estados, de governadores e parlamentares. De seu mandato, além das muitas faltas às sessões, esteve a metade do tempo em licença. Não foi completo o exílio de São Borja: continuava presente, visto e ouvido. Preparava a volta, feita com êxito em 1950. O Estado Novo acabara, Vargas continuava atuante e dominador.

3
CAMINHOS DA AFIRMAÇÃO

INTERVALO QUASE LIBERAL

A nação caminhara bastante, de 1930 a 1945. Ao longo de quinze anos, vivera o curto período de normalidade, de 1934 a 1937, o Governo Provisório de 1930 a 1934 e o Estado Novo de 1937 a 1945. De normalidade, com a Constituição votada pelo povo, só de 1934 a 1937, menos de quatro anos. A política tem notável inflexão, pois deixa de ser mera sucessão de presidentes para ser a busca de algo além da continuidade anódina das instituições, sem a mudança na estrutura. O povo é agora agente, embora em pequena escala, enquanto era antes pouco ouvido e nem tomava conhecimento de quanto se passava. Continua a ser, contudo, em grande parte, manobrado pelo grupo dominante, embora conheça um princípio de organização, ditado pelo sentido ideológico que vai além do mero fisiologismo dos dirigentes. Estava-se longe, é certo, da democracia de massas, pois o maior número era marginalizado, mantinha-se indiferente. A nação crescia: em 1920 contava com 30 635 605 habitantes, em censo criterioso; em 1930, já são 37 625 436; em 1940, 41 236 315.

Tinha economia diversificada, com indústria de bens de consumo quase toda atendida e de bens de produção em parte instalada. Os desequilíbrios permaneciam: regionais, com o centro — Minas, Rio de Janeiro, São Paulo — detentor de maior riqueza, concentração industrial e maior população. Desde o censo de 1940 São Paulo é a unidade com mais habitantes, o que lhe dá maior bancada no Congresso. Minas perde o primeiro lugar e tem certo esvaziamento, pois outras unidades têm ritmo evolutivo mais intenso. Os problemas sanitários e educacionais estão longe de bom equacionamento: centenas de municípios não têm um médico, as instalações hospitalares são precárias mesmo nos maiores centros (há raras casas de saúde de bom padrão). Se começa a haver inúmeras escolas superiores, a qualidade não é ainda a desejável; o ensino médio é precariamente atendido e caro, quase sempre pago, que são em número reduzido as iniciativas oficiais; o ensino primário é gratuito, mas não atende a grande parte das crianças, se há milhares que não conseguem matrícula, por falta de vagas. Se se conhece um surto científico e artístico, é devido à criatividades popular, pois os frutos da universidade começam na década de 1950, para atingir nível alto nas décadas seguintes. O problema da terra continua a ser desafio, com sua má distribuição e latifúndios improdutivos. As tentativas de reforma agrária são tímidas e ainda assim esbarram em interesses raramente superados. Um quadro de dificuldades aparece em 1945 e em parte continua, com os naturais abrandamentos.

Já se viu que em 2 de dezembro de 1945 se realizariam eleições para a Presidência da República e para a Constituinte. Era fatal a vitória do situacionismo, pois entre a queda de Vargas e a eleição se passa pouco mais de um mês. O presidente deixava a máquina bem montada e esta sempre funcionou nas eleições — nossos políticos nunca hesitaram no seu uso em benefício próprio. Na disputa pela Presidência empenharam-se o candidato oficial, Eurico Gaspar Dutra; o oposicionista, Eduardo Gomes; Yeddo Fiuza, nome pouco conhecido, pelo Partido Comunista, que conhece razoável votação (9,7% do eleitorado). Dutra foi vencedor por larga margem (55,39%). No ano seguinte há eleição suplementar para o Congresso e o governo dos estados. Se as forças majoritárias são as mesmas, a oposição udenista consegue o governo de algumas unidades importantes, enquanto o Partido Social Progressista (PSP) faz o de São Paulo.

O principal, do ângulo político, é a Constituição de 1946. O projeto foi feito por comissão de 37 membros, proporcionalmente às bancadas: o PSD teve dezenove nomes, dando o tom pela maioria. Adotou-se por base a de 1934, de vida tão curta. Muito debate, com ampla participação da bancada comunista que, apesar de ter apenas quinze membros — catorze deputados e um senador —, é combativa e quase domina, embora suas causas sejam quase sempre derrotadas. A Constituição é documento bem-feito, de boa técnica jurídica, em 222 artigos. Como a anterior, reflete as tendências do direito e de Constituições recentes. O mundo saíra da guerra, ela tem de exprimir o novo quadro, como se dera em 1934. Acontece que como está muito próxima do fim do conflito — um ano apenas —, ainda não assimilara os avanços reivindicativos de outra ordem.

Se após 1918 há uma tendência direitista, depois de 1945 haverá uma tendência esquerdista. Seus ecos ainda se fazem ouvir e a Constituição de 1946 é documento expressivo, em grandes linhas, dos chamados princípios liberais. Exprime o liberalismo clássico, com pouco avanço relativamente à de 1934, sobretudo quando se recorda a enorme transformação do país depois de 1930. Incorpora muito da Carta de 1937, quando esta era corporativista. Exigia-se mais avanço, faltou audácia aos seus autores: se os políticos haviam negado o Estado Novo, incorporam muito do que ele fez, como a legislação trabalhista, que devia ser levada em conta, liberada, contudo, de seu caráter tutelador e de medidas equívocas de segurança nacional. Agravou até estas últimas, com a criação, em 1948, da Escola Superior de Guerra, a ESG, que importou, de modo acrítico, um pensamento elaborado nos Estados Unidos pela ideologia da Guerra Fria.

Foi grande a presença norte-americana na escola, não só no modelo como no apoio à idéia e na assistência às suas realizações. O curso superior de guerra era aberto a militares e civis. Durava um ano, em regime de tempo integral. Além dos professores, havia conferencistas de todo tipo, gente especializada nos mais diversos temas, responsáveis por todos os setores da vida pública. Quantos passaram por ela formam a Associação dos Diplomados da Escola Superior de Guerra (ADESG), que editou uma revista — *Segurança e Desenvolvimento*. A Escola teve altas pretensões ideológicas, o que justifica o título recebido de Sorbonne militar. Teve influência notória na formação de quadros civis e militares, formadores do pensamento e da conspiração que conduzem à derrubada da política vigente em 1964. Depois, atua na administração através de militares e civis formados em seus cursos. Aos poucos vai perdendo vitalidade, certo sentido criativo, para ser simples órgão de um regime forte, preocupado sobretudo com a repressão de qualquer palavra crítica. Sua identificação com 1964 não lhe é benéfica, contribuindo para seu desprestígio.

Depois de 1945, assiste-se ao que se tem chamado de declínio da Europa e ascensão dos estados periféricos. Verifica-se um surto de descolonização, com a independência de muitas colônias na África, na Ásia e na América; algumas dessas jovens nações começam a ter força, organizando-se na defesa de seus interesses — é o Terceiro Mundo. E as nações dominantes passam a ser os Estados Unidos e a União Soviética, pouco depois o Japão, embora este não entre na disputa pela divisão do mundo em áreas de influência, como se dá na época da Guerra Fria.

O governo Dutra exprime em grande parte o clima tenso de luta latente entre os Estados Unidos e a União Soviética, em ameaça à paz com nova guerra. Se não se verificou, foi pela reflexão e amadurecimento do capitalismo e do socialismo. Era o começo da convergência entre os dois, quando o capitalismo e o socialismo radical abrandam um pouco suas orientações e exigências. Muito do clima de então, no Brasil, de sentido antidemocrático, decorre dessa concepção que coloca a segurança acima da ordem e da liberdade. Em certos momentos o abalo foi sensível: logo em 1947, com a cassação do registro do Partido Comunista pela Justiça eleitoral e, em decorrência, pela discutível medida do Legislativo de cassação dos mandatos de seus representantes, legitimamente eleitos, em flagrante inconstitucionalidade. Tudo é explicável pela formação do presidente Dutra, um militar bem convencional mas excessivamente limitado, e pela Guerra Fria no mundo.

A Constituição de 1946 serviu aos governos Vargas (segundo período), Café Filho, Juscelino Kubitschek, Jânio Quadros e João Goulart, sendo derrogada pela crise da década de 1960, que culmina com mais uma interrupção do processo normal com o golpe militar de 1964. Sofreu algumas emendas, como contingências gerais. Durou dezoito anos, se considerado seu fim em 1964, ou 21, se considerado o fim em 1967, quando é feita outra, sem ser por Constituinte. São tais as reformas após 1964 que na verdade seu fim deve ser datado de 1964, não de 1967.

Não foi fácil a sua adoção integral, pois o liberalismo estava de fato esgotado, em sua forma clássica, como se vê em teóricos autoritários e não autoritários ou radicais (de esquerda ou de direita). Para citar dois exemplos de autores de ampla ressonância, em Harold Laski e Karl Mannheim: era uma visão heterodoxa do liberalismo, pela planificação com liberdade. Ela se adaptava ao novo quadro, sem negar a sua essência. O federalismo à antiga era visto como sobrevivência do feudalismo. O avanço da tecnologia implicava em outras formas. E fala-se então em federalismo cooperativo, em lugar de federalismo segregador. Com a explosão populacional e as dimensões dos investimentos e bens gerados é preciso outro modo de ver. Uma grande empresa hidrelétrica supõe capitais de mais de uma unidade; por sua vez, os recursos gerados são de tal vulto que uma unidade não é capaz de consumi-los. Tais obras, portanto, devem ser feitas por mais de uma unidade ou pelo governo federal. Bom exemplo é o Tennessee Valley Authority nos Estados Unidos: iniciativa de tal vulto e de interesse de mais de uma parte, deve ser do governo central.

No Brasil, houve experiência idêntica: um dos principais momentos do governo Dutra é a Comissão do Vale do São Francisco. Nenhum estado do Nordeste possuía capital para o investimento pedido pela hidrelétrica, com obras ao longo do rio, como nenhum poderia usar todo o potencial energético fornecido por ela. Daí a revisão do ideal do liberalismo, para ser adaptado a novas condições sociais, econômicas e tecnológicas. Assim foi nas práticas britânicas, nos Estados Unidos de Roosevelt, nas nações nórdicas — sobretudo nestas —, com um assistencialismo tido como exemplar, quase já nas linhas do socialismo não radical ou coletivista.

Dutra governou com seu partido e a colaboração dos outros, em coligação com a UDN, feroz oposicionista, em várias partes. Teve o combate de Vargas, em poucos discursos no Senado, mas sem intransigência, pois seu Partido Trabalhista tendia à conciliação. Fez governo conservador, no plano interno no combate a todo extremismo, no externo pela linha econômica e financeira oposta ao populismo. Durante a guerra o país acumulou muitas reservas em divisas, pelo comércio favorável com mais exportação que importação, mas não soube usá-las, transformando-as na aquisição de bens básicos para melhorar a frágil infra-estrutura do país, com máquinas que lhe elevassem o nível. Consumiu-as grandemente na importação de objetos inúteis, aqui mesmo produzidos, ou pela aquisição de empresas estrangeiras, como algumas ferrovias britânicas, em pagamento de débitos. Às vezes adquiriu bens já desgastados, verdadeiras sucatas. A poupança gerada pela guerra esvaiu-se sem proveito.

Digno de nota é a primeira grande experiência de planejamento. Se no Estado Novo algo se praticara, fora em pequena escala, em setores, sem a idéia de conjunto harmonioso. Apresenta-se agora o primeiro de certa consistência — o Plano SALTE, Saúde, Alimentação, Transporte, Energia. Ainda não era global, mas setorial. Demais, não foi de todo implementado. Sua obra maior, como se disse, foi a Companhia Hidrelétrica de São Francisco, em 1948 — réplica do que se fizera nos Estados Unidos no vale do Tennessee. Importante por contribuir para mudar a fisionomia de área pobre, como é o Nordeste. O governo decorreu em relativa normalidade e teve campanha sucessória tranqüila.

O SEGUNDO PERÍODO VARGAS

Quatro candidatos disputaram a Presidência em 1950: a UDN, oposicionista, volta com Eduardo Gomes; o PSD, detentor do poder, com Cristiano Machado; o PTB e o PSP, com Getúlio Vargas; o Partido Socialista, com João Mangabeira. Dois conservadores e dois apelando mais para o povo. Os pessedistas, mais experimentados, sabem da inviabilidade de seu candidato e votam em Vargas, garantindo assim a maioria parlamentar e vários governos de estados. Está formada a aliança do populismo, com o PTB e o PSP — partido de Ademar de Barros —, com o nome do antigo presidente e, para vice, o de Café Filho, político do Rio Grande do Norte de larga repercussão, pela oratória desabusada, representando o PSP. Campanha exaltada, termina com a vitória de Vargas, que pela primeira vez ocupa o cargo pelo voto direto do povo. Se o Brasil tem então 51 944 000 habitantes, o vitorioso obtém 48,7% do eleitorado, enquanto o udenista fica com 29,7%, o pessedista 21,5% e o socialista 0,1%. Os pessedistas sacrificam seu candidato, pois sua legenda obteve votação superior à trabalhista.

Esse segundo período, de 31 de janeiro de 1951 a 24 de agosto de 1954, é o mais curioso da carreira de Vargas. Se adota a causa populista, cautelosamente mantém a burguesia, que tão bem representa e sempre defendeu, em jogo habilidoso. Teve ministério com várias orientações, fato irrelevante no caso, pois sua personalidade se sobrepunha a tudo: Vargas está em plena maturidade, em seus quase setenta anos. Terá um governo marcado por muita luta, pois a imprensa inimiga não o poupa, bem como a oposição: embora minoritária, é combativa e não lhe dá tréguas, na Câmara e no Senado. É acusado de animar atividades populares perigosas através dos sindicatos, que em geral o apóiam, em parte ainda tutelados pelo Ministério do Trabalho, como no Estado Novo. Como se disse, a Constituição de 1946 não revogou o essencial de sua política operária.

Se quem mais fala é a UDN, de antigos políticos apresentados como liberais, chega-se à radicalização pelas disputas entre militares no seu Clube — a eleição do presidente desse Clube sacode o país, como se fosse para um cargo administrativo de relevo. Demais, os militares se desentendem por vezes mesmo no governo, com lideranças das três armas — Exército, Marinha, Aeronáutica. Os estudantes têm intensa atuação — formam a União Nacional dos Estudantes, criada pelos próprios em 1938, mas institucionalizada por decreto-lei de 11 de fevereiro de 1942 —, às vezes em esquerdismo radical, às vezes de apoio ao governo, por sua linha nacionalista. Os comunistas também se fazem presentes, com certa discrição, pois não podem apoiar nem adotar posição de franca hostilidade, por saberem do apoio da massa ao presidente. A oposição considerável é de fato a udenista, liderando o movimento centrista, com o apoio de muito do empresariado mais cosmopolita, com ligações com o capital estrangeiro. A autoridade sofre um combate mais forte que o imposto a Artur Bernardes, pois nele conta a luta ideológica, ainda frágil naquele período.

Vargas atua de modo decisivo, não se aliena das responsabilidades, mas fala pouco e aparece ainda menos, dando por vezes a impressão de tédio ou cansaço. Os presidentes tinham, até então, alto conceito do posto: não estavam a todo momento no rádio — a televisão começava a aparecer, era de mínimo uso. O primeiro programa de televisão foi no dia 18 de setembro de 1950, em São Paulo: era a TV Tupi, obra do pioneirismo de Assis Chateaubriand, dono da maior cadeia de jornais e estações de rádio. O Brasil foi o quarto país a adotá-la, quando contava apenas catorze anos no mundo. Como os reis, os presidentes só compareciam a solenidades realmente importantes, não se moviam por coisas de somenos, como inauguração de ambulatórios ou postos dentários, bailes ou jogos de futebol corriqueiros. Vargas vive agora mais no Palácio do Catete, quase não viaja, a não ser para inaugurações de fato significativas: como exemplo, lembre-se que veio a Belo Horizonte poucos dias antes de sua morte, para inaugurar uma grande siderúrgica de capital brasileiro e alemão — a Manesmann. No Rio comparece às solenidades do Dia da Independência, às festas do Primeiro de Maio, vai à grande corrida anual no Jockey Clube, uma vez por ano, não mais, vai ao teatro de revista musical e de crítica política (na qual é sempre bem retratado), também uma vez por ano.

Demais, era personalidade estranha, de círculo mínimo de amigos: será difícil apontar alguém que tenha gozado de sua intimidade, mesmo entre os velhos companheiros de lutas ainda no Rio Grande do Sul. Reservado ao extremo, não se expandia em declarações, cercando-se mesmo de certo mistério que terá sido uma de suas armas de êxito na sobrevivência do prestígio. Distingue-se, também por esses traços de reconhecimento, dos presidentes seguintes, mais comunicativos, até extrovertidos, chegando mesmo a comportamento comprometedor da austeridade imposta pela sua posição superior. Lembre-se que o Brasil era presidencialista, regime no qual o chefe de Estado tem enorme poder, não dividido com os auxiliares.

Sua política econômica pautou-se pela linha nacionalista. A nota mais significativa dessa tendência é a criação da Petrobrás, votada pelo Congresso em 1953, com o monopólio estatal do petróleo. Curiosamente, o monopólio resultou de emenda proposta pela UDN, partido visto como defensor do capitalismo cosmopolita. Alguém poderia ver na proposta mais uma demonstração de antivarguismo, pois o partido era oposicionista com intransigência: como o projeto governamental não estabelecia o monopólio, pedido pela campanha popular em que se destacavam militares, estudantes e sindicatos, a proposta do monopólio atingia mais uma vez as intenções oficiais. Sinceramente ou pelo simples desejo de criar dificuldade, o partido assumia posição nacionalista quase radical, contrária à sua linha de liberalismo avesso à ação decidida do Estado.

Essa votação foi o coroamento de uma das mais intensas campanhas populares, de imensa participação militar, estudantil, operária, de associações de classe. Combatida a princípio, tornou-se a maior empresa brasileira. O petróleo gerou polêmica ainda mais viva que a do minério de ferro: a princípio negaram a sua existência no país, até sua revelação em Lobato, na Bahia, em meados da década de 1930; depois, na Amazônia, em Nova Olinda, nas margens do rio Madeira. Outras reservas seriam conhecidas ainda, em terra e na plataforma submarina. Se o país acabou por produzir quantidades apreciáveis, é ainda dependente da importação, pois não tem para suas necessidades. A Petrobrás passou a ser o símbolo do nacionalismo, visto como intocável, rechaçando com energia as investidas dos grandes produtores mundiais.

Elemento importante foi a fundação, em 1952, do Banco Nacional do Desenvolvimento Econômico (BNDE), de larga ressonância nos anos seguintes. O país deve-lhe muito do melhor em projetos e orientações do governo. Ele diz a principal palavra quanto a questões econômicas, sugere, projeta, corrige os desvios e deve apontar os desequilíbrios, atendendo a setores não atrativos, com auxílio técnico e financeiro a áreas ou serviços não convenientemente considerados. País de poucas poupanças para investimentos ou com seu mau emprego, ou a insistência apenas no imediatamente lucrativo, tem sérios defeitos estruturais. O organismo teve importante papel e o cumpriu, entrosando atividades públicas e privadas. Sua origem está na Comissão Mista Brasil-Estados Unidos, de 1951, realizadora de estudos e levantamento da economia, com projetos para alguns setores. Não era fácil o seu trabalho, pelo desconhecimento de dados. O planejamento proposto não foi ainda global. Encaminhou-se preferentemente para transporte e energia, pouco destinando às indústrias pesadas exigidas pelo desenvolvimento.

O país já contava com bons quadros econômicos, formados em escolas especializadas — elas decorrem da reforma do ensino superior de 1931 — ou em cursos de aprimoramento no exterior, ou em repartições incumbidas de estudos e tarefas, como o Ministério da Agricultura, o da Fazenda, órgãos da Presidência da República, como o Departamento Administrativo do Serviço Público, o primeiro incumbido de planejamentos, ou do Ministério das Relações Exteriores, que sempre contou com ótimo pessoal de nível técnico na carreira.

O trabalho do BNDE é ajudado ainda pela CEPAL, a Comissão Econômica para a América Latina, criada em 1948, órgão da ONU, o maior estudioso e planejador da economia latino-americana. Convênios do banco com a CEPAL contribuíram ainda para cursos de formação de pessoal e tarefas específicas. O novo órgão, básico pelo vulto dos trabalhos, foi quem mais estudou o continente, além de adotar uma linha inovadora das práticas e teses tradicionais do liberalismo, na superação do monetarismo pelo estruturalismo, outra explicação do processo inflacionário, defesa da indústria e do planejamento como técnica de política econômica, denúncia da espoliação dos países americanos pelos centros industriais, devido à falsa tese da divisão internacional do trabalho, tão cultivada antes. Está aí a origem da teoria da dependência, enaltecida até em excesso. Essas idéias tiveram enorme alcance, mesmo no Brasil, sobretudo no governo de Juscelino Kubitschek. Os estudos cepalinos deram novo alcance à famosa controvérsia brasileira do desenvolvimento econômico e ao debate entre liberalismo clássico e protecionismo ou nacionalismo.

O governo Vargas foi muito perturbado pela política. Desde os primeiros dias era acusado de pretender continuar, instaurando outro regime de exceção. Articulou-se a sua derrubada, um golpe antes que ele desse o golpe. Essa atitude de desconfiança gerou uma luta contínua contra o governo. Posições extremadas impossibilitam o diálogo. Há denúncia de escândalos, favorecimento de empresas jornalísticas, acusações de corrupção e subversão. A própria família do presidente é atingida (ele, pessoalmente, nunca). Como há ainda um ano de governo, chega-se a exigir a sua renúncia. O atentado contra o famoso jornalista Carlos Lacerda, no dia 5 de agosto de 1954, resultando na morte de um oficial da Aeronáutica que o acompanhava, acelerou a crise. Pensa-se em um acordo para afastar o presidente durante o inquérito, feito em sentido violentamente antipresidencial.

O ano de 1954 foi todo de tensões, agravadas em agosto, sobretudo após o atentado ao jornalista. O ministério reunido aceita a tese da renúncia ou licença e é surpreendido, na madrugada de 24 de agosto, pelo suicídio de Vargas. Não o fez sem preparo, pois deixa uma carta-testamento que vai sacudir o país por muito tempo e é lembrada até hoje. Aí, faz terrível denúncia do imperialismo e suas alianças internas, em tom patético. Entre outras passagens de enunciado de suas obras e do que não conseguiu fazer, impedido pela finança internacional e seus agentes locais, há o acento trágico: "Nada mais vos posso dar, a não ser meu sangue. [...] E aos que pensam que me derrotaram respondo com a minha vitória. [...] Mas esse povo de quem fui escravo não mais será escravo de ninguém. [...] Eu vos dei a minha vida. Agora vos ofereço a minha morte. Nada receio. Serenamente dou o primeiro passo no caminho da eternidade e saio da vida para entrar na história".

Muito divulgada então e até hoje, pode-se imaginar o eco do documento. Depois do primeiro minuto de perplexidade, veio a indignação. Vargas agia de modo programado. Não podia imaginar nada de mais impacto. Morto, tornava-se mais presente que vivo. Toda a política da segunda metade da década e da seguinte estaria em parte em função da carta-testamento. Até hoje ainda repercute. Temeu-se uma convulsão social, mas esta não se verificou. Seguindo a lei, o presidente foi substituído pelo vice, Café Filho. O velho político não tinha a garra de outros tempos. Cercara-se sobretudo de gente adversa ao presidente, e estas pessoas pensam que vão mandar agora. De fato, Café Filho fez um ministério com conhecidos udenistas. Depois de um governo nacionalista e que morre denunciando o imperialismo, agora há no poder ministros notoriamente ligados à defesa do capital estrangeiro, como Eugênio Gudin, que executa política econômica e financeira na linha denunciada na carta. Terá dificuldade de atuar, pois recebe uma herança trágica. Demais, agrava a situação a campanha sucessória. Uma das mais conturbadas, como se vê na eleição presidencial de 1955.

A ERA JK

Entre outros problemas, o suicídio de Vargas suscitou o da sucessão. Simples, havia o vice, Café Filho, logo empossado. Em 1954 já se cogitava de eleger outro presidente. Os dois candidatos principais eram Juscelino Kubitschek, governador de Minas, que custou a impor seu nome, pois havia outros mais fortes no próprio partido e contou com a resistência destes, de expressiva ala do próprio PSD mineiro e de líderes militares, por julgá-lo demasiadamente comprometido com o varguismo; e Juarez Távora, de larga biografia, vindo do tenentismo, quando foi dos mais importantes; depois de 1930, foi ministro de Vargas e era visto como a figura forte, o indicador dos interventores, sobretudo do Norte e Nordeste, valendo-lhe o título de "vice-rei do Norte". Juscelino era do PSD, composto com Vargas. A eleição em 3 de outubro de 1955 foi muito disputada e Juscelino teve vitória por pequena margem. Obteve 36% da votação, Juarez 30%, Ademar de Barros 26% e Plínio Salgado 8%. Para melhor idéia das dificuldades, lembre-se que Juscelino teve 3 077 411 votos, enquanto Vargas, em 1950, teve 3 849 040 e Dutra, em 1945, 3 251 507 votos. Mais: Juscelino teve menos votos que o vice João Goulart (este chegou a 3 591 409 votos).

Apesar de manter na ilegalidade o Partido Comunista, de conservar a máquina sindical (manobrada por João Goulart, um populista que se compunha mesmo com a esquerda radical), ou certa inflexibilidade do ministro da Guerra, general Lott, Juscelino foi popular sem ser populista, como alguns políticos de seu período, ou de antes ou depois, para mais facilmente conquistar as massas, em práticas às vezes pouco corretas, troca de favores, em outra visão do fisiologismo de expoentes das velhas oligarquias. Levanta-se então se era legítima a eleição, pois não tivera maioria absoluta. A alegação é destituída de base, pois a lei não a exigia.

Ante a fragilidade do motivo, apelou-se para a posse, que lhe devia ser negada. De novo o clima de golpe. Café Filho, doente, estava em hospital. Substituiu-o Carlos Luz, presidente da Câmara. A figura mais forte do governo era o ministro da Guerra, general Lott, até então um militar sem realce: exatamente por essa condição fora conduzido ao posto. Nele, o general revela-se cumpridor intransigente da lei e dos regulamentos militares. Opunha-se pois ao pretendido golpe. Carlos Luz parecia envolvido com os golpistas e quer afastá-lo do ministério. Ele não passa o cargo ao novo nomeado e coloca-se à frente dos defensores da posse. É o movimento de 11 de novembro de 1955. Carlos Luz é afastado e substituído por Nereu Ramos, vice-presidente do Senado, como fixava a linha sucessória. Os golpistas são presos em grande número: Carlos Luz não o é por pouco, indo de navio com alguns outros para Santos, onde instalaria o governo; não consegue desembarcar e volta ao Rio; a viagem fora apenas um passeio tenso. Renuncia, quando estava praticamente deposto. Café Filho, considerando-se restabelecido da doença, quer reassumir e é declarado impedido pelo Congresso. Nereu Ramos, político de Santa Catarina, ocupante de vários cargos importantes e um dos nomes antes lembrado para candidato do PSD (o mais forte na disputa em que Juscelino vence), firma-se no poder e transmite a faixa presidencial a Juscelino Kubitschek, em 31 de janeiro de 1956. Em análise da situação, tem-se que o golpe de Lott — o 11 de novembro de 1955 — foi na verdade um contragolpe. Com ele, garantiu-se a posse do eleito, assegurou-se a normalidade.

O governo Kubitschek é fase significativa da história recente: foi de fato liberal, não perseguiu ninguém, afirmando-se talvez o mais democrático de todos. Homem sociável, extrovertido, de magnífica comunicação com o povo, era médico e começara como deputado federal, entre 1935 e 1937, depois prefeito de Belo Horizonte, nomeado durante o Estado Novo, em 1940. Volta à Câmara de 1946 a 1950. Deputado federal sem realce, destacava-se no Executivo, como se deu na prefeitura, quando remodelou a cidade com grandes obras, em estilo moderno. Governador do estado em 1950, realiza administração igualmente notável. Baseado no Plano Energia e Transporte, entregou-se a obras de infra-estrutura. Até então, Minas era carente de estradas e energia elétrica; ele se entregou a elas, planejadamente. Seu antecessor, Milton Campos, também se orientou por uma administração racional, mas não ousada, com seu Plano de Recuperação Econômica, o primeiro de certo vulto na vida mineira.

Desde o começo do governo em Minas, Juscelino pensava em ser o sucessor de Vargas. Impôs sua candidatura em campanha difícil, mais ainda traumatizada pelo suicídio do presidente e com a chefia instável de Café Filho. Era então de fato oposicionista, pois Juarez Távora, udenista, seria oposição a Vargas, não ao vice na Presidência. E conseguiu a vitória, embora apertada. Empossado pelo contragolpe, terá governo marcado por significativas realizações na economia. Se o governador tinha o Plano Energia e Transportes, o presidente terá programa bem arrojado — o Plano de Metas, o mais completo até então. Não era ainda global, mas um conjunto bem articulado de planos particulares, com a fixação de metas a serem atingidas. Audacioso, pretendia fazer cinqüenta anos em cinco, quebrando o ritmo de morosidade comum.

As metas são em número de 31: de energia (1 a 5: energia elétrica e nuclear, carvão, petróleo [produção e refino]); transportes (6 a 12: estradas de ferro [construção e reequipamento], rodagem, marinha mercante, portos e barragens, transportes aéreos); alimentação (13 a 18: trigo, matadouros, frigoríficos, mecanização, fertilizantes); indústrias de base (19 a 29: borracha, exportação de ferro, veículos motorizados, construção naval, maquinaria pesada e equipamento elétrico); de educação (30); finalmente, a meta-síntese, a construção de Brasília (31).

Audacioso na abrangência, não implica alteração na estrutura de sociedade, pois a forma no campo permanece inalterada, de acordo com propósitos dos partidos como o PSD — sua principal base — e a UDN. As tensões no campo originaram as Ligas Camponesas no Nordeste, criadas principalmente por Francisco Julião, primeiro em Pernambuco e na Paraíba, depois no Rio de Janeiro, Goiás e outras partes, provocadoras de muito conflito, por ser o primeiro grande confronto entre latifundiários e trabalhadores rurais. Também padres, da Igreja chamada progressista, envolveram-se nelas. Chegaram a ter importância nos governos de Juscelino, Jânio e João Goulart, influindo na política. Seu caráter radical levou-as ao fim com as repressões de 1964. Surgidas na maré populista, devem ser ligadas às ideologias de desenvolvimento e de abertura da sociedade a todos os grupos. Algumas de suas teses ou mesmo expressões pessoais seriam absorvidas pelos sindicatos rurais depois de 1965.

A palavra decisiva é desenvolvimento. Hipertrofia-se a idéia à vista das virtualidades econômicas da nação, até aí indevidamente aproveitadas. Tornou-se moda o chamado desenvolvimentismo, em que tudo mais fica em segundo plano, mesmo o desenvolvimento social: este, no entender dos propugnadores daquele, viria como decorrência. Criou-se mesmo, em 1955, no Ministério da Educação e Cultura, um órgão famoso no Brasil de então — o Instituto Superior de Estudos Brasileiros (ISEB), que transformou o nacionalismo e o desenvolvimento na razão de ser de tudo. Reunindo intelectuais — economistas, sociólogos, cientistas políticos, historiadores, filósofos —, pelo menos desde 1952, tentou formular uma teoria para base de ação. Daí o título que deu ao órgão um de seus críticos — Caio Navarro de Toledo —, de "fábrica de ideologias".[27] O ISEB pretendia ser a cabeça do governo, embora Juscelino já tivesse o seu ideário constituído antes do proselitismo do grupo. Se chegou a ter força e expressão, por suas publicações e cursos, apesar do combate às suas idéias pela extrema direita e pela extrema esquerda, como também pelos ditos liberais e por muito da melhor ciência social, realizou alguns estudos dignos de nota, como os de Álvaro Vieira Pinto, seu principal diretor — sobretudo *Consciência e realidade nacional*, de 1960; começou a deixar de repercutir nos períodos seguintes, até ser extinto pelo movimento de 1964.

Não foi fácil implementar programa tão amplo: no próprio governo havia restrições, foi preciso recompor o ministério. Com os gastos e o aumento da inflação, além do previsto pelo próprio documento — 13,5% ao ano —, o Fundo Monetário Internacional criou dificuldades para a concessão de empréstimo de 300 milhões de dólares, levando o presidente a romper com a entidade, em 17 de julho de 1959, em gesto que lhe valeu a perda de dinheiro, mas de alto rendimento político no clima de então. Não faltaram outras fontes, como bancos norte-americanos, franceses, alemães, japoneses. Demais, o plano prevê o aumento da produção de vários itens, fixando-se a quantidade a ser obtida em 1960, ou a implantação de atividades novas. Além dos grupos de assistência técnica, vindos do Estado Novo, outros órgãos são criados. Justificava-os o emperramento da máquina burocrática, com numerosos grupos de trabalho de determinada destinação. Além dos órgãos federais, lembrem-se os dos estados, com suas comissões, serviços, planos, conselhos, institutos, ou mesmo alguns municipais.

Criam-se órgãos para resolver problemas de certas áreas, às vezes compreendendo várias unidades (é o novo federalismo). Se Dutra fizera em 1948 a Comissão do Vale do São Francisco, Vargas a Superintendência do Plano de Valorização Econômica da Amazônia, em 1953, cria-se agora o de mais nítida estrutura e finalidade — a Superintendência do Desenvolvimento do Nordeste (Sudene), de 1959, enquanto esteve sob a direção de seu idealizador e primeiro superintendente, Celso Furtado. Era o coroamento de série de institutos de amparo a uma área pobre, que recebera assistência já em tempos distantes, como o Departamento Nacional de Obras Contra as Secas, que fez açudes e mais obras de modo assistemático, mais político que técnico.

Ao longo dos governos de 1947 a 1960 eles se empenham em enfrentar do melhor modo o comércio exterior, seja a importação ou a exportação, através de medidas tarifárias ou controle da entrada e saída de capital, com instruções sucessivas, visando a uma prática racional e benéfica. Impossível acompanhá-las, tão numerosas são, principalmente nos períodos de Vargas, Café Filho e Juscelino, consigne-se apenas a sua existência e atuação.

Não foi fácil a execução do Plano de Metas, repita-se, pois se inaugurava um estilo novo, audacioso, lidando em muitas frentes, quando a tradição era governo tranqüilo, convencional. Se o Estado Novo pôde fazer um programa movimentado com realizações, tinha a facilidade de ser um regime autoritário, sem Legislativo fiscalizador, com imprensa censurada. Juscelino teve de enfrentar oposição aguerrida no Congresso, mas conseguiu aprovar quanto pretendia. Endividou-se externamente, permitiu larga entrada de capital estrangeiro. Voltava-se mais para a administração, evitando envolvimento político. Este era feito, no entanto, pelo vice, João Goulart, gaúcho que aparecera com Vargas, de quem fora ministro do Trabalho. A linha de conduta dos dois — presidente e vice — não era idêntica, contudo. Goulart mantinha erguida a bandeira trabalhista, manobrando os sindicatos, por vezes criando problemas pelo apoio a greves e a reivindicações salariais.

Juscelino era incansável na causa de seu plano, em grande parte executado. Várias metas foram cumpridas, outras quase o foram. A que mais discussões despertou foi a construção de Brasília. O Rio de Janeiro era capital desde 1763, mas várias vezes se colocou a idéia de mudança para o planalto Central, distante da costa e das perturbações da cidade grande. José Bonifácio, no começo da nação, escreveu com lucidez sobre o assunto, ao qual outros voltariam. Na Constituição de 1891 já se falava na mudança: muitos estudos foram feitos, mas ninguém acreditava na sua concretização. Juscelino prometeu realizá-la e, contra a opinião comum, conseguiu fazer uma cidade a 1129 quilômetros do Rio de Janeiro, no centro geográfico do país. Conseguiu inaugurá-la no dia 21 de abril de 1960, pouco antes de passar a faixa ao sucessor.

Brasília, além do feito espetacular da construção em ritmo vertiginoso, em condições difíceis também pela distância para transportar o imenso material requerido, merece destaque pela nota de sua modernidade. Traçada pelo urbanista Lúcio Costa, o principal arquiteto de centenas de grandes obras públicas foi Oscar Niemeyer: os dois respondem pelos palácios, sede do Congresso, ministérios, catedral e muitos outros edifícios para sediar repartições, praças, avenidas, viadutos, túneis. Exemplo singular na história do urbanismo e da arquitetura, feita com refinado gosto artístico, tornou-se objeto de atenções do mundo inteiro. Realizando sua promessa, Juscelino provou não só imaginação, inventiva, como capacidade de trabalho.

Animou-o também certa intenção de realizar uma política pan-americana. Assustava-o o desconhecimento dos presidentes dos Estados Unidos da realidade do continente. Daí a Operação Pan-Americana, apresentada em 1958, pedindo a cooperação dos países americanos e de outros no propósito de eliminar o subdesenvolvimento. O governo dos Estados Unidos enviou ao Brasil o secretário John Foster Dulles para explicar sua visão do problema, ainda na perspectiva da Guerra Fria. Na própria América Latina não foi grande o impacto da proposta, afinal quase nada. O único gesto ecoante da política externa no período foi o rompimento com o Fundo Monetário Internacional, em junho de 1959, pela defesa de suas obras do Plano de Metas, inaceitáveis pelo monetarismo do FMI. De fato, a diretriz externa do governo é frágil: basta lembrar sua aprovação da política colonialista portuguesa na África, sendo voto singular e até chocante nas assembléias da ONU. A lusofilia foi nota comprometedora de uma fase quanto ao mais bastante aberta.

Outra orientação pioneira, de muito eco, é o projeto da Universidade de Brasília, em novos moldes e que atingirá a estrutura do ensino tradicional. Concebeu-a e vai realizá-la Darcy Ribeiro. Após 1964 seus lineamentos foram bastante adulterados, a ponto de comprometê-la. A década de 1950 inscreve-se na história também pela extraordinária vitalidade artística. A literatura conhece esplendor, com obras de autores que vêm de antes e continuam a produção, como alguns nomes do modernismo das décadas de 1920, 1930 e 1940, como é o caso de Carlos Drummond de Andrade, João Cabral de Melo Neto, Guimarães Rosa. A ciência social tem intenso cultivo, quando as novas faculdades começam a amadurecer suas expressões. A efervescência da sociedade e da política vai projetar-se em teses e livros que procuram estudar a situação, influir nela e tão bem a exprimem. Como se dá com as análises do nacionalismo, do desenvolvimentismo. O mesmo se verifica nas artes plásticas e na música, com todo um universo diversificado de manifestações e experiências. Ou no teatro e no cinema. A música popular vê o impacto da bossa-nova, da qual saem muitas orientações, como se dará principalmente nos anos seguintes.

Com justeza se deu ao período de 1956 a 1961 o nome de Era JK, como se chamou Era Mauá o começo da segunda metade do século XIX — cem anos antes —, quando se impõe a figura do empresário Irineu Evangelista de Sousa, nobilitado com o título de visconde de Mauá. É razoável falar em Era JK, pois o período se distingue dos anteriores, por suas realizações. Decerto, ele deixou enorme dívida a ser paga, mas sacode o marasmo oficial; pode-se questionar a mudança da sede do governo — de fato ainda não completada, trinta anos depois —, mas ninguém pode negar-lhe o mérito da operosidade e lucidez, bem como o da isenção no encaminhamento sucessório, quase sempre feito de modo tendencioso pelo próprio presidente. Comprova-o a campanha de 1961, que faz dele, além do dinamismo, um chefe de Estado próximo do ideal democrático de governo.

4
AGRAVAMENTO DA CRISE

O FENÔMENO JÂNIO QUADROS

Se há um caso de impossível separação do procedimento político da personalidade de seu agente é o de Jânio Quadros, cuja passagem tumultuada por vários cargos é marcada por um individualismo extremo de quem é rico de notas particulares, parte delas negativas e atritantes com a normalidade democrática. O começo tem de ser falando desse homem do Mato Grosso, educado — curso primário e parte do médio — no Paraná: o pai, paranaense, era médico e chegou a deputado estadual; com a Revolução de 1930 vai para São Paulo com a família; na capital paulista o moço completa o curso médio e faz o superior, de direito.

Começa então vertiginosa carreira, de suplente de vereador a presidente da República (de 1947 a 1961), tudo em menos de quinze anos. O início da ascensão é o posto de vereador na Câmara Municipal de São Paulo, pela legenda do Partido Democrata Cristão (PDC) — dos menos expressivos —, para o qual não é eleito — obtém só 1709 votos —, ficando como suplente. Assume o mandato, porém, em 1948, com a cassação dos vereadores comunistas, quando o partido é declarado ilegal — e o partido contava com a maior bancada naquela Câmara. Já aí tem realce, pela oratória singular, no ataque à corrupção do governo do estado — Ademar de Barros será sempre sua vítima preferida —, como pela figura e indumentária desalinhadas, ou pelas visitas a bairros e projetos ecoantes. Não se detém na vereança, pois em 1950 disputa e é eleito deputado estadual, pela mesma legenda do PDC, com enorme votação. Como parlamentar, visitou quantas cidades podia, com o olho na escolha do prefeito da cidade de São Paulo.

Em março de 1953 é eleito para a importante função, graças a uma campanha caracteristicamente populista, em que se apresenta ao público em comícios explorando linguagem curiosa e inusitada: com muito de ator histriônico, gestos estudados e de efeito, frases felizes como "o tostão contra o milhão", "quem rouba um tostão é ladrão, quem rouba um milhão é barão". Curiosamente, usa linguagem rebuscada, de antigo professor de língua portuguesa, de boa correção gramatical, mas de discutível gosto e até cômica, pelo tom rebarbativo. Cômico acentuado pela roupa gasta, suja, cheio de caspas, cabelos e barba crescidos, deixando o público em dúvida se era um profeta ou um palhaço. O efeito, no entanto, era bom, pois as urnas respondiam favoravelmente. Abrigado em legendas menores — o Partido Democrata Cristão e o Partido Socialista Brasileiro (PSB) —, derruba coligação dos partidos notórios, mais os comunistas e ademaristas. É uma liderança pessoal.

Também não ficaria na prefeitura e já em 1954 disputa o governo do estado, ganhando de político tradicional, ex-governador e chefe do Partido Social Progressista, forte no estado — Ademar de Barros. Vitória apertada, pois obtém 660 264 votos, enquanto Ademar chegou a 641 960, havendo mais dois outros candidatos, que obtiveram 572 mil votos. Menos de um terço do eleitorado, pois. Acresce seu arsenal de armas de conquista do eleitor, com o uso da vassoura, para limpar a área de ladrões, ricos e reacionários. A eleição é a primeira depois do suicídio de Vargas. Nesse posto se manterá até o término do mandato, realizando administração tida como feliz, com saneamento financeiro e grandes obras. Não usa a legenda do PDC, mas a do pequeno Partido Trabalhista Nacional (PTN), contando com o apoio de alas dos demais partidos. O discurso era moralista, o mesmo, contra a corrupção administrativa, o roubo. Com o término do mandato de governador — o único inteiramente cumprido —, em 1958, seu candidato à sucessão no estado é vitorioso, derrotando Ademar mais uma vez. Sai eleito deputado federal pelo Paraná; deputado, nunca foi à Câmara, na demonstração de desapreço pelo Parlamento. Não apoiara Juscelino, mas Juarez Távora, criando mesmo alguns problemas com a Presidência: só o estado de São Paulo podia dar-se a esse luxo, por sua força econômica, inexistente nas demais unidades, que não podiam deixar sem apoio o governo federal, do qual dependiam.

A campanha mais importante foi em 1959 e 1960, para a Presidência da República. Juscelino encaminhou o processo com isenção: o candidato oficial era o general Lott, apoiado pelo PSD, PTB, pelo esquerdismo em geral. Juscelino tentou candidatura de alguém com apoio do PSD e da UDN, mas não obteve êxito, torpedeado por Carlos Lacerda, que exigia apoio imediato da UDN a Jânio. Este saiu candidato por coligação de várias legendas, a principal das quais era a UDN, sem se comprometer com nenhum dos partidos dos quais teve apoio. O candidato a vice foi Milton Campos, tão diferente dele em tudo. O candidato a vice de Lott era João Goulart, tentando a reeleição.

A campanha dos dois é curiosa. Lott, das esquerdas, tinha um discurso enérgico, defensor da ordem, anticomunista, enquanto Jânio, apoiado por gente vista como de direita, defendia política externa de abertura, relações com todos os países, o Brasil fora dos blocos dominantes, integrando a Terceira Força. Internamente, queria austeridade e contenção, em críticas a Juscelino, visto às vezes como "irresponsável presidente voador" em suas obras faraônicas, como Brasília. O contraste dos dois candidatos era gritante — Lott um mau orador e com a mensagem antiga, Jânio orador de grandes recursos e com a mensagem ambígua, mais moderna que antiga.

O resultado foi além do esperado. Jânio obtém 5 636 623 votos (48,26% do total), Lott 3 846 825 (32%, 1,8 milhão a menos), Ademar de Barros quase 2,2 milhões (20%). Sua vitória espetacular revela o poder pessoal, pois seu vice perde para João Goulart, reeleito por pequena diferença. Goulart teve 4 547 010 votos (na eleição anterior teve mais de 500 mil que o presidente, agora quase 1,1 milhão de votos a menos), enquanto Milton Campos teve 4 237 719 (diferença de menos de 310 mil votos). E Fernando Ferrari ainda teve 2 137 382 votos. A eleição de 1960 foi uma vitória oposicionista, nítida e forte. Nesse ano o Brasil tinha 70 992 343 habitantes. Deu resultado o movimento do "Jan-Jan" (Jânio e Jango, nome por que era conhecido João Goulart), com muito esquerdista desaprovando o nome de Lott. A eleição de 1960 revelava a inconsistência dos partidos políticos, ambíguos e sem programas.

Começaria um governo que era incógnita. A nação recebia-o entre a esperança entusiasmada de muitos e certa perplexidade ou receio de outros, ante a personalidade instável do titular. A desconfiança era de todos, ninguém estava certo de nada. Jânio começa a administrar de modo ousado — é mínima a crítica que se levanta, pois há dúvidas sobre o próximo comportamento. Ele faz o ministério que deseja, sem satisfações a partidos, pois não fizera acordos. Decerto o grupo de trabalho não tem importância, pois aos partidos se sobrepõe o presidente, voluntarioso e caprichoso. Realizará um governo de tipo bonapartista, de acordo com expressão consagrada, evocadora da política francesa. Outros prefeririam falar em bismarquismo, lembrança do chanceler da unificação alemã. *Bonapartismo* foi empregado por Marx em estudo clássico sobre Napoleão III: vem a ser a ação do Estado, por um Executivo forte, de arbitragem entre as classes, de modo a assegurar a estabilidade necessária para o desenvolvimento, sob a direção da burguesia. Um exercício de cooptação, pois. O ministério janista, aliás, era uma colcha de retalhos, onde havia do gosto e da repulsa de uns e outros: tinha autoridades tipicamente udenistas e pessedistas, de outras origens ainda, alguns nomes conhecidos e outros bem apagados; nomes de defensores do capital cosmopolita e de nacionalistas radicais. Só nas pastas da Justiça e na chefia da Casa Civil colocou gente de confiança pessoal. Nos ministérios militares dominava a linha mais conservadora, até retrógrada.

Jânio valorizou demasiadamente os militares, colocando-os à frente de comissões de inquérito que multiplicou, no afã moralizador. Fez gabinetes presidenciais em muitos pontos do país, a serem dirigidos por militares. Tanto valorizava o militar como ostentava desprezo pelo Congresso. Teria mesmo feito referência a ele como "um clube de ociosos". Fez reuniões com governadores, reunindo dois ou mais em alguma capital, consultando-os, embora de modo formal e sem intenção de seguir-lhes as sugestões. Poder-se-ia lembrar que tal procedimento é por não ter maioria no Congresso. Não procede: se de fato não a tinha, pois os velhos partidos contavam com maiores bancadas, estes não lhe criaram problemas. Só ante projetos audaciosos, como o da nova lei antitruste, de 15 de março, ou sobre a remessa de lucros para o exterior, em julho, houve debates e oposição firme. Como se disse, a nação estava na expectativa, não se definira ainda. Demais, o Parlamento nacional tem tradição de docilidade ante o poder, é submisso e chega à subserviência, pela espera de favores.

Desde os primeiros atos o presidente chocou com a política exterior. A conservadora UDN, por exemplo, viu espantada como ele se abria para todos os países, dilatando a diplomacia. Pensa no comércio franco com as nações e mesmo no relacionamento mais próximo até com os socialistas de qualquer tom. Na verdade, já na campanha falara nessa abertura. Não escondera as intenções.

Outra nota é o contraste entre certas atitudes de estadista, como a abertura externa e mesmo certas posições na política econômica interna, que exigem coragem e decisão, com o comportamento até ingênuo do cotidiano. Ao lado do estadista, há miudezas de governante provinciano. O trato com os ministros através de bilhetinhos, além de desrespeitoso, é o de chefe de seção de serviço desimportante. Certas providências são objeto de quase ridículo, como proibir as brigas de galo ou as corridas no Jockey Clube nos dias úteis; proibir o uso de roupas muito cavadas nos desfiles de *misses* em concursos; uso pelas mulheres, nas repartições, de minissaia ou calças compridas; exibição de comerciais nos cinemas e mais casas de espetáculos; do lança-perfume em festas de Carnaval; tornou mais rígida a censura no rádio e na televisão em nome de princípios moralizadores; também nos divertimentos públicos ou na publicidade. Interferiu com bilhetes cobrando rigor nos horários de trens, bondes ou aviões, nas filas de abastecimento das cidades.

Quis estabelecer um uniforme para os funcionários públicos, com a dispensa do paletó e da gravata, substituídos por *slake*, por ele usado no dia-a-dia. O papelório velho dos serviços públicos devia ser recolhido para venda com fins filantrópicos. Algumas de suas entrevistas ficaram famosas por frases inesperadas, às vezes cômicas, quando não francamente ridículas. Abriu vários inquéritos para apurar irregularidades, principalmente desvios de dinheiro público, no afã de descobrir culpados e puni-los. Passava do sério ao banal, do importante ao desfrutável com a maior sem-cerimônia. Tem-se, em todas essas medidas, atitudes ou falas, não só a manifestação do autoritarismo como o desejo de chamar a atenção.

Na política, adotou extremo rigor quanto aos gastos públicos. Deveriam ser contidos, com a dispensa de funcionários, severidade nas concessões de benefícios previstos, contenção salarial. Para ele o empregado público era a ovelha negra. Desde sua campanha sabia-se desta posição. Jânio foi o primeiro a tomar posse em Brasília, dia 31 de janeiro de 1961, em breve discurso convencional. Na mesma noite, porém, ocupa rede de rádio e televisão dizendo como encontra o país, com um retrato negro pelo qual responsabiliza Juscelino. Herda uma dívida externa de 2 bilhões de dólares e uma inflação alta, devidas ao que vê como irresponsabilidade do presidente. Ante o quadro calamitoso, prega a necessidade de rigor. Anuncia economia, aperto geral, arrocho. A fala moralizadora e austera sempre deliciou a classe média, que se vê assim compensada de suas frustrações. Com os inquéritos punirá culpados. A classe média delira, mas não verá a promessa realmente cumprida, pois não se sabe de grande banqueiro, empresário ou burguês que tenha acabado na cadeia. Como acontece com todos os discursos do gênero, os anteriores e os posteriores. Jânio era maniqueísta.

A contenção dos gastos leva ao arrocho salarial, lesivo à classe média e ao proletariado; à queda no ritmo das obras públicas, que vai manter a nação em seu nível de pobreza. Haverá prejuízo para os empreiteiros, os que lucram com as grandes construções, com a queda de empregos. Para poder realizar as obras julgadas convenientes, Juscelino rompeu com o Fundo Monetário Internacional. Jânio se reaproxima da famosa instituição. O capital estrangeiro entrará mais livremente. É a pregação do liberalismo econômico, com a privatização das iniciativas. O comércio exterior é facilitado por algumas de suas instruções, como a mais célebre de todas — a 204 —, em busca da verdade cambial, nos favores à finança pública, ao capital estrangeiro e à burguesia agroexportadora. Tais medidas excitavam os grupos dominantes, assim reforçados. Pensou-se em uma Comissão Nacional de Planejamento, que não chegou a funcionar. O governo seria apenas uma promessa, um meteoro, pois durou menos de sete meses. O país parara, como se disse, para ver o que ia acontecer. Aconteceu uma renúncia, que só contribuiu para a perplexidade nacional.

Se os grupos dominantes se assanhavam com a política interna, escandalizavam-se com a externa. Se a primeira acalentava a direita, a segunda exaltava a esquerda. Na primeira não houve muita originalidade, pois era prática comum nos governos, com exceção de Vargas e Juscelino. Já na segunda houve real originalidade, pois se quebrou a tradição diplomática, ampliando-se as relações internacionais. Contra os dois grandes blocos — o capitalismo e o socialismo —, alinhou-se com as jovens nações, com o Terceiro Mundo. Enquanto Juscelino aprovava a política colonial portuguesa na África, Jânio a desaprova, como a todos os colonialismos. Na Assembléia da ONU, o chanceler Afonso Arinos de Melo Franco faz um discurso diferente, de apoio às nações africanas, às asiáticas. Sempre com certa cautela, porém, pois se fala contra o colonialismo português, não vota a favor de Angola na ONU nas seções de março-abril. Cria embaixadas na África. Toma as primeiras medidas para reatar relações diplomáticas com a União Soviética.

Compreende-se, pois Jânio sempre manifestou admiração por Nasser, herói do Terceiro Mundo, como por Lincoln e Charles de Gaulle. Sua aproximação com as novas nações levou-o a gestos de desafio à opinião convencional, como na condecoração a Che Guevara, no dia 18 de agosto, para escândalo de largos setores do Exército e da Igreja. O candidato estivera em Cuba, atendendo a convite de Fidel Castro.

Entende-se o relacionamento diplomático e comercial com a União Soviética, com os demais países socialistas, sobretudo com Cuba, o apoio à entrada da China na ONU, como a condenação da invasão de Cuba, na baía dos Porcos, pelos norte-americanos; quer formar uma frente com os países americanos, com decisão que faltou a Juscelino. Afinal, a Revolução Cubana obrigou os Estados Unidos a reverem sua política e Kennedy inaugura a Aliança para o Progresso, exatamente no início do governo Jânio. Este envia missões aos países socialistas, para acordos econômicos. Também envia outras aos Estados Unidos e ao Ocidente europeu, para acordos quanto à dívida e obtenção de empréstimos. Essa abertura chocou a burguesia bem-pensante e será um dos elementos do combate agora intransigente, como é feito por Carlos Lacerda, antes seu adepto. Política vista como esquerdizante, era fruto do pragmatismo. E de nova tendência geral mesmo é que não se pode falar, pois o governo continua hostil a qualquer ação livre do Partido Comunista, por exemplo.

O período foi muito breve: apenas sete meses. No dia 25 de agosto o presidente assombra mais uma vez a nação, agora com a renúncia intempestiva. Envia carta ao Congresso, dizendo que o faz por não poder agir livremente, premido por "forças terríveis". O Congresso aceita imediatamente a renúncia, gerando crise de vulto. À primeira vista, sua carta pode lembrar a carta-testamento de Vargas. Não se deve, contudo, aproximar os documentos: o texto de 1954 pode ser racionalmente explicado, o outro não tem explicação. Jânio não sofreu pressão: escolhido por larga margem de votos e, pelo inusitado de seu comportamento, a nação estava na expectativa, entre assustada e esperançosa. Se Carlos Lacerda o atacava violentamente, não era a primeira vez que o fazia. No importante discurso do dia 24 — véspera da renúncia —, Lacerda denuncia a trama de um golpe palaciano. Não havia aí, como em certa resistência do Congresso em apoiar determinados projetos, nada de molde a justificar o gesto extremo. Podia contornar o golpe que lhe atribuíam, articulando-se com os parlamentares. Pelo temperamento autoritário não quis: só admitia a subordinação total. Vargas, na carta-testamento, falou em "forças e interesses contra o povo", que lhe obstavam a ação, enumerando-os, dando-lhes nomes. Jânio, na carta-renúncia, falou em "forças terríveis", mas nada enunciou. Aquela tem um peso forte e trágico, esta é débil e nada tem de trágico, antes pelo contrário. Se aquela engrandeceu o autor, esta provoca apenas espanto e censura.

O gesto foi motivo de muita especulação. Teria pretendido um golpe para obter maiores poderes, tal como De Gaulle? Se era esse o propósito deveria ter preparado o campo, no Congresso e fora. Não o fizera. Envia a carta, vai logo para São Paulo. Ninguém quis obstar a aprovação do pedido. Mais um gesto de histrionismo, ou o desejo de assustar, falta de maturidade? Se foi, caiu no vazio. A renúncia partira dele, sem qualquer pressão, tinha mesmo de ser atendida. Gerou, porém, uma crise que está na origem do golpe militar de 1964. O presidente manda a carta quando o vice estava na China, em missão. Ora, ele sabia que Goulart sofria sérias restrições no meio militar; o processo natural — a sua posse na Presidência — corria risco. Como de fato ocorreu: o que devia ser feito automaticamente, só foi feito depois de muita tensão e a mudança de regras como compromisso, com a adoção do parlamentarismo. A política nacional entrava na reta conturbada que acabaria pelo abalo do regime.

Essa renúncia é a quarta da História: a primeira foi a de dom Pedro I, em 1831; a segunda, a do regente Feijó, em 1837; a terceira, de Deodoro na primeira Presidência da República, em novembro de 1891. A mais perturbadora, sem dúvida, foi a quarta.

Jânio volta e quer retomar a vida pública: perde a eleição em outubro de 1962, para o governo de São Paulo — quem fora campeão de votos: era sua primeira derrota, e para Ademar de Barros; cassado em seus direitos políticos em abril de 1964, retorna com a abertura e disputa outra vez o governo do estado em novembro de 1982, perdendo novamente; mais tarde será eleito para a prefeitura da capital, pela qual passara por breve tempo. Escreve uma gramática, dirige a elaboração de uma *História do povo brasileiro*, em vários volumes, um livro sobre as três Américas, um dicionário e um livro de contos. Obras fracas e sem nenhuma repercussão, faltava preparo ao autor. Se tiveram êxito de venda foi pelo lado publicitário, logo caindo no total e merecido esquecimento. Fez muita declaração política, algumas podem ter exercido influência sobre o segmento que sempre o apoiou, não mais. Na verdade, estava desacreditado, pois foi o maior desaponto da história brasileira. Não fez quanto se esperava dele e colocou o país no caos em que se debateu por algum tempo e do qual ainda não se livrou de todo.

Talvez se tenha dedicado espaço demais a período tão curto: o motivo está na singularidade, marcada, mais que qualquer outra, pelo perfil psicológico do personagem, que vincou com traço mais negativo que positivo a vida nacional.

Ao enviar ao Congresso a carta-renúncia, talvez Jânio esperasse sua recusa. Caso fosse aceita, sabia das dificuldades e imaginava-se de volta, atendendo ao apelo popular. O Congresso, porém, a aceitou e foram débeis as articulações favoráveis ao renunciante, pela reconsideração do seu gesto: alguns governadores de estados foram à base aérea de Cumbica, onde ele se encontrava, tentando demovê-lo. Mais significativos foram outros protestos, como a greve da Estrada de Ferro Leopoldina. Houve ainda alguns manifestos sindicais denunciando o imperialismo, desgostoso com o caráter popular do governo, como o de alguns governadores, insistindo na recusa da renúncia. O Congresso, no mesmo dia 25, deferiu o pedido. Como o vice não estava em terras brasileiras, a chefia passava, provisoriamente, nos termos legais, ao presidente da Câmara, Ranieri Mazzilli, logo empossado.

Originou-se então uma enorme crise: Goulart estava na China, em missão oficial; os três ministros militares vetavam seu nome, no que eram acompanhados por muitos companheiros das três armas. Ante essa manifestação anticonstitucional, de quebra da normalidade, o governador do Rio Grande do Sul, Leonel Brizola — cunhado de Goulart —, inicia movimento de apoio à legalidade. Já Carlos Lacerda, então governador da Guanabara (a cidade do Rio de Janeiro deixara de ser capital, não era mais Distrito Federal, tornando-se estado no dia 14 de março de 1960: Lacerda foi o primeiro governador eleito da Guanabara), colocou-se ao lado do veto militar. O chefe militar de mais prestígio — o general Lott — manifesta apoio a Goulart e é preso. Jânio, no dia 27, embarca para Londres — cidade que visitaria várias vezes, em navio, como era seu gosto.

Já havia a divisão entre as Forças Armadas: no Rio Grande do Sul, sede do Terceiro Exército — o mais numeroso e municiado —, seu comandante, general Machado Lopes, pensa como o governador Brizola e quer o cumprimento da lei, como é pensamento da maioria dos governadores. Estava-se em vésperas de guerra civil. Os parlamentares tentam e conseguem contornar o impasse: comissão de seis senadores e seis deputados deve dar parecer sobre o veto militar. Os militares contra a posse lançam manifesto reafirmando seu modo de ver, acentuando o perigo de Goulart pela sua ação subversiva, que levaria o país ao regime comunista. A comissão dá parecer, largamente aprovado, sugerindo emenda constitucional com o parlamentarismo. Com esse sistema, ficava esvaziado o poder do chefe do governo, todo-poderoso no sistema presidencialista. Forma-se comissão especial para a pretendida reforma do texto legal.

Em país de lentidão nas medidas, desta vez tudo é feito de imediato. Já no dia 2 de setembro o Congresso aprova o ato adicional com o sistema parlamentar de governo (Emenda Constitucional número 4), com o qual Goulart tem o mandato garantido até 31 de janeiro de 1966; mais ainda, nove meses antes dessa data haveria plebiscito sobre parlamentarismo ou presidencialismo. Os ministros militares aceitam a fórmula. Enquanto tais providências ocupam os políticos, notadamente o Legislativo, Goulart volta ao Brasil. Faz viagem complicada, descendo em Porto Alegre, capital de seu estado e sede da Rede da Legalidade, de resistência ao arbítrio da recusa a seu nome. Era preciso agora obter aceitação por ele da mudança das regras do jogo: eleito para chefe presidencialista, aceita o projeto em consentir na diminuição de seus poderes. Goulart admitiu a proposta e é empossado no dia 7 de setembro. A crise arrastara-se por catorze dias e vai deixar marcas negativas, prenunciando período difícil, com as agravantes econômico-financeiras e as tensões sociais. Complicando o quadro, um ano depois, em outubro, deve haver eleições estaduais.

Convém mostrar, em breves linhas, o perfil do novo presidente. João Goulart nasceu em São Borja, na mesma cidade de Vargas, filho de fazendeiro ligado às disputas da política do estado. Viveu muito na fazenda; se fez o curso de direito, nunca se interessou pela advocacia, preferindo dedicar-se à direção das imensas propriedades da família. Vargas, deposto em 1945, volta para São Borja, de onde pouco sai entre novembro e sua eleição para presidente da República, apesar de ser senador. Exílio voluntário, mantém contatos com figurões de todo o país, recebendo-os na estância de Goulart. A vizinhança levou o jovem a ter interesse político: eleito deputado estadual em 1947, teve mínima atuação. Contribuiu, porém, decisivamente, para a eleição de Vargas, em 1950, sendo o apresentador da candidatura. Nesse intervalo, trabalhou como ninguém para organizar o PTB. Na campanha sucessória acompanhou sempre seu candidato e é eleito deputado federal. Volta a seu estado, para ser secretário do Interior e da Justiça. As crises internas do próprio partido, no âmbito federal, levam o presidente a convocá-lo para o Rio de Janeiro: ele deve conciliar as alas e exercer com energia a liderança, que o leva a ser cada vez mais ligado aos sindicatos.

Retorna em maio de 1952, quando começa de fato sua atuação no plano federal. Reassume a Câmara dos Deputados, dedicando-se à aproximação com as lideranças trabalhadoras, das quais passa a ser o expoente, por gosto e pela intimidade com Vargas: os institutos de Previdência Social têm o seu controle, pela indicação das chefias dos primeiros escalões. Foi o principal agente do chamado peleguismo, dos sindicatos atrelados ao poder. Continuando as lutas internas do PTB, tem de encaminhá-las, sem falar na luta com a UDN, intransigente na oposição, denunciando golpismo governamental para instalar uma República sindicalista, ajudado por Perón, natural aliado. Acentua-se sua presença e ele é nomeado ministro do Trabalho em junho de 1953. Terá graves problemas, como o de atender às reivindicações operárias, crescentes pela inflação e alta do custo de vida. Há greves de vulto, como a dos 300 mil em São Paulo, em março (antes de sua posse). Cria-se o Pacto da Unidade Intersindical (PUI), que vai pressionar o governo. E há a greve dos marítimos em junho, no Rio de Janeiro, Santos e Belém. Ante esse quadro, Vargas convoca-o para o ministério.

Goulart quer ser contemporizador no delicado posto, mas não consegue, premido pelas reivindicações operárias, de um lado, e as pesadas críticas dos conservadores, de outro. Tem de ser hábil e é. Para o êxito, reforça a estrutura da Previdência e quer atender as queixas do trabalhador. Não lhe é fácil, pois, no próprio governo, Osvaldo Aranha, ministro da Fazenda, quer evitar maiores gastos, conter a inflação. Seu desempenho é muito censurado, como quando promove, já em agosto, o Primeiro Congresso Brasileiro de Previdência Social, visto como de peronistas e comunistas. Goulart defende-se, diz ser fiel aos princípios democráticos, não incentivador de greves ou de luta de classes. Como propõe aumentos salariais, mesmo dobrar o salário mínimo, tem a crítica feroz dos empregadores. Até manifestos de militares graduados são feitos, agravando o clima. Vargas afasta o ministro em 22 de fevereiro de 1954, ele volta para a Câmara. Apesar dos protestos de Osvaldo Aranha, no discurso de 1º de maio o presidente concede o aumento de 100% do salário mínimo e ainda faz o elogio do ex-ministro.

A situação de Vargas é que se agrava, denunciado como pretendendo outro golpe — o da República sindicalista. Como se vê, o fim está próximo: cresce o cerco à sua pessoa, culminando no suicídio de 24 de agosto. Como Goulart seguiu Vargas com fidelidade, era justamente visto como seu herdeiro, o chefe do populismo, do PTB. Volta para São Borja. Em outubro do mesmo ano deve haver eleições: se estava disposto a isolar-se, não o consegue, pois é convocado para disputar o Senado. Disputou e perdeu, como derrotado também foi o candidato petebista ao governo do estado. O moço tomara gosto pela disputa e entrega-se à organização do PTB, usando a bandeira varguista para as eleições presidenciais de 1955. A ocasião era propícia, pois a carta-testamento sacudira o país e o governo Café Filho não consegue impor-se. Desde logo cresce o nome de Juscelino para o cargo principal, no começo dos entendimentos para a composição da chapa: já a 16 de abril de 1955 era consagrada a Juscelino-Goulart, acordo PSD-PTB.

Não era fácil o caminho, pois muitos pediam a intervenção militar, sobretudo por causa do vice, de atividades anteriores suspeitas e agora com o apoio de Luís Carlos Prestes. A UDN teve sua chapa Juarez Távora-Milton Campos. A aliança PSD-PTB foi vitoriosa, graças em parte à atuação sindical. A carta-testamento mostrava-se eficaz. Se Juscelino inicia imediatamente seu importante plano de governo, o vice trabalha nas áreas sindicais, tem o controle de alguns ministérios e da Previdência Social. A princípio cauteloso, logo assume posição até de arrogância, como dono de grande parte do eleitorado. Promove passeatas e comícios. No próprio PTB surge a tendência de contestá-lo, na figura de um líder jovem, também gaúcho, Fernando Ferrari, acusando o partido de estagnado, de não se renovar, viver só à sombra da herança varguista. O vice se beneficiou do cargo para crescer, impondo mais o seu nome.

Quando se cogita de novo da sucessão, já em 1959 começam as especulações. Nunca pareceu que Goulart desejasse a Presidência, mas era claro seu intuito de continuar na Vice-Presidência, posto excelente para manobras. Havia dois grandes blocos, congregando partidos ou alas de partidos: um era a Frente Parlamentar Nacionalista, que vem de 1957 e tem bandeira antiimperialista; o outro era a Ação Democrática Parlamentar, com programa evidentemente oposto. Juscelino mantinha-se eqüidistante. Seu desejo real era uma candidatura conciliadora dos dois partidos — PSD e UDN, o nome para ele era Juraci Magalhães, udenista baiano, antigo tenente. Já em abril de 1959 é lançado o Movimento Popular Jânio Quadros, enquanto Jânio, então deputado federal, ausente de tudo, viajava, mais pela Inglaterra. Se a dupla general Lott-Goulart, PSD-PTB, conhecia dificuldades, a oposição não as ignorava, pois o seu líder mais atuante — Carlos Lacerda — já tomava posição favorável a Jânio. O ano de 1959 decorre em manobras visando a alianças às vezes impossíveis.

O nome do general Lott encontrava resistência, por seu conservadorismo e conhecida intransigência. Quem o conhecia falava de sua lealdade, mas também de seu rigor, avesso a acordos meramente eleitoreiros: não era mais como quando fora apresentado para ministro de Café Filho, por desligado da política. Já é bem definido, a ser adotado ou evitado. Ainda em 1959 tanto o PTB como o PSD estavam firmes com o nome de Goulart para vice, não obstante o veto de alguns líderes partidários e mesmo de alguns estados. Chega-se à eleição de 3 de outubro de 1959 com a vitória de Jânio para a Presidência e Goulart como vice. Se a chapa era Jânio-Milton Campos, forte movimento crucificou seu vice, preferindo o nome de Goulart; o udenista foi sacrificado não por seus correligionários udenistas, mas pelo próprio Jânio, que admitiu o famoso "Jan-Jan", seu nome com o vice de outra chapa. Goulart, mais conhecido por Jango, venceu por pequena margem, mas continuava na Vice-Presidência, agora bem mais importante que a anterior, pela instabilidade do presidente, que renuncia intempestivamente ao posto.

Já se falou do assunto no item anterior, como também das vicissitudes para a devida posse de Goulart, de acordo com a Constituição: os militares e segmentos empresariais o vetavam, ele estava na China; chega ao Brasil e espera ocupar o cargo para o qual fora eleito. O que consegue pela ação da Rede da Legalidade, dirigida pelo Rio Grande do Sul, pelo governador Brizola e pelo Terceiro Exército. Os políticos de Brasília acharam a fórmula com uma reforma apressada da Constituição, estabelecendo o parlamentarismo. Goulart assume, portanto, com seus poderes diminuídos: eleito em regime presidencialista, tem de governar em regime parlamentarista. O compromisso da lei da reforma estabelecia ainda um plebiscito a ser feito nove meses antes do término do mandato. O novo presidente, no entanto, desde os primeiros dias, articula a antecipação.

O governo de João Goulart, que não chegaria ao fim — empossado no dia 7 de setembro de 1961, é deposto no dia 1º de abril de 1964 —, pode ser dividido em duas fases: antes e depois do plebiscito. Ele conseguiu a desejada antecipação, no plebiscito de 6 de janeiro de 1963, com a participação de 18 milhões de brasileiros, que disseram não ao parlamentarismo: 9 457 488 votos pelo presidencialismo, contra 2 073 582 pelo parlamentarismo. Terminava então a experiência e Jango assumiu os poderes que tinha quando da eleição. A fase parlamentarista não deve ser encarada como experiência séria, pois resultou de um expediente para evitar guerra civil, não da convicção de superioridade do sistema de tanto êxito em várias nações e aqui mesmo praticado durante o Império — um parlamentarismo que é antes um arremedo do verdadeiro sistema como se praticava em outras nações, como se destacou no lugar próprio.

Veja-se agora o parlamentarismo no governo Goulart, para depois, ainda em breves linhas, ver o que foi o seu governo presidencialista.

O primeiro gabinete parlamentarista foi formado no dia 8 de setembro e teve à sua frente o mineiro Tancredo Neves, já famoso como deputado estadual e federal, ministro da Justiça de Vargas na época da crise concluída com o suicídio. Pessedista, o gabinete era composto por quatro pessedistas, dois petebistas e dois udenistas e um nome do PDC. Havia ainda nomes não partidários e os ministros militares. Já nos primeiros dias o ministério entrega-se a uma atividade na linha das preocupações do presidente, como salários, dívida externa, nacionalizações e o que será a marca do período — as reformas de base: administrativa, agrária e urbana, bancária, fiscal, eleitoral. Todas têm conotações delicadas e exigem habilidade do primeiro-ministro, pelas prevenções do Legislativo relativamente ao governo. Se hesitou no encaminhamento da reforma agrária, prosseguiu, com mais firmeza, a abertura da política externa: já em novembro restabelecia as relações diplomáticas com a União Soviética. O ministro do Exterior, San Tiago Dantas, assumiu posições ousadas na ONU e na OEA, sobretudo na defesa de Cuba. Havia outros problemas ainda com os Estados Unidos, por causa da nacionalização de empresas norte-americanas, como Brizola fizera no Rio Grande do Sul. O próprio Goulart foi aos Estados Unidos negociar, mas não obteve resultados apreciáveis, pois aquele governo não acreditava nas suas intenções. Com o endividamento externo e a tendência inflacionária, agrava-se a situação do trabalhador urbano ou rural. Sindicatos e Ligas Camponesas atuam. Correntes ligadas ao presidente pressionam pelas reformas prometidas, como é o caso de Leonel Brizola, bem como as chamadas forças populares. Goulart pede reforma da Constituição de 1946. Era impossível ao gabinete a sobrevivência. Tancredo Neves, conciliador, não podia continuar. Já começa a campanha pelo plebiscito. O gabinete demite-se em 26 de junho de 1962. Durara dez meses.

O escolhido para presidente do Conselho é San Tiago Dantas, cujo nome, entretanto, não teve a aprovação do Congresso. Curiosamente, não era um radical, mas assusta a maioria pela independência na política externa. Ante a recusa do seu nome, é proposto o do senador Auro de Moura Andrade, aprovado contra os votos do PTB. A crise se avoluma, com o preparo da greve geral, de apoio a San Tiago Dantas e a Goulart, o que leva Auro de Moura Andrade a recusar o posto, se nem o presidente aceitava o ministério por ele proposto. Houve a greve, concluída com as conversações diretas entre o presidente e as lideranças sindicais. Outro choque para os empregadores é o décimo terceiro salário, embora votado pelo Congresso.

Só no dia 10 de julho se resolve o problema da escolha do chefe de gabinete: será Brochado da Rocha, político do Rio Grande do Sul ligado a Brizola, de quem fora secretário, mas sem projeção. Ameaça de radicalismo, pois. Ele foi cauteloso, organizando ministério no dia 13 com pessoas conciliadoras, algumas das quais conhecidas por posições socialistas, mas sem extremismo. Havia até udenistas — Afonso Arinos de Melo Franco de novo na pasta do Exterior —, partido que recusara aprovar Brochado da Rocha. Este pede ao Congresso delegação de poderes para legislar sobre assuntos como a comercialização de minérios, controle da política monetária, estatuto do trabalhador rural e reforma agrária. As entidades empresariais escandalizam-se com o pedido, bem como com novo aumento de 100% do salário mínimo e imediata realização do plebiscito, nas eleições para renovação do Legislativo no dia 7 de outubro, medidas combatidas por muitos, sobretudo da UDN. Assustava também a criação em agosto do Comando Geral dos Trabalhadores (CGT). O pedido evidentemente foi recusado. Brochado da Rocha o renova pouco depois, com a mesma recusa, resultando na renúncia do gabinete no dia 15 de setembro. Durara pouco mais de dois meses.

O CGT declara greve geral, com o apoio dos nacionalistas do Exército, de tendência quase radical. A proposta do plebiscito no dia 6 de janeiro de 1963 é aprovada. O governo faz reforma do Ministério da Agricultura e cria a Superintendência de Política Agrária (SUPRA): a reforma agrária era o maior fantasma dos proprietários, de peso decisivo na vida nacional. Goulart obtinha vitórias importantes, como o plebiscito quase logo. Mais ainda: licença para um gabinete provisório, sem depender da aprovação do Congresso. De fato, era o presidencialismo restaurado.

No dia 18 de setembro é empossado o novo gabinete, que será o último dessa experiência quase caricatural. Seu chefe é conhecido professor e socialista moderado, Hermes Lima, que fará ministério com nomes em geral conhecidos de esquerdistas não radicais. Prova também da disposição presidencial de governar é o decreto de 25 de setembro, criando o Ministério Extraordinário para o Planejamento, confiado ao economista Celso Furtado, que já atuara com Juscelino na criação da Sudene; cabia-lhe apresentar um plano de política econômica, em sessenta dias. O resto do ano é consumido na campanha pela negação do parlamentarismo no plebiscito, feita com facilidade, pois a forma não chegara a ser entendida e seria recusada. Como foi, por grande maioria. Não falava a ninguém, incluindo o presidente e os ministros chefes de gabinetes. A vitória esmagadora do não revoga a emenda constitucional que impunha o sistema por conveniência.

Houve a eleição de outubro, para renovar o Congresso. Foi disputa acirrada, com muito dinheiro correndo, fornecido pelo Instituto Brasileiro de Ação Democrática (IBAD), com a finalidade de evitar uma bancada esquerdista e eleição do máximo de conservadores. A outra bancada seria feita pelo governo, através dos recursos de seus órgãos e da manipulação de sindicatos e mais associações. Não houve substancial mudança em outubro: os dois partidos — PSD e UDN — conseguiram 54% da representação, embora o PTB tenha conhecido notável crescimento (de 66 para 104 deputados). Goulart enfrentou novos embaraços com os Estados Unidos, por causa da lei de remessa de lucros apresentada em setembro de 1962 e por causa da anunciada intenção americana de impedir a instalação de mísseis soviéticos em Cuba. O governo brasileiro recusou a proposta de Kennedy, desejoso do apoio à medida. Atuou como intermediário entre os governos dos Estados Unidos e Cuba. Afinal, os mísseis não foram instalados, não pela atitude brasileira, decerto, mas pela prudência de Kruschev, que evitou a Terceira Guerra. As relações do Brasil e Estados Unidos estiveram próximas do estremecimento, chegando a vir em missão o senador Robert Kennedy, cujas conseqüências não foram do agrado norte-americano, pois o Brasil não aceitou críticas à sua política externa e menos ainda à interna.

O presidente, com o plebiscito, tem novo fôlego para o trabalho. Substitui o ministério por outro, empossado em 24 de janeiro de 1963. Constituído de alguns grandes nomes, não tende à radicalidade, em seu colorido centro-esquerda. O fato mais importante da nova fase, do ângulo administrativo, é o Plano Trienal de Desenvolvimento Econômico-Social, de 1963-65, feito pelos ministros Celso Furtado e San Tiago Dantas. De certo apuro técnico, era insustentável na prática. Devia combater a inflação e acelerar o desenvolvimento, este em processo decrescente, aquela em processo crescente. O plano foi logo malvisto pela esquerda, que o apontou como traição ao povo, a favor da grande propriedade e do imperialismo. Logo as forças se ajustam para combatê-lo, com a tolerância do governo. Data sobretudo daí a classificação de San Tiago Dantas, de esquerda positiva e esquerda negativa. Para o ministro, a negativa apenas reivindica, sem nada ajudar o governo. Este seria o principal responsável pela frustração. Decerto, a crise financeira anulava os aumentos salariais; os trabalhadores podiam queixar-se das condições, não admitindo qualquer medida restritiva, pois estas os atingiam, enquanto as empresas, sobretudo as maiores, continuam capitalizando com o trabalho operário. Daí a campanha de sindicatos e demais associações, de parlamentares e outros setores ligados ao nacionalismo e ao populismo.

Ante o malogro do plano, o governo se concentra nas reformas de base. Conta com parte do Congresso (dele faz parte agora o deputado Leonel Brizola, vice-líder do PTB e líder das esquerdas radicais), sindicatos e grupos multiplicados em 1963. Goulart tem a imagem crescentemente desgastada, pois a esquerda reclama cada vez mais, julga-o comprometido com o imperialismo e o latifúndio, enquanto o centro e a direita o atacam como subversivo. As greves se sucedem, há generalizada desconfiança, com acusações de golpismo, da esquerda à direita, da direita à esquerda. É grave a situação de certos estados, pois têm governos inimigos, como o do Rio de Janeiro, com Carlos Lacerda, o de São Paulo, com Ademar de Barros, o de Minas com Magalhães Pinto. Ante tantas dificuldades, Goulart pede o estado de sítio. Os políticos convencionais ou centristas o recusam, por motivos óbvios; as organizações populares também, pelo temor de ser usado contra elas. O governador de Pernambuco, Miguel Arrais, por exemplo, identificado com as causas populistas, sente-se ameaçado. Ante a certeza da derrota, o presidente retira o pedido.

O temor de golpe é crescente. Daí a mobilização popular, em que participa toda a sociedade. Até nos meios rurais repercute a política. Já se lembrou o surgimento, no fim da década de 1950, das Ligas Camponesas. Elas assustam, sobretudo no Nordeste. Com os sindicatos rurais a sindicalização chega ao campo. Empenham-se nela não só os elementos arregimentados por Francisco Julião, como os comunistas e muitos padres. A Ação Popular (AP), congregando setores avançados da Igreja, luta nas cidades e nos campos, com vitórias assinaláveis. De março de 1963 é o Estatuto do Trabalhador Rural. A criação, em agosto de 1962, de uma força como o CGT, dá vigor e audácia aos sindicatos. Eles se empenham não só em causas salariais e outras, mas também em causas políticas, como o combate ao imperialismo, a defesa da Revolução Cubana.

Dado agravante é a presença do militar até em seus segmentos modestos, como se dá com o Movimento Nacional dos Sargentos: ele pede a revisão constitucional do artigo impeditivo de serem eleitos. Daí a rebeldia em 12 de setembro em Brasília; se foi debelada, teve o apoio de forças como o CGT, a UNE. Outras iniciativas se sucedem. A UNE tinha tradição de luta, desde o Estado Novo, pela ampla participação dos estudantes nas campanhas nacionalistas, como a do petróleo, defesa dos trabalhadores, posse de Juscelino e posse de Goulart em 1961. Pretende a aliança operário-estudantil-camponesa, às vezes em agremiações incisivas, como a Política Operária (POLOP). Decerto não só a esquerda é atuante, mas a direita também. Se aquela teve o incentivo e o apoio do governo, esta dispõe de recursos de poderosas associações de classes, como as do comércio, indústria, lavoura, da grande imprensa e do capital cosmopolita, como se viu na ação do IBAD, na ajuda para eleições no Executivo e no Legislativo.

Tanta movimentação social e política resulta do fato de que a nação participa do processo. A atividade pública deixa de ser privilégio do governo ou dos partidos, para ser exercida pela sociedade. Todos falam, depõem, dão testemunho, reivindicam. É o que se dá, por exemplo, até no campo artístico. A procura de caminhos de expressão leva a experimentalismo enriquecedor. A arte quer exprimir as multidões, atingi-las. A liberdade de ação do período anterior leva a esse quadro. Surgem então os Centros Populares de Cultura — os CPCs, já em 1961, no Rio de Janeiro, no Nordeste, nos grandes núcleos urbanos e até no campo, na busca de uma cultura nacional, popular e democrática, como consta de seus programas. Contam com a UNE e o CGT.

Há larga produção de textos, na ânsia de tradução de tudo. Lembre-se a música popular, em canções de protesto, contestação da ordem e busca de caminhos e formas superiores de vida. Tal como se dá na Europa e nos Estados Unidos, quando os jovens se arregimentam para oposição aos padrões de conformismo e consumismo, indo da fuga pela droga e do culto do exotismo à luta política. Quase sempre desarticulados, às vezes realizam admiráveis acertos, como se dá na música, no teatro, no cinema, na denúncia dos males do sistema em que vivem. A palavra de aproximação com o povo leva às campanhas alfabetizadoras, na prática do método Paulo Freire, realidade da época. Alguns dos maiores nomes de artistas de então ainda se encontram hoje em atividade, quase trinta anos depois. O Brasil parecia rico de vitalidade, empenhado, dono do seu destino. Contudo, as instituições que o haviam levado a tal ponto não parecem estáveis, podendo ser abaladas e revertidas a qualquer momento.

Na verdade, o país estava maduro para o golpe: viria do governo ou de seus inimigos? Não era fácil para Goulart, pois os grupos esquerdistas não se entendiam, não encontravam um vetor. Demais, alguns de seus chefes temiam a obtenção de todos os poderes pelo presidente, pelo perigo do continuísmo. E entre eles alguns aspiravam à Presidência. O ano de 1964 começava ameaçador. As instituições corriam perigo, a crise financeira era explorada em todos os sentidos e setores. Decerto a direita amadureceu o golpe mais depressa, pois já estava habituada: viveu-o em 1937, em 1945, em 1954, em 1961. Generais e patentes menores, governadores e parlamentares o prepararam. A esquerda iludia-se, supondo-se forte, por um radicalismo retórico das autoridades e certas associações, com cobertura por serem oficiais. O comício de 13 de março pelas reformas assustou, por sua linguagem violenta — até a presidencial —, pela massa de manifestantes e pelos decretos aí assinados publicamente. Todos conspiravam. Havia as marchas da Família com Deus pela Liberdade, ou as passeatas de trabalhadores e estudantes.

A gota de água foi a revolução dos marinheiros, no dia 26 de março em comemoração do segundo aniversário da Associação dos Marinheiros e Fuzileiros Navais, entidade ilegal. Um grupo da Marinha incumbido de prendê-los aderiu à causa, agravando-a. Presos, foram logo liberados pelo ministro da Marinha. Os oficiais viram no episódio o fim da disciplina ou hierarquia. Contrariava-se aí princípio sagrado para o militar. Era a Semana Santa, que dava a sensação de ânimos apaziguados. Goulart comparece a uma reunião no dia 30 de março no Automóvel Clube, pelo aniversário da Associação dos Suboficiais e Sargentos da Polícia Militar da Guanabara. Não deixa de ser estranho ver sargentos reunidos no Automóvel Clube, entidade elegante e fechada da alta burguesia. O presidente falou aí pela última vez: embora radical, estava fatigado. No dia seguinte o golpe estava em marcha. Não era dado pelo governo nem pelas entidades de esquerda.

PERSPECTIVA FINAL

Ao longo de 464 anos o Brasil viveu trajetória política bastante movimentada. Os três primeiros séculos sob dominação portuguesa foram na linha do Pacto Colonial, característica da época mercantilista. O conquistador devassou território que lhe cabia pelo Tratado de Tordesilhas, indo muito além, na ocupação de áreas espanholas. Se conheceu parte do que possuiu, não fez sua ocupação: a terra era dilatada e o português não contava com população disponível. Entregou-se a lutas pela defesa, contra pretensões espanholas, francesas, inglesas, holandesas. Alargou o domínio, conseguindo vê-lo reconhecido pela Espanha, através de disputas e tratados. No fim do período colonial o mapa brasileiro estava quase definido. O país desenvolveu parcialmente seus recursos, em geral pela espoliação, em atividades nem sempre racionais. O índio foi subjugado, desaparecendo em grande número. A vinda de milhões de africanos forneceu a mão-de-obra escrava e marcou a sociedade, na etnia e nas técnicas, bem como em costumes e sensibilidade.

A vinda da família real, provocada por vicissitudes da política européia, no expansionismo de Napoleão, representa o princípio da independência, verificada em 1822, de modo original no continente. Daí a Monarquia que se impõe, durante 67 anos. Se a política foi marcada, ainda na Colônia, pela dicotomia centralização-descentralização, o processo é mantido no Império, apesar do caráter unitário da Carta de 1824. A questão ganha vivacidade na República, em 1889, com a adoção do federalismo. Há uma dialética na alternância do predomínio do centro sobre o todo ou em concessões por vezes bem determinadas às várias partes. A centralização corrige os possíveis excessos da descentralização, como esta é exigida para evitar ou diminuir os daquela.

No século atual conhece-se impulso em todas as áreas e em todos os sentidos, como se nota sobretudo depois de 1930. A população cresce, a economia se diversifica, o país tenta a plena afirmação de suas virtualidades. Confirma-o sobretudo o labor industrial. Há não só crescimento, mas também desenvolvimento econômico. O regime democrático, expresso nas constituições, nem sempre é verificado, pois há ameaças de contestações e golpes, às vezes consumados, como se deu em 1930, 1937, 1954, 1961, 1964. A distribuição da renda pelo corpo da sociedade é muito desigual, com um número pequeno de pessoas detendo altas percentagens do produto. A terra ainda conhece concentrações latifundiárias, enquanto milhões não dispõem de um palmo sequer. Há amplos setores de população desassistidos em matéria educacional e sanitária. Centenas de núcleos urbanos não contam nem com um médico. Ao lado dessas insuficiências, há um surto científico e artístico considerável, com dezenas de universidades e centenas de escolas isoladas, algumas de alto nível. A arte conhece expressões admiráveis na literatura, na escultura, na pintura, na arquitetura, na música. O Brasil oferece ao mundo, no presente século, uma das maiores realizações urbanísticas — Brasília —, só possível pelo conjunto de artes plásticas que o colocam em posição de vanguarda.

O Brasil vive hoje graves crises, provocadas pelo seu desenvolvimento em ritmo acelerado. Daí as disparidades regionais ou as de organização social, com uma repartição de renda cruel, injusta. Tem-se por exemplo uma área extremamente rica e em constante progresso, que é São Paulo, convivendo em um Estado federativo com outras pobres, estagnadas, carentes de tudo, como partes do Nordeste, do Norte, ou do Centro-Oeste. A Amazônia, por exemplo, que viveu modestamente até o fim do século XIX, conheceu então breve surto de progresso, com a exploração da borracha, quando os estados do Amazonas e Pará são sacudidos por um ciclo inovador, para logo voltar à estagnação. A tentativa de reerguer a área, sempre objeto de cobiça estrangeira, por suas dimensões dilatadas e seus recursos, durante o governo Vargas, não deu o resultado prometido. Mais recentemente — já depois deste estudo —, com a abertura de estradas e a atração de milhares de pessoas para as riquezas lá exploradas, como o ouro e o manganês, a construção de usinas hidrelétricas e outros melhoramentos de base, a imensa região é sacudida. Com o despertar da consciência ecológica no mundo e no país, na defesa do verde, das florestas, da fauna e da flora ameaçadas de extinção, reaviva-se o problema do índio, até então explorado e destruído, já objeto de cuidados especiais das autoridades locais e federais. O índio e a Amazônia em geral tornaram-se mesmo nota constante nos parlamentos e na imprensa nacionais e estrangeiros.

O Brasil, pela sua superfície, é um verdadeiro continente, constituído de muitas partes — um arquipélago de muitas ilhas. Há a Amazônia, o Nordeste, o Centro-Oeste, o Sul, com suas fisionomias particulares e seus problemas. Não se pense, no entanto, em ameaça de fragmentação, que a unidade nacional, feita pelo português e pelo brasileiro, com o índio, o negro e os imigrantes, é algo de sólido e não corre nenhum risco. A unidade na diversificação é um dos resultados maiores da acidentada trajetória nacional.

Poder-se-ia documentar todas essas afirmativas com quadros numéricos. Como o livro adotou uma exposição mais ensaística, com algo de didático, pelo desejo de quadro geral, fique assinalada apenas esta síntese, tentativa de dar ao leitor ou estudioso elementos para a compreensão de rica experiência social em país quase continente, com 8,5 milhões de quilômetros quadrados e cerca de 150 milhões de habitantes. Seus vivos contrastes o colocam como a oitava potência industrial e ao mesmo tempo mostram uma repartição de renda injusta e até cruel, como se falou, responsável por colocações pouco recomendáveis no capítulo do bem-estar social, quando figura ao lado dos Estados mais pobres quanto à saúde, educação, mortalidade infantil. De 1964 a nossos dias, quando se rompe mais uma vez a normalidade política, com o golpe instaurador de um regime autoritário, militarista, até 1985, essa experiência teve importantes deslocamentos, com avanços e recuos, na verdade mais recuos que avanços quanto ao político; mais avanços que recuos no social em sua amplitude. A realidade política necessita de ajustes, para desaparecer ou diminuir o hiato entre o poder político e o corpo da sociedade no seu todo. Falar da atualidade implica em riscos de subjetividade, a serem evitados. Com essa precaução e desejo de quadro evolutivo abrangente é que se escreveu este livro.

NOTAS

INTRODUÇÃO (pp. 9-12)

(1) Marc Bloch, *Apologie pour l'histoire ou Métier d'historien*. Paris, Librairie Armand Colin, 1952, p. 75.

(2) Benedetto Croce, *La historia como hazaña de la libertad*. México, Fondo de Cultura Económica, 1942, p. 105.

BRASIL PORTUGUÊS (pp. 13-86)

(3) Frei Vicente de Salvador, *História do Brasil*. 3ª ed. São Paulo, Companhia Melhoramentos, p. 19.

(4) J. Capistrano de Abreu, *Capítulos de história colonial* (*1500-1800*). 5ª ed. Brasília, Editora Universidade, 1963, p. 121.

(5) Marc Bloch, op. cit., p. 5.

(6) Raimundo Faoro, *Os donos do poder*. Rio de Janeiro, Editora Globo, 1958, p. 77.

(7) Caio Prado Júnior, *Formação do Brasil contemporâneo*. 16ª ed. São Paulo, Editora Brasiliense, 1979, p. 22.

(8) Inácio Rangel, *Dualidade básica da economia brasileira*. Rio de Janeiro, Instituto Superior de Estudos Brasileiros, 1957.

(9) Imre Ferenczi, "Migrations (Modern period)", in *Encyclopaedia of the social sciences*. Vol. 9. Nova York, The Macmillan Company, 1950, pp. 429-30.

(10) Joel Serrão, *A emigração portuguesa*. Lisboa, Livros Horizonte, 1947, pp. 32, 86-8, 92-4, 106-10.

(11) Roberto Simonsen, *História econômica do Brasil*. 3ª ed. São Paulo, Companhia Editora Nacional, 1957, pp. 380-81.

(12) Jorge Borges de Macedo, *Problemas de história da indústria portuguesa no século XVIII*. Lisboa, Associação Industrial Portuguesa, 1963, p. 222.

(13) José Antônio Soares de Sousa, "Aspectos do comércio do Brasil e de Portugal no fim do século XVIII e começo do XIX", *Revista do Instituto Histórico e Geográfico*, Rio de Janeiro, 1971; Julião Soares de Azevedo, *Condições econômicas da revolução portuguesa de 1820*. Lisboa, Empresa Contemporânea de Edições, 1944, pp. 130-35.

MONARQUIA (pp. 109-142)

(14) J. Capistrano de Abreu, op. cit., p. 228.

(15) Caio Prado Júnior, *Evolução política do Brasil e outros estudos.* 11ª ed. São Paulo, Editora Brasiliense, 1979, p. 48.

SEGUNDO REINADO — REGÊNCIA (pp. 143-160)

(16) Joaquim Nabuco, *Um estadista do Império.* Vol. 1. São Paulo, Instituto Progresso Editorial, 1949, pp. 25 e 30.

(17) G. C. (João Coelho Gomes), *Elementos de história nacional de economia política.* Rio de Janeiro, Tip. de N. L. Viana e Filhos, 1965, pp. 26-7; Azevedo Amaral, *A aventura política do Brasil.* Rio de Janeiro, Livraria José Olympio, 1965, p. 152.

(18) Joaquim Nabuco, op. cit., vol. 1, p. 44.

(19) Joaquim Nabuco, op. cit., vol. 1, pp. 29-30.

SEGUNDO REINADO — DOM PEDRO II (pp. 161-189)

(20) Joaquim Nabuco, op. cit., vol. 1, p. 101.

(21) Joaquim Nabuco, op. cit., vol. 1, p. 93.

(22) J. Capistrano de Abreu, "Prefácio" a *Visitação do Santo Ofício às partes do Brasil pelo licenciado Heitor Furtado de Mendonça*, in *Denunciações da Bahia, 1591-1595*, Série Eduardo Prado, 1925, p. 10.

(23) Joaquim Nabuco, *O abolicionismo.* 4ª ed. Petrópolis, Editora Vozes, 1977, p. 139.

(24) Sérgio Buarque de Holanda, *Raízes do Brasil.* 18ª ed. Rio de Janeiro, Livraria José Olympio, 1986, p. 41.

(25) Manuel Diegues Júnior, *Imigração, urbanização, industrialização.* Rio de Janeiro, Centro Brasileiro de Pesquisas Educacionais, 1964, pp. 32, 38 e 49.

REPÚBLICA (pp. 191-293)

(26) Celso Furtado, *Formação econômica do Brasil.* Rio de Janeiro, Editora Fundo de Cultura, 1959, pp. 196, 207-26.

(27) Caio Navarro de Toledo, *ISEB, fábrica de ideologias.* São Paulo, Editora Ática, 1977.

BIBLIOGRAFIA SELECIONADA E COMENTADA

A historiografia brasileira mais vasta é de natureza política, como se dá também em outros países. A de caráter econômico, social ou de qualquer outra especialidade, é mais rara e só aparece mais recentemente, pois o historiador se voltava sobretudo para o político. Apesar de ser assim, deve-se reconhecer que se é a mais numerosa, ainda está longe de ser satisfatória. Há muitos aspectos da vida política que não foram até hoje objeto de atenção. Se as histórias gerais são eminentemente políticas, há ângulos do político ainda não atingidos. Faltam, por exemplo, uma história dos partidos e do processo eleitoral; do acesso à cidadania, com o número dilatado dos ainda excluídos; do Executivo, do Legislativo, do Judiciário; dos grupos de pressão e seus alcances e limites; das idéias políticas e das formas de pensamento.

A política até agora se restringiu ao poder no que ele tem de superficial ou episódico, sem atentar para a teia de interesses que configuram e por vezes eliminam ou mascaram o poder. O estudioso ficou muito no biográfico, no realce de personalidades, sem atentar para as pressões de grupos sociais, de forte influência na economia ou finança, pelo prestígio social em suas múltiplas manifestações. Enquanto todos esses aspectos não forem considerados, a historiografia política será pobre, incompleta. O surto recente da historiografia social e econômica atenta mais para essas forças e já as coloca em evidência, de modo a garantir, em futuro próximo, uma historiografia política verdadeiramente rica, densa e profunda.

Entre os principais títulos, são dignos de nota:

Manoel Maurício de Albuquerque, *Pequena história da formação social brasileira*. Rio de Janeiro, Graal, 1981.

Interessante e sugestivo, faz uma história geral do Brasil, não exaustiva, dos ângulos das estruturas econômica, jurídico-política e ideológica. Dá um quadro geral, sem apego a pormenores, com vistas antes às grandes linhas do processo social. Boa bibliografia.

José Maria Belo, *História da República (1889-1954)*. 1ª ed., 1940; 5ª ed. São Paulo, Companhia Editora Nacional, 1959.

Síntese da República em seus primeiros 65 anos. Brilhante, atém-se ao político, sem mais consideração por aspectos sociais, às vezes decisivos. É eminentemente a história dos governos.

Edgard Carone, *O tenentismo*. São Paulo, DIFEL, 1975.

Estudo do tenentismo através dos principais acontecimentos, personagens e programas. Apresenta o material indispensável à compreensão do movimento de tanto eco na renovação das práticas políticas, de modo a dar ao leitor o básico para entendimento da superação da chamada República Velha.

João Cruz Costa, *Contribuição à história das idéias no Brasil* (*O desenvolvimento da filosofia no Brasil e a evolução histórica nacional*). Rio de Janeiro, Livraria José Olympio, 1956.

Minuciosa e bem documentada história das idéias: se o objetivo é a filosofia, adquirem realce as idéias em geral. Daí ter-se no volume precioso subsídio para as idéias políticas e para a história nacional no seu todo.

Raimundo Faoro, *Os donos do poder*. 1ª ed. Rio de Janeiro, Globo, 1958.

É o exame da "formação do patronato político brasileiro". De forte inspiração weberiana, aplica à análise o instrumental do sociólogo alemão, com bons resultados. Mais de jurista e cientista político que de historiador, é belo texto historiográfico, sobretudo nas edições seguintes.

Florestan Fernandes, *A revolução burguesa no Brasil*. Rio de Janeiro, Zahar Editores, 1975.

Como diz o subtítulo, é "ensaio da interpretação sociológica", tratando principalmente do impacto do capitalismo na estrutura da sociedade. Fundado no marxismo, dá uma visão socialista do processo. Erudito e original, oferece muitas referências bibliográficas.

Celso Furtado, *Formação econômica do Brasil*. Rio de Janeiro, Fundo de Cultura, 1959.

Tratando da história econômica, o autor usa o aparelho conceitual da economia, com notável resultado. Mais interpretativo que informativo, dá uma visão profunda da evolução do país sob o ângulo econômico, com boas indicações políticas.

Sérgio Buarque de Holanda, *Raízes do Brasil*. 18ª ed. Rio de Janeiro, Livraria José Olympio, 1986.

Importante estudo da formação do país, em forma de ensaio, publicado em 1936, quando eram vivos os sinais da Revolução de 1930, da luta entre direita e esquerda. Busca uma definição de rumos, em linguagem serena e superior. Brilhante e profundo.

Sérgio Buarque de Holanda & Boris Fausto (coords.), *História geral da civilização brasileira*. 11 vols. São Paulo, Difusão Européia do Livro, 1960-84.

Obra de vários autores, em geral universitários, com a colaboração de alguns estrangeiros. A parte referente à Colônia (dois volumes) e à Monarquia (cinco volumes) é de Sérgio Buarque de Holanda; a referente à República (quatro volumes) é de Boris Fausto. Como as outras do gênero, é desigual. A informação é em geral correta e por vezes notável.

Vítor Nunes Leal, *Coronelismo, enxada e voto*. Rio de Janeiro, Forense, 1948.

Estudo da vida política feito em profundidade, com uma história bem fundada na ciência política e no direito. Detém-se na legislação eleitoral e nos problemas do município, apontando o condicionamento social da trajetória política. Rico em informações e análises.

Barbosa Lima Sobrinho, *A verdade sobre a Revolução de Outubro de 1930*. 2ª ed. São Paulo, Alfa-Omega, 1975.

Publicado em 1933, no calor dos acontecimentos, o texto não perdeu interesse. Trata-se de análise correta da chamada Revolução de 30, um momento de inflexão na vida do país, que é um antes e outro depois.

Maria Yedda Linhares (org.), *História geral do Brasil*. Rio de Janeiro, Campus, 1990.

Reunindo um grupo de professores, o volume oferece nova história geral do Brasil, da conquista e colonização até 1984. Tem a vantagem de estudar o mais recente, com um conceito moderno de história. Seis autores se unem para a visão do Brasil de hoje, com critério e objetividade.

Joaquim Nabuco, *Um estadista do Império*. 4 vols. São Paulo, Instituto Progresso Editorial, 1949.

Obra clássica, é a biografia de Nabuco de Araújo, importante político do Império, que ocupou os mais importantes cargos. Através de sua atividade, tem-se o amplo quadro da política. Bem pensado e bem escrito. A 1ª edição, em três volumes, é de 1897-99. Indispensável para o Segundo Reinado.

Caio Prado Júnior, *Evolução política do Brasil*. 1ª ed., 1933; 11ª ed. São Paulo, Brasiliense, 1979.

É a estréia do historiador, em livro breve, mas valioso. Análise inspirada no pensamento marxista, aplica-o com inteligência e rigor. Excelente introdução ao entendimento do processo político.

Idem, *Formação do Brasil contemporâneo (Colônia)*. 1ª ed., 1942; 16ª ed. São Paulo, Brasiliense, 1979.

É a obra mais completa sobre o período colonial. Consta de uma introdução, capítulo sobre o sentido da colonização e duas partes alentadas, apesar de sintéticas, sobre a vida material e a vida social.

Idem, *História econômica do Brasil*. 1ª ed., 1945; 22ª ed. São Paulo, Brasiliense, 1979.

Histórico da economia, dos primeiros tempos até 1976. Obra rigorosa e com sentido de síntese, com a análise objetiva da produção e das formas de trabalho. Em linhas gerais correta e fixando o essencial.

José Honório Rodrigues, *Conciliação e reforma no Brasil*. 2ª ed. Rio de Janeiro, Nova Fronteira, 1982.

Coletânea de ensaios sobre a história política, com destaque para "Política de conciliação, história cruenta e incruenta", "Teses e antíteses da História do Brasil" e o capítulo sobre o voto e os direitos políticos. Como é ensaio, não é exaustivo, mas, instigante, suscita problemas e análises.

José Maria dos Santos, *A política geral do Brasil*. São Paulo, J. Magalhães, 1930.

Estudo alentado, divide-se em duas partes: "A obra do Segundo Reinado" e "A deformação republicana". É sólido o conhecimento do autor. Crítico severo da República, dá uma visão coerente da trajetória política, valiosa pelo amplo quadro informativo.

Thomas Skidmore, *Brasil: de Getúlio a Castelo*. Rio de Janeiro, Saga, 1969.

Idem, *Brasil: de Castelo a Tancredo*. 4ª ed. Rio de Janeiro, Paz e Terra, 1988.

Brazilianist empenhado na história recente do Brasil, realizou ampla pesquisa em livros, jornais e revistas, em documentos oficiais e entrevistas. Dá o panorama político de 1930 a 1964, em um volume, e de 1964 a 1985 em outro.

Hélio Viana, *História do Brasil*. 2 vols. São Paulo, Melhoramentos, 1961.

Mais uma história do Brasil que adota o método tradicional, apegando-se à cronologia e sem tentar uma interpretação. Conservador no método e no modo de ver. Vale, contudo, pela segurança das informações: quanto escreve não precisa ser conferido.

Oliveira Viana, *Instituições políticas brasileiras*. 1ª ed.,1949; 2ª ed. 2 vols. Rio de Janeiro, Livraria José Olympio, 1955.

O autor era jurista e cientista político e teve atuação no processo político. De enfoque muito pessoal, dá subsídios para melhor entendimento do assunto. A perspectiva é eminentemente conservadora.

CRONOLOGIA

1494 O Tratado de Tordesilhas estabelece a divisão do mundo extra-europeu entre Portugal e Espanha.

1500 Expedição comandada por Pedro Álvares Cabral, com destino às Índias, chega ao litoral brasileiro no dia 22 de abril, aí fixando o padrão de posse português.

1534 Início da colonização sistemática, pelo regime das capitanias hereditárias.

1549 Chegada do primeiro governador geral, Tomé de Sousa. É criada a primeira cidade, Salvador, para sede do governo.

1555 Os franceses se estabelecem na baía de Guanabara, criando a França Antártica.

1565 Expulsão dos franceses e fundação da cidade do Rio de Janeiro, no local que fora cenário das lutas entre o português e o invasor.

1580 Por problemas de sucessão dinástica a Coroa portuguesa passa para Filipe II da Espanha. Início do período filipino, que se prolonga até 1640.

1603 Promulgação do Código Filipino, que substitui o Manuelino. Terá vigência por todo o restante período português.

1613 Os franceses no Maranhão criam a França Equinocial, com sede em São Luís.

1621 A administração portuguesa divide o país em duas partes: o Estado do Maranhão, com sede em São Luís, e o Estado do Brasil, com sede em Salvador. Aquele compreende todo o Norte e só será extinto em 1774, pela política centralizadora do marquês de Pombal.

1624 Os holandeses na Bahia.

1630 Os holandeses em Pernambuco. Conquistam as capitanias do Nordeste. Após muitas lutas são expulsos, em 1654.

1640 Restauração portuguesa. No trono, dom João IV inaugura a dinastia de Bragança.

1680 Fundação da Colônia do Sacramento, no extremo Sul, diante do rio da Prata, na vizinhança dos espanhóis.

1684 Revolta no Maranhão contra os monopólios da Companhia Geral do Comércio, conhecida como Revolta de Beckman, ou do Bequimão.

1697 Destruição do Quilombo dos Palmares: o mais famoso de todos os protestos negros, que durou quase um século, pelo menos de 1630 a 1697.

1693 Começa a exploração sistemática de ouro no interior, na área que será chamada de Minas Gerais.

1703 Tratado de Methuen, entre a Inglaterra e Portugal, de transcendentes repercussões no Brasil, em Portugal e até na Inglaterra.

1707-9 Luta entre portugueses e não-portugueses pela posse do solo de Minas, conhecida como Guerra dos Emboabas. Ao mesmo tempo, verifica-se em Pernambuco a Guerra dos Mascates, entre Olinda e Recife. Os dois episódios são fundamentais para definir os rumos da colonização. A contar daí o Estado português afirma-se mais plenamente, tentando dominar o privatismo dos senhores.

1750 Tratado de Madri, entre Portugal e Espanha, busca definir os limites dos domínios em terras americanas.

1750-77 Governo de Sebastião José de Carvalho e Melo, depois marquês de Pombal. Expulsão dos jesuítas de Portugal e seus domínios.

1761 Tratado do Pardo, entre Portugal e Espanha, anulando o Tratado de Madri.

1763 Mudança da capital de Salvador para a cidade do Rio de Janeiro.

1777 Tratado de Santo Ildefonso, entre Portugal e Espanha, delimitando as divisas de terras entre as duas coroas no mundo americano.

1788-89 Conjuração articulada em Minas e no Rio de Janeiro para emancipação da tutela portuguesa, conhecida como Inconfidência Mineira, que falhou pela denúncia de alguns conspiradores e pela falta de devida organização. Consuma-a a condenação do chefe principal, Joaquim José da Silva Xavier, o Tiradentes, à forca, em 1792.

1798 Conjuração dos soldados e dos alfaiates na Bahia, outro movimento precursor da independência.

1807 Ante a perspectiva de invasão de Portugal por forças dos exércitos de Napoleão, a família real, acompanhada pela maioria da Corte, deixa o país e instala-se no Rio de Janeiro, onde permanece até 1821. É período fundamental na trajetória política, econômica e social do Brasil.

1815 Elevação do Brasil à categoria de Reino Unido ao de Portugal e Algarves.

1816 No Rio a Missão Artística Francesa.

1817 Revolução em Pernambuco e capitanias vizinhas. Chega a ocupar brevemente o governo, mas é batida. O mais importante dos movimentos precursores da independência.

1820 Revolução chamada Constitucionalista no Porto exige, entre outras medidas, a volta do rei a Portugal.

1821 Dom João VI, rei desde 1816 (antes era regente, pois só então morre a rainha dona Maria I, há muito afastada do trono por motivos de saúde), volta a Portugal e deixa no Brasil, como regente, o filho, o príncipe dom Pedro.

1822 O Brasil declara sua independência. Começa o governo da nação livre.

1824 Outorga pelo imperador da Constituição.

1831 Abdicação de dom Pedro I. Início do período regencial.

1831-40 Regência. Primeiro a Regência Trina. Com a reforma da Constituição de 1824, pelo Ato Adicional, em 1834, passa a ser una. Serão regentes Diogo Antônio Feijó (1835-37) e Pedro de Araújo Lima (1837-40). Série de levantes de caráter popular em quase todo o território, alguns demasiado sangrentos: Cabanagem, Balaiada, Sabinada, Farroupilha.

1840 Por um golpe parlamentar é declarada a maioridade de dom Pedro II e este começa o seu longo reinado, ainda menor. Deterá a Coroa até 1889. Começo do domínio da economia cafeeira.

1842 Revolução liberal em Minas Gerais e São Paulo.

1848 Revolução Praieira em Pernambuco, também liberal.

1850 Extinção do tráfico de escravos da África (lei Eusébio de Queiroz).

1852 Guerras no Uruguai e na Argentina, contra Rosas.

1853 Tentativa de conciliação dos partidos políticos, sob égide conservadora.

1860 Liga Progressista, outra tentativa de conciliação, agora sob a égide liberal.

1864-70 Guerra do Paraguai. Criação do Clube Republicano.

1871 Lei do Ventre Livre: os filhos de escravos já nascem livres.

1873 Manifesto do Partido Republicano Paulista.

1885 Lei dos Sexagenários: são livres os escravos de mais de 65 anos.

1888 A Lei Áurea termina com a escravidão.

1889 Proclamação da República, por um golpe político liderado por militares.

1891 Constituição republicana, presidencialista e federalista.

1892 Revolta da Armada, na baía da Guanabara.

1893-95 Revolução Federalista, no Rio Grande do Sul.

1896-99 Movimento messiânico de Canudos, o mais importante de todos, entre os anteriores e os posteriores.

1903 Tratado de Petrópolis incorpora o Acre ao Brasil, terminando uma disputa com a Bolívia.

1904 Revolta contra a vacina obrigatória, no Rio de Janeiro.

1906 Convênio de Taubaté, entre os governos de São Paulo, Minas Gerais e Rio de Janeiro, para regularizar o mercado cafeeiro. É a primeira intervenção de escala na economia nacional.

1909-10 Campanha civilista, pela eleição presidencial, envolve o senador Rui Barbosa e o marechal Hermes da Fonseca.

1910 Revolta dos marinheiros ou de João Cândido, contra os castigos corporais na Marinha.

1917 O Brasil participa da Primeira Guerra, o que lhe dá direito à assinatura do Tratado de Paz.

1922 Semana de Arte Moderna. Criação do Partido Comunista. Emergência na vida política do tenentismo, movimento de um grupo militar que terá grande influência até 1933.

1929 Formação da Aliança Liberal, entre Minas Gerais, Rio Grande do Sul e Paraíba. Campanha sucessória tumultuada.

1930 Movimento armado derruba a chamada República Velha. Getúlio Vargas assume pelas armas o governo.

1932 Revolução Constitucionalista de São Paulo. Fundação da Ação Integralista Brasileira.

1934 Segunda Constituição republicana.

1935 A Aliança Nacional Libertadora e o movimento armado comunista.

1937 Vargas interrompe a normalidade da campanha sucessória e funda o Estado Novo, com uma Constituição nos moldes da direita em ascensão no mundo. O modelo é corporativista.

1940 Instituição do salário mínimo.

1941 Fundação da Companhia Siderúrgica Nacional.

1943 Consolidação das Leis do Trabalho.

1944 Participação na Segunda Guerra nos campos europeus. O rompimento com o Eixo e a declaração de guerra datam de 1942.

1945 Congresso Brasileiro de Escritores. Ignora-se a censura da imprensa com o lançamento da campanha presidencial. No dia 29 de outubro Vargas é deposto. Eleição no dia 2 de dezembro para a Presidência da República e uma Assembléia Constituinte.

1946 Quarta Constituição republicana. Esta, como as duas primeiras do regime, feita por uma Constituinte.

1950 Vargas é eleito presidente da República.

1953 Criação da Petrobrás.

1954 Em agosto, atentado da rua Toneleros eleva crise ao ápice. O inquérito. Ante a pressão para licença ou a renúncia, Vargas é levado ao suicídio.

1955 Criação das Ligas Camponesas no Nordeste.

1956 Posse de Juscelino Kubitschek.

1960 Inauguração de Brasília, a nova capital.

1961 Jânio Quadros toma posse no dia 31 de janeiro e renuncia no dia 25 de agosto. Ante o veto dos militares à posse do vice-presidente João Goulart, emenda constitucional estabelece o parlamentarismo, que dura de setembro de 1961 até janeiro de 1963.

1964 Confronto entre o governo e as oposições. Radicalização de atitudes. Movimentação política culmina com o golpe militar de 31 de março, que instaura forte regime autoritário. Prisões, cassações de mandatos e direitos políticos. Os sucessivos atos institucionais revogam na prática a Constituição de 1946.

ÍNDICE REMISSIVO

1ª EDIÇÃO [1993] 4 reimpressões

ESTA OBRA FOI COMPOSTA PELA HELVÉTICA EDITORIAL EM ENGLISH TIMES
E IMPRESSA PELA GEOGRÁFICA EM OFF-SET SOBRE PAPEL PRINT-MAX DA
VOTORANTIM PARA A EDITORA SCHWARCZ EM SETEMBRO DE 2001